KB266257

진격의
영포티

진격의 영포티

젊은 감각은 어쩌다 젊어 보이려는 안간힘이 되었을까?

글 임수현

발행일 2026년 3월 25일 초판 1쇄

발행처 다반
발행인 노승현
출판등록 제2011-08호(2011년 1월 20일)
주소 서울특별시 마포구 양화로81 H스퀘어 320호
전화 02-868-4979 팩스 : 02-868-4978

이메일 davanbook@naver.com
인스타그램 @davanbook

© 2026, 임수현

ISBN 979-11-94267-62-1 03330

진격의 영포티

젊은 감각은 어쩌다
젊어 보이려는 안간힘이
되었을까?

임수현 지음

답반

'영포티'라는 이름의 경고등

'영포티'라는 단어를 처음 들었을 때 솔직히 웃음이 났습니다. 제 또래를 가리키는 말이었고, 특정한 인간 유형을 조롱하는 표현이었기 때문입니다. 머릿속에는 자연스럽게 몇몇 얼굴이 떠올랐습니다. 학교와 회사, 모임과 온라인에서 자주 보아 왔던 모습들입니다. "아, 이게 바로 영포티구나." 2030세대에게 욕을 먹는 그 이미지가 하나둘 구체화되었고, 그 안에는 제 모습도 일부 섞여 있다는 사실을 부인하기 어려웠습니다.

그 단어는 제 일상 속 기억을 소환했습니다. 학번 차이가 많이 나는 대학 후배에게, 대학을 갓 졸업한 직장 인턴에게, 한참 어린 사촌동생에게 조언을 하고 있던 제 모습이 떠올랐습니다. 돌이켜 보면 저는 그들의 말을 충분히 듣기보다 제 경험과 제 기준을 먼저 꺼내 들고 있었습니다. "요즘은 말이야"로 시작해 결국에는 "그렇게 해서는 안 된다"라는 결론으로 대화를 접어 버리곤 했지요. 조언이라는 이름을 달고 있었지만, 사실은 제 삶의 방식이 정답이라는 전제를 은근히 깔고 있었던 셈입니다.

저는 종종 완고한 기준을 적용하고 있었습니다. 제가 제시한 방향대로 짧은 시간 안에 개선이 이루어지고 결과가 나와야 한다고 믿었고, 그 기대에 미치지 못하면 실망을 숨기지 않았습니다. 돌이켜 보면 그 기준은 제가 특별히 더 성실하거나 모범적이어서 만들어 낸 것이 아니라, 제가 살아온 시대가 허락했던 조건 위에서 형성된 것이었을지도 모릅니다. 시대가 빠르게 변하고 있는 지금, 과거의 기준을 여전히 정답처럼 들이밀 수 있을지에 대한 의문이 뒤늦게 따라왔습니다.

그리고 자연스럽게 이런 질문에 이르렀습니다. 만약 내가 그들의 나이로, 그들이 처한 조건에서 출발했다면 과연 내가 그들에게 말한 대로 해낼 수 있었을까? 또 애초에 그렇게 하는 게 과연 맞을까? 솔직히 그렇다고 답하기 어려웠습니다. 세상은 빠르게 변하고 있고, 오늘의 청년 세대가 출발선에서 감당해야 할 삶의 난이도는 제가 출발하던 시기와 비교할 수 없을 만큼 높아지고 있으니까요. 그 순간 '영포티'라는 단어는 더 이상 남의 이야기가 아니었습니다.

그때 깨달은 것은, 제가 보고 있는 세계와 그들이 직면한 현실 사이에 이미 상당한 간극이 존재한다는 사실이었습니다. 이 간극은 단순한 세대 감정의 문제가 아닙니다. 이는 서로 다른 시대 조건 속에서 형성된 경험의 차이에서 비롯된 격차입니다. 흔히 이를 '세대 차이'라고 부르지만, 실제로는 개인의 기질이나 취향의 문제가 아니라 외부 환경의 구조적 변화가 훨씬 더 급격하게 작동한 결과에 가깝습니다.

고물가, 고환율, 저성장이 뉴노멀로 자리 잡은 시대. 기술 변화의 속도는 빨라졌고, 노동시장의 경쟁은 격화되고 있으며, 자산을 축적하는 경로는 이전보다 훨씬 좁아졌습니다. 제도와 정책이 허락하는 기회의 범위 또한 점차 축소되고 있습니다. 이러한 격변의 조건 속에서 세대 간 출발선 격차는 앞으로 더욱 확대될 가능성이 큽니다. 이는 세대 갈등이 더 큰 충돌로 비화되기 쉬운 구조적 환경이 이미 형성되어 있음을 의미합니다.

영포티는 이러한 환경을 압축적으로 드러내는 표식입니다. 변수가 다양하고 복잡한 구조적 문제를 해부하기보다, 특정 연령대를 하나의 이미지로 고정하고 희화화하는 방식이 훨씬 손쉽기 때문입니다. 구조를 분석하는 일은 어렵고 시간이 걸리지만, 개인을 상징으로 소비하는 일은 즉각적이고 감정적으로도 간편합니다. 그 결과 영포티라는 이름은 빠르게 증폭되고, 반복적으로 호출됩니다.

문제는 그 편의성이 가져오는 비용입니다. 당장은 갈등의 원인을 설명한 듯한 착각을 주지만, 실제로는 구조를 가리는 효과를 낳습니다. 개인을 이미지화하고 소모하는 동안, 자산 경로의 설계, 권력의 재생산 방식, 기회의 배분 구조 같은 핵심 질문은 뒤로 밀려납니다. 비난은 축적되지만, 문제는 해결되지 않습니다.

더 치명적인 점은 우리가 그 과정을 점점 당연한 것으로 받아들이게 된다는 사실입니다. 구조적 문제를 개인의 성향과 태도로 환원하는 방식이 반복될수록, 사회는 설계의 오류를 점검하고 교정할 기회를 서서히 잃어갑니다. 문제는 그대로 둔 채 불편한 신호만 제거하는 상황은, 마치 경고등이 켜졌을 때 전구를 빼버리는 우를 범하는 것과 마찬가지입니다. 요란한 불빛과 소음이 거슬린다며 근본적인 원인을 외면하는 사이, 균열은 내부에서 더 깊어집니다.

이 책은 바로 그 불편한 자각에서 출발했습니다. 영포티를 또 하나의 밈으로 소비하기 위해서가 아니라, 그 이름이 은폐하고 있는 사회 설계의 결함을 드러내기 위해서입니다. 우리가 마주한 이 논란이 개인의 파편화된 일탈이 아니라 일정한 패턴을 띠며 구조에 의해 증폭되고 재생산되는 현상이라면, 개개인의 반성이나 훈계는 근본적인 해법이 될 수 없습니다. 이제는 더 나은 구조를 상상하고 재설계하는 일에 착수해야 합니다.

결국 질문은 단순합니다. 사람을 고칠 것인가, 판을 바꿀 것인가. 이 책은 후자의 방향에서 답을 모색합니다.

거창한 해답을 제시하겠다는 뜻은 아닙니다. 다만 이 책이 영포티 현상을 가볍게 소비하거나 표면만 훑고 지나가는 데서 멈추지 않고, 그 이면에 놓인 사회적·구조적 조건을 차분히 성찰하도록 이끄는 계기가 되었으면 합니다.

그리고 그 과정에서 어느 한쪽의 목소리만 증폭되지 않고, 서로 다른 세대가 각자의 자리에서 고개를 끄덕이며 생각을 이어 갈 수 있는 성숙한 대화의 공간이 열릴 수 있다면, 그것으로 이 책의 역할은 충분하다고 생각합니다.

차례

1장

영포티란 무엇인가

한때는 '젊은 감각'으로 읽히던 모습은 '젊어 보이려는 안간힘'으로 해석되고,

적극적 소비는 '기득권적 여유'로, 자기관리는 '과시'나 '허세'로 의미가 전환되었다.

영포티 개념의 시발점

　'영포티Young Forty'라는 표현은 처음부터 세대 갈등을 설명하기 위해 만들어진 단어가 아니다. 이 용어는 원래 마케팅 용어로, 40대를 기존의 '중년'이 아닌 새로운 소비 계층으로 주목하는 맥락에서 사용되기 시작했다. 이 용어가 등장한 2010년대 중반, 특히 2015년 전후의 맥락에서 영포티는 '자기관리와 소비 감각을 유지하는 40대'를 지칭하는 비교적 긍정적 표현이었다. 1990~2000년대에 청년기를 보낸 X세대가 40대에 진입하던 시기, 이들은 이전 세대와는 다른 소비 행태와 문화적 감각을 보여 주었고, 시장은 이를 별도의 언어로 포착할 필요가 있었다. 이렇게 탄생한 용어가 바로 영포티다.

　패션·라이프스타일·대중문화 영역에서 이들은 젊은 감각과 구매력을 겸비한 새로운 중년 소비층으로 묘사되었고, 사회적으로도 '늙지 않는 중년'이라는 비교적 이상적인 이미지에 가까웠다. 이 시기의 영포티는 '나이에 비해 젊어 보이는 40대'라는 외형적 평가의 산물이 아니라, '새로운 문화의 흐름에 지속적으로 참여하며 소비의 중심에 자리하는 세대'라는 행태적 분석에 가까운 표현이었다. 그들은 2030세대와 동일한 문화 코드 안에서 움직이면서도, 소비 주체로서의 위치를 쉽게 내주지 않는 집단으로 인식되었다. 이처럼 영포티는 비판의 언어가 아니라 관찰의 언어였고, 새롭게 부상한 소비 주체를 식별하기 위한 명명이었다.

시장 관점에서 분명 이들은 매력적인 집단이었다. 경제활동이 안정기에 접어들며 가처분 소득이 높았고, 패션·뷰티·헬스 등 자기관리 분야에서 지출을 아끼지 않았다. 유행에 대한 반응 속도 역시 빨랐다. 영포티는 곧 '블루칩 소비층'으로 분류되었고, 이후 '영피프티Young Fifty'로까지 범주가 확장되며 나이가 아니라 라이프스타일을 기준으로 한 소비 세분화의 출발점이 되었다.

이러한 초기 맥락에서 영포티는 분명히 긍정적인 호명이었다. 자기관리, 웰빙, 건강, 삶의 질에 관심을 갖고 이를 실천하는 세대, 나이에 맞춰 물러나기보다 자신의 삶을 계속 새롭게 설계하며 즐길 줄 아는 세대로 묘사되었다. 중요한 점은 이러한 특성들이 결핍의 보완이 아니라 능동성과 선택의 결과로 해석되었다는 점이다. 그래서 이 단어는 큰 저항 없이 빠르게 확산되었다.

그러나 시간이 흐르면서 영포티는 더 이상 소비자 분류에 머물지 않고 부정적인 사회적 용어로 변모했다. 반복적인 노출과 미디어 확산을 거치며, 이 말은 하나의 라이프스타일을 넘어 태도와 사회적 위치를 평가하는 언어로 이동했다. 같은 행동과 선택이 달라진 사회적 조건 속에서 새롭게 재해석되기 시작한 것이다.

한때는 '젊은 감각'으로 읽히던 모습은 '젊어 보이려는 안간힘'으로 해석되고, 적극적 소비는 '기득권적 여유'로, 자기관리는 '과시'나 '허세'로 의미가 전환되었다. 이러한 부정적 해석은 개인의 취향이나 성향을 넘어 행동 양식과 태도 전반으로 확장되어, 결국 영포티는 '언행불일치', '내로남불', '꼰대'와 같은 도덕적 비난의 표적으로까지 호출되고 있다.

사실 이러한 해석의 전환은 영포티 개개인이 타락해서 발생한 것이 아니다. 시대의 흐름에 따라 사회·경제적 구조가 변했고, 그에 따라 각 세대 집단이 점하는 상대적 위치가 달라졌기 때문이다. 그럼에도 구조적 맥락을 설명하는 것보다 개인의 특성을 지목하는 편이 훨씬 간편하기에, 영포티를 둘러싼 논쟁은 언제나 엇갈린다. 비난하는 쪽은 "왜 그렇게 사느냐"고 묻고, 비난받는 쪽은 "원래 이렇게 살아왔다"고 답한다. 두 말은 모두 사실이지만, 정작 중요한 큰 그림은 비껴간다.

영포티가 초반에는 긍정적 호명이었다는 사실을 지워 버리면, 이후 영포티를 둘러싼 갈등은 개인의 성격이나 도덕성 문제로 축소되고 만다. 이 용어가 만들어질 당시의 초기 맥락과 의미 변질의 계기를 통합적으로 조망해야만, "왜 한때 장려되던 삶의 방식이 어느 순간부터 비난의 표적으로 전환되었는가"라는 구조적 질문이 가능해진다.

이제 파편화된 이미지나 말꼬리를 붙잡고 조롱과 공방을 반복하는 행태로부터 벗어날 필요가 있다. 그것은 갈등을 해소하지 못한 채 사회적 동력을 소모할 뿐이다. 지금 필요한 것은 더 큰 틀에서의 질문이다.

무엇이, 그리고 어떻게 변했는가.

의미의 변질과 구조적 경로

앞서 살펴봤듯 '영포티'라는 말이 처음부터 조롱의 언어였던 것은 아니다. 이 용어는 한때 40대가 처한 세대적 위치, 즉 여전히 젊은 감각과 생활 양식을 유지하면서도 사회적 책임과 조직 내 권한이 커지는 과도기적 상태를 설명하는 비교적 중립적인 개념이었다. 경력은 안정 단계에 접어들었지만 문화적 취향과 소비 양식은 청년층과 크게 다르지 않은 집단을 가리키는 말이었고, 그 안에는 관찰과 거리감, 때로는 가벼운 풍자가 섞여 있었다. 적어도 2017~2018년까지 영포티는 사회적 갈등의 중심에 서 있는 개념은 아니었다.

그러나 이 단어의 의미는 어느 순간부터 달라지기 시작했다. 그 변화는 40대의 태도 변화에서 비롯된 것이 아니었다. 오히려 2030세대가 경험한 기회 축소와 경로 단절의 누적과 맞물려 있었다. 자산 시장 진입의 반복적 좌절, 소득 증가율을 앞질러 급등하는 자산 가격, 미래 소득 흐름을 불확실하게 만드는 고용 환경 등은 단순한 불만을 넘어 박탈감과 상대적 소외의 감정을 형성했다. 구조적 제약이 충분히 설명되지 않을 때, 그 감정은 추상에 머물지 않는다. 반드시 구체적 얼굴을 찾는다. 그 얼굴에 붙은 이름이 '영포티'였다.

다시 말해 영포티는 갈등의 원인이라기보다, 축적된 감정이 응집된 표면이었다. 문제는 세대의 인격이 아니라, 세대 간 경로의 비대칭이었다.

유동성 파티는 무엇을 남겼는가

코로나19 팬데믹 국면이었던 2020~2021년의 초저금리와 대규모 유동성 공급은 흔히 '자산 시장의 황금기'로 회고된다. 당시 기준금리는 역사적으로 낮은 수준까지 내려갔고, 시중에는 막대한 유동성이 풀렸다. 돈을 빌리는 비용이 낮아지자 자산 가격은 빠르게 상승했다. 주택과 주식, 각종 위험자산 가격이 동시에 급등한 시기였다.

그러나 이 시기의 기억은 세대별로 다르게 저장되어 있다. 이를 가장 선명하게 보여 주는 지표가 세대별 순자산 추이다.

2017년부터 2021년까지는 모든 연령대의 순자산이 함께 증가한다. 이 구간만 보면 "모두가 동일하게 상승 국면을 누렸다"는 해석도 가능하다. 그러나 핵심은 2021년 이후다. 2022년부터 기준금리가 급격히 인상되면서 자산 시장은 조정 국면에 들어갔다. 자산 가격은 흔들렸고, 일부 구간에서는 하락했다. 그런데 동일한 금리 충격을 겪었음에도 세대별 결과는 다르게 나타난다.

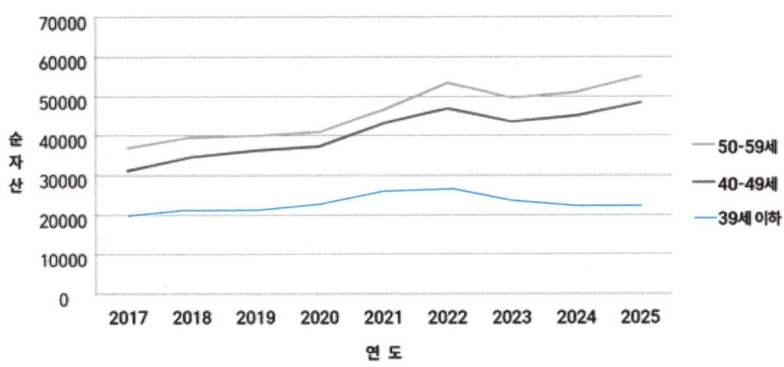

단위: 만 원 / 출처: KOSIS 국가통계포털

　40·50대의 순자산은 2022년 조정을 거친 뒤 다시 상승해 2025년에 신고점을 형성한 반면, 39세 이하의 순자산은 2021년 정점을 회복하지 못한 채 하락과 정체 상태에 머문다. 중요한 것은 격차의 절대 규모가 아니라 격차의 방향이다. 40대와 39세 미만 사이의 순자산 격차는 2017년 약 1.6배에서 2025년 2.2배로 확대된다. 동일한 충격을 통과했지만 두 세대는 서로 다른 자산 경로로 분기했다.

왜 이런 현상이 발생했는가

출발선이 달랐기 때문이다. 이미 자산을 충분히 보유한 세대에게 자산 가격 급등은 평가액의 확대였다. 숫자가 불어나는 경험, 축적의 가속이었다. 그러나 보유 기반이 얇거나 아직 시장 밖에 있던 세대에게 급등은 수익이 아니라 장벽이었다. 가격이 오를수록 진입 비용은 멀어졌다. 같은 상승장이 누군가에게는 기회였고, 누군가에게는 배제를 의미했다.

충격을 버틸 수 있는 여력도 달랐다. 금리가 오르고 시장이 흔들릴 때, 자산과 현금 흐름을 이미 확보한 세대에게 하락은 '일시적 변동'에 불과했다. 시간과 축적된 경험이 완충 장치로 작동했기 때문이다. 그들에게는 버티면 회복된다는 기억이 있었다. 그러나 축적이 시작 단계이거나 레버리지에 기대어 진입한 세대에게 금리 인상은 단순한 가격 조정이 아니었다. 이자 비용의 증가, 대출 한도의 축소, 재진입 기회의 상실로 이어지는 구조적 압박이었다. 변동은 곧 부담이었고, 부담은 곧 경로 이탈로 이어졌다. 2022~2023년 금리 급등기의 궤적은 이를 압축적으로 보여 준다. 같은 충격이었지만 결과는 달랐다. 누군가는 흡수했고, 누군가는 탈락했다.

결과적으로 2030세대에게 이 시기는 '기회의 창'이 아니라 '닫힌 문'으로 각인된다. 자산 가격은 급등한 뒤 높은 수준에 머물렀고, 2022년 이후 금리 인상은 대출 부담을 키웠다. "지금 사지 않으면 영원히 못 산다"는 압박과 "이미 너무 비싸고 이자는 감당하기 어렵다"는 현실이 동시에 존재했다. 선택지는 형식적으로는 열려 있었지만, 실질적으로는 제약되어 있었다. 자산 축적의 레일은 계속 돌아가고 있었지만, 그 위로 올라설 수 있는 진입 경로는 좁아지거나 막혀 있었다.

　자연히 같은 그래프를 보면서도 세대별 해석은 갈라진다. 한쪽에는 축적의 서사가 남고, 다른 한쪽에는 더 이상 재현될 수 없는 경로에 대한 좌절이 남는다. "우리도 힘들었다"라는 윗세대의 말이 위로가 되지 못하는 이유도 여기에 있다. 동일한 노력을 반복해도 동일한 결과가 돌아오지 않는다는 인식이 이미 자리 잡았기 때문이다.

　결국 2030세대의 박탈감은 단순한 빈곤의 감정이 아니다. 같은 시간을 살았음에도 격차는 누적되었고, 그 격차를 만회할 기회가 다시 오지 않을 것 같다는 전망이 더해진 결과다. 2017년부터 2024년까지 동일한 제도 아래에 있었지만, 누군가는 자산 축적의 경로에 남았고 누군가는 그 경로에서 이탈했다.

　그 차이는 노력이나 태도로 설명되지 않았다. 취업은 더 치열해졌고, 임금은 정체되었으며, 주거·교육·돌봄 비용은 상승했다. 경쟁은 격화되었지만 삶의 난이도는 낮아지지 않았다. 이런 조건에서 특정 집단만 앞서 나가는 모습은 상대적 박탈감을 구조적 의심으로 전환시켰다.

　설명되지 않는 격차, 되돌릴 수 없다는 인식, 그리고 앞으로 더 나아지기 어렵다는 전망이 겹치면서 그 감정은 구조 전체를 겨냥하기보다 가장 가까운 비교 대상을 향했다. 그렇게 구조의 문제는 세대의 문제로 번역되었다.

왜 그 감정은 40대를 향했는가

2030세대에게 50대는 이미 부모 세대로 인식되고, 상위 자산가는 현실감 없는 존재다. 그들은 정책의 꼭대기에 있지만, 일상의 비교 대상은 아니다. 반면 40대는 다르다. 같은 직장에 있고, 같은 언어를 쓰며, 같은 시대를 살았다고 말해 온 세대다. 그러나 결과는 분명히 갈라졌다. 40대는 자산 경로 안에 남아 있었고, 2030세대는 그 경로에서 밀려났다.

이 차이는 우연이 아니다. 영포티라 불리는 세대가 사회에 진입하던 시기에는 주택 가격이 소득 대비 상대적으로 낮았고, 대출 규제도 지금보다 느슨했다. '지금 사지 않으면 영영 못 산다'는 압박 없이도, 노동소득과 대출을 결합해 집을 살 수 있는 기회가 실제로 존재했다. 다시 말해, 영포티 세대는 자산 경로에 진입하는 기회의 창을 통과한 마지막 세대에 가깝다. 반면 2030세대는 진입 이전에 가격이 폭등해 버린 시장과, 동시에 강화된 규제 속에서 출발했다. 같은 노력을 해도 같은 결과에 도달할 수 없는 구조였다.

이 간극은 영포티 세대가 여전히 젊은 감각과 진보적 언어를 유지할수록 더 선명해진다. 말과 태도는 '우리 편'처럼 보이지만, 실제로는 이미 자산을 확보한 기득권의 위치에 서 있기 때문이다. 공정과 변화, 개혁의 언어를 앞세우면서도 특정 세대에게 유리하게 작동했던 구조의 결과에 대해서는 침묵하는 모습은 2030세대에게 쉽게 납득되지 않는다. 이 지점에서 영포티는 더 이상 부러움의 대상이 아니라, 설명되지 않은 격차를 상징하는 얼굴이 된다. 그렇게 감정은 추상적인 구조를 건너뛰어, 가장 가까이 보이는 40대를 향해 집중된다.

분노는 구조를 지나 영포티에 닿았다

코로나19 팬데믹은 세대 갈등의 원인이 아니라, 이미 존재하던 자산 경로의 격차를 단기간에 증폭시킨 계기였다. 유동성 확대와 자산 가격 급등은 기존 자산 보유자에게는 복리 효과를 가속하는 장치로 작동했다. 그러나 시장에 진입하지 못한 집단에게 그 상승은 기회가 아니라 장벽이 되었다. 자산 시장은 형식적으로는 열려 있었지만, 실질적 진입 경로는 좁아졌다. 그 결과 세대 간 격차는 추상적 통계가 아니라 일상에서 체감되는 차이로 전환되었다.

2030세대가 이 시기에 경험한 것은 단순한 기회 상실이 아니다. 노력과 보상이 연결된다는 전제가 흔들렸고, 같은 규칙 아래 경쟁하고 있다는 믿음이 무너졌다는 감각이 누적되었다. 좌절은 개인의 실패로 수렴되지 않고 곧바로 '불공정'이라는 문제의식으로 전환되었다. 그러나 그 분노는 정책과 구조를 향하지 못했다. 대신 더 구체적이고 가시적인 대상을 찾았다.

그때 호출된 이름이 '영포티'였다. 영포티는 40대 전체를 가리키는 말이 아니다. 자산 격차의 원인을 만든 집단을 지칭하는 것도 아니다. 그것은 코로나 이후 자산 상승의 결과를 이미 체현한 인물형, 그리고 그 결과를 개인의 능력과 선택의 우월성으로 설명하려는 특정한 태도를 상징한다. 구조적 조건을 지운 채 성공 서사를 반복하고, 조언을 가장한 훈계로 좌절을 평가하며, 공정의 언어를 자기 합리화에 사용하는 행동 패턴이 결합될 때 그 인물형은 분노의 표적으로 굳어진다.

이 표적화는 치밀한 분석의 산물이 아니라 감정의 압축이다. 구조는 추상적이고 복잡하지만, 얼굴을 가진 인물은 구체적이고 공격 가능하기 때문이다. 자산 경로에서 밀려났다는 좌절, 선택권이 사라졌다는 감각, 불공정하다는 인식이 응축되어 '영포티'라는 이름에 투사된다. 그 결과 비판은 이루어지지만 설명은 약화되고, 분노는 표출되지만 해결은 지연된다.

이 과정에서 세대 갈등은 빠르게 증폭된다. 2030세대의 좌절감은 공격으로, 40대의 피로감은 방어로 나타난다. 대화는 질문과 응답이 아니라 조롱과 반격으로 바뀐다. 갈등은 확대되지만, 자산 경로를 분기시킨 구조적 원인은 점점 시야에서 멀어진다. 영포티는 갈등의 원인이 아니라, 갈등이 향할 수밖에 없었던 대체 표적에 가깝다.

결국 영포티 논란은 특정 세대의 일탈로 환원될 문제가 아니다. 그것은 코로나 이후 자산 격차가 고착되고 선택 가능성이 축소된 사회에서 '불공정'의 감각이 인물형으로 번역된 결과다. 구조가 바뀌지 않는 한, 또 다른 이름의 영포티는 계속 등장할 것이다. 표적은 바뀔 수 있어도, 좌절의 원천은 남기 때문이다.

영포티라는 이름이 가리는 것

이 장에서는 '영포티'라는 용어가 어떻게 탄생했고, 어떤 맥락에서 의미가 변질되었으며, 어떤 구조적 조건 속에서 비난과 갈등의 표적이 되었는지를 추적했다. 영포티는 처음부터 갈등의 언어가 아니었다. 그것은 소비와 라이프스타일을 설명하기 위한 시장의 분류였고, 중년의 자기관리와 능동적 삶을 긍정적으로 호명하는 언어였다. 그러나 자산 경로가 세대별로 분기되고, 기회의 창이 닫히며, 상대적 격차가 고착화되는 과정 속에서 이 용어는 점차 도덕적 판단과 감정 투사의 대상이 되었다.

2030세대의 좌절은 실패의 결과라기보다, 경로가 닫혔다는 감각에서 비롯되었다. 같은 시간, 같은 제도 아래에서 누군가는 자산 경로 안에 남았고 누군가는 밀려났다. 그 차이는 개인의 태도나 노력으로 설명되지 않았다. 설명되지 않는 격차는 불공정하다는 감각을 낳았고, 그 감각은 추상적인 구조가 아니라 가장 가까운 비교 대상인 40대를 향했다. 그렇게 영포티는 구조적 문제의 원인이 아니라, 구조적 문제를 감정적으로 번역하는 인물형으로 호출되었다.

이 과정에서 중요한 사실은 영포티 논쟁이 특정 세대의 도덕성이나 인격 문제로 환원될 수 없다는 점이다. 영포티는 세대에 붙은 단순한 호칭이 아니라, 자산 경로의 분기와 제도적 시간차가 만들어 낸 위치의 차이를 상징하는 기호다. 문제는 이 기호가 구조를 설명하기보다 구조를 가리는 방향으로 작동한다는 데 있다. 비난은 인격화되고, 구조는 비가시화된다. 갈등은 확대되지만, 해결은 뒤로 밀린다.

따라서 영포티를 이해한다는 것은 특정 세대를 비난하거나 변호하는 일이 아니다. 그것은 누가 언제 어떤 제도적 창을 통과했고, 누가 어떤 조건에서 배제되었는지, 그리고 그 시간차가 어떻게 감정과 담론으로 번역되었는지를 분석하는 일이다. 영포티라는 이름 뒤에는 세대 문제가 아니라 구조 문제가 있다.

그러나 여기에는 더 근본적인 질문이 남는다. 왜 수많은 세대 가운데 하필 40대가 이 구조적 갈등의 얼굴이 되었는가. 왜 30대도, 50대도 아닌 '포티'가 비교와 분노, 조롱의 좌표로 호출되는가.

이것은 우연이 아니다. 제도적 시간차와 자산 경로의 분기점이 40대의 생애주기와 맞물려 있었기 때문이다. 상승의 과실이 가시화되는 시기, 그리고 의사결정권과 책임이 동시에 확대되는 시점이 바로 그 세대에 겹쳐졌다. 구조의 결과가 가장 선명하게 드러나는 위치에 40대가 서 있었던 것이다.

다음 장에서는 이 질문에 대한 답을 본격적으로 파헤친다. 왜 하필 포티인가. 왜 영포티 세대는 한국 사회의 자산·노동·정책 구조 속에서 '마지막 진입 세대'이자 갈등의 상징 좌표가 되었는가. 이 세대가 어떤 역사적 타이밍 속에서 구조의 혜택을 누리고 동시에 그 비용을 감당하게 되었는지를 추적한다.

2장

왜 하필 '포티'인가

감정은 복잡한 원인을 끝까지 추적하지 않는다.

가장 눈에 잘 띄고 가장 자주 마주치며

설명하기 쉬운 지점에서 멈춘다.

40대는 그 조건을 충족하는 위치에 서 있다.

분노는 왜 포티를 향하는가

왜 2030세대의 비판은 '기성세대 전반' 혹은 50·60대가 아니라 유독 40대, 다시 말해 '포티'에 집중되는가. 이는 단순한 감정의 선택이 아니라, 세대 갈등이 작동하는 구조적 경로와 깊이 연결된 현상이다. 분노는 무작위로 향하지 않는다. 그것은 가장 잘 보이고, 가장 자주 마주치며, 동시에 가장 설명하기 쉬운 지점을 향해 수렴한다.

이 장은 왜 세대 갈등의 초점이 하필 40대에 고정되는지, 그 선택이 어떻게 구조적으로 유도되는지를 분석하기 위해 출발한다. 왜 분노는 최상위로 올라가지 않고, 늘 중간에서 멈추는가. 그리고 왜 그 중간은 언제나 포티의 얼굴을 갖게 되는가. 이 질문에서부터 논의를 시작할 필요가 있다.

세대 갈등이 일상화된 오늘날의 한국 사회에서, 분노의 대상은 모호하게 확산되지 않는다. 그것은 일정한 방향성을 띠며 반복적으로 같은 지점을 향한다. 주목할 점은 그 대상이 유독 40대로 수렴된다는 사실이다. 이 선택은 우연이나 일시적 감정의 산물이 아니다. 분노가 향하는 지점에는 언제나 구조적 이유가 존재한다.

분노는 추상적인 대상을 향해 지속되기 어렵다. 그것은 얼굴을 필요로 하고, 이름을 필요로 하며, 일상에서 반복적으로 마주칠 수 있는 구체성을 요구한다. 50·60대는 정책과 자원의 최상층에 위치해 있지만, 청년 세대의 일상 속에서는 상대적으로 추상적인 존재다. 반면 40대는 규칙을 설명하고, 평가를 집행하며, 결정의 결과를 전달하는 위치에 있다. 청년 세대가 경험하는 배제와 좌절은 대개 이 층을 통해 구체화된다. 분노는 구조 그 자체가 아니라, 구조가 작동하는 방식을 가장 가까이에서 보여 주는 대상을 향한다.

또한 분노는 과거가 아니라 현재를 향한다. 50·60대는 이미 지나간 결정의 주체로 인식되는 반면, 40대는 여전히 현재형의 권력을 행사하고, 앞으로도 상당 기간 그 위치를 유지할 세대로 여겨진다. 청년 세대의 시선에서 포티는 이미 많은 것을 얻었고, 동시에 쉽게 자리를 내주지 않을 존재다. 비판은 회고적 평가보다, 막혀 있는 현재에 집중된다.

중요한 것은 이 분노가 문제의 원인에 대한 치밀한 분석의 결과가 아니라는 점이다. 감정은 복잡한 원인을 끝까지 추적하지 않는다. 가장 눈에 잘 띄고, 가장 자주 마주치며, 설명하기 쉬운 지점에서 멈춘다. 40대는 그 조건을 충족하는 위치에 서 있다.

그리하여 세대 갈등은 위로 치솟지 않는다. 중간에서 정체된다.

왜 분노가 반복해서 같은 지점에 머무는지, 그리고 그 멈춤이 어떻게 구조를 건드리지 않은 채 갈등만 소모하게 만드는지 살펴보지 않으면, 우리는 문제의 본질에 닿을 수 없다.

세대 갈등의 표적화 메커니즘

구조 전환기의 경계에 선 세대

현재 영포티라 불리는 세대가 한국 사회의 자산·노동·정책 구조 속에서 독특한 위치를 차지하게 된 것은 우연이 아니다. 이들은 산업화 이후 장기간 유지되었던 성장·자산 축적 모델의 말단 구간과, 그 모델이 급격히 수축·재편되는 전환 국면을 동시에 통과한 세대다. 다시 말해 이들은 '완성된 성장 체제'의 수혜자도, '완전히 닫힌 구조'의 외부자도 아니다. 성장과 축적의 규칙이 아직 작동하던 시기에 사회에 진입했지만, 그 규칙이 더 이상 재현되지 않는 장면을 내부에서 목격한 세대다.

이들이 진입한 자산 구조는 장기적인 부동산 가격 상승과 금융 완화를 전제로 한 체제였다. 주거 자산은 단순한 소비재가 아니라 축적의 핵심 경로였고, 신용 접근성과 소득 증가가 자산 진입을 가능하게 하는 기본 조건으로 작동했다. 동시에 노동 시장에서는 제조업과 대기업 중심의 내부 노동시장 구조가 완전히 붕괴되기 전

단계에 있었다. 정규직 진입 경로는 점차 좁아지고 있었지만 아직 완전히 폐쇄되지는 않았고, 연공적 임금 체계와 장기 고용 관행 역시 일정 부분 유지되고 있었다.

그러나 이 세대가 경력을 쌓아 가던 시점부터 성장률은 둔화되었고, 자산 가격은 소득 증가 속도를 앞지르기 시작했으며, 정책의 초점은 성장 확대에서 위험 관리와 분배 조정으로 이동했다. 구조는 더 이상 팽창하지 않았고, 대신 내부 경쟁이 심화되는 방식으로 재편되었다. 그 결과 영포티 세대는 상승기의 말단과 수축기의 초입을 동시에 경험한 집단이 되었다.

이 이중적 위치가 이후 세대 간 비교에서 독특한 긴장을 만든다. 이들은 자산을 보유한 세대로 인식되지만, 동시에 구조 전환의 비용을 내부에서 흡수한 세대이기도 하다. 성장 모델의 마지막 탑승자이면서, 그 모델이 닫히는 장면을 몸으로 통과한 세대라는 점에서, 이들은 한국 사회 구조 변화의 경계선에 서 있는 집단이다.

이러한 조건이 겹치면서 영포티 세대는 한국 사회에서 경계적 위치에 놓이게 되었다. 이들은 자산과 노동의 기존 상승 경로가 아직 작동하던 시기에 사회에 진입했지만, 그 경로가 완전히 닫히기 직전의 전환기를 함께 통과한 세대다. 그래서 흔히 '기존 성장·자산 축적 모델에 마지막으로 진입한 세대'로 불린다. 주거 자산을 중심으로 한 자산 상승 레일과, 비교적 안정적인 정규직 진입 경로가 동시에 작동하던 마지막 구간을 경험한 집단이라는 의미다.

그러나 이 서사는 절반만 맞다. 이 세대는 과거의 구조로부터 일정한 혜택을 경험한 집단으로 보이지만, 동시에 그 구조가 흔들리고 재편되는 과정에서 발생한 비용과 불확실성 역시 감당한 집단이다. 성장률 둔화, 고용 구조 변화, 정책 전환의 부담은 이들이 사회적 책임의 중심으로 이동하던 시기와 겹쳐 있었다. 상승기의 말미와 수축기의 초입이 한 세대의 생애 경로 안에서 겹친 셈이다.

또한 이 세대는 결코 균질하지 않다. 모두가 주거 자산을 보유한 것도 아니고, 모두가 안정적 고소득 직군에 안착한 것도 아니다. 자산 보유 여부, 고용 안정성, 지역과 산업 배경에 따라 내부 격차는 상당하다. 그럼에도 이후 세대의 인식 속에서는 이들이 하나의 단일한 '자산 보유 세대'로 압축된다. 일부의 경험이 세대 전체의 대표 이미지로 과잉 일반화된다.

여기서 인식의 균열이 발생한다. 뒤에서 바라보면, 이들은 구조가 닫히기 직전에 문 안으로 들어간 사람들처럼 보인다. 다시는 열리지 않을 것 같은 경로를 먼저 통과한 집단, 자리를 선점한 세대로 읽힌다. 그러나 실제로 문을 닫은 것은 특정 세대의 선택이 아니라, 자산 가격의 급등, 금융 환경의 변화, 정책 설계의 전환과 같은 거시적 조건이었다. 경계선에 서 있던 이들은 설계자가 아니라 통과자에 가까웠다.

그럼에도 구조는 추상적이고, 세대는 구체적이다. 제도는 보이지 않지만 사람은 보인다. 그래서 분노는 정책 설계나 거시적 조건을 향하기보다, 그 설계를 먼저 통과해 안쪽에 서 있는 집단을 향한다. 이런 조건에서는 일부 개인의 과시적 언행, 내로남불적 태도, 과도한 자기 방어가 맥락을 이탈한 채 확대 해석되기 쉽다. 개별 사례는 구조적 배경과 분리된 채 상징으로 고정되고, 그 상징이 세대 전체를 설명하는 증거처럼 기능한다. 세대 내부의 다양한 조건과 격차는 분석의 중심에서 밀려나고, 눈에 띄는 몇 장면이 집단의 본질을 규정하는 이미지로 굳어진다.

갈등은 바로 이 지점에서 구성된다. 구조적 전환이 충분히 설명되지 않을 때, 감정은 책임의 대상을 구체화하려 한다. 추상적인 설계 대신 구체적인 얼굴이 호출된다. 영포티는 갈등의 원인이라기보다, 구조 변화가 가시화된 접점이며, 축적된 감정이 투사되는 표면이다.

불혹(不惑)이라는 상징, 그리고 현실과의 괴리

'왜 하필 포티인가'라는 질문을 풀기 위해서는 먼저 40대라는 연령의 의미가 과거와 달라졌다는 사실을 짚어야 한다. 오늘날의 40대는 이전 세대가 경험했던 중년과 동일한 조건 위에 서 있지 않다. 이들은 단순히 스스로를 젊다고 인식하는 세대가 아니다. 기대수명의 연장과 건강 상태의 개선, 경력 주기의 변화 속에서 중년의 시간표 자체가 재조정된 세대다. 중년의 사회적·경제적 기준이 전환되는 경계선을 처음으로 통과한 세대라는 점에서, 오늘날의 40대는 과거의 중년과 다른 위치에 서 있다.

전통적으로 40대는 '불혹'의 나이였다. 삶의 방향이 굳어지고, 역할이 고정되며, 흔들림이 멈추는 시기라는 상징이 따라붙었다. 안정과 권위, 책임이 중년의 표지였다. 그러나 오늘의 40대는 그 상징과 쉽게 겹쳐지지 않는다. 은퇴는 늦춰졌고, 자녀 교육과 부모 부양의 부담은 동시에 존재하며, 직장 안에서는 디지털 전환과 성과 압박에 계속 노출된다. 책임은 늘어났지만 위치는 고정되지 않았다. 정착의 단계라기보다 여전히 이동 중인 단계에 가깝다.

이 변화는 단순한 이미지의 문제가 아니다. 생애 주기 구조 자체가 달라졌기 때문이다. 평균 수명의 연장, 노동시장 재편, 가족 형성 시기의 지연, 플랫폼 중심 문화 환경의 확산은 중년의 위치를 근본적으로 바꾸었다. 오늘의 40대는 더 오래 일해야 하고, 더 오래 비교되며, 더 오래 경쟁해야 한다. 한 번 도달하면 끝나는 단계가 아니라, 계속해서 자신의 가치를 증명해야 하는 위치에 놓인다.

신체 조건의 변화도 이 흐름과 맞물린다. 의료 기술과 건강 관리, 미용 산업의 발달은 실제 노화의 속도를 늦췄고, 젊어 보이는 것은 선택이 아니라 관리의 결과가 되었다. 외모 관리와 체형 유지, 패션과 자기 표현은 더 이상 허영의 상징이 아니라 자연스러운 자기관리로 받아들여진다. 과거 중년에게 기대되던 '나이에 맞는 태도'는 점점 힘을 잃는다.

더 결정적인 변화는 미디어 환경이다. 오늘의 40대는 연령별로 분리된 문화권에 머물지 않는다. 플랫폼과 SNS는 나이와 무관하게 같은 콘텐츠를 소비하게 하고, 같은 유행과 언어를 공유하게 한다. 비교는 상시화되고, 성취와 실패는 실시간으로 노출된다. 중년

은 내려앉는 시기가 아니라, 뒤처지지 말아야 하는 시기로 재정의
된다. "아직 젊다"는 메시지와 "계속 경쟁하라"는 압박이 동시에 작
동한다.

소비 방식과 자기 인식 역시 바뀌었다. 과거 중년의 소비가 가족
중심의 안정적 축적에 가까웠다면, 오늘의 40대는 여전히 개인 단
위의 소비자다. 온라인 쇼핑과 경험 소비, 취미 활동과 자기계발은
정착 이후의 보상이라기보다 현재를 유지하기 위한 전략처럼 기능
한다. 희생과 헌신이 자동적으로 요구되던 윤리는 약해지고, 삶의
지속 가능성과 자기 만족이 중요한 가치로 이동한다.

문제는 '불혹'이라는 상징이 여전히 사회적 언어로 남아 있다는
데 있다. 사회는 40대에게 흔들리지 않는 어른의 자리를 기대하지
만, 현실의 40대는 오히려 가장 많은 불안을 동시에 감당하는 시기
에 서 있다. 책임은 늘어났고, 안정은 보장되지 않으며, 젊음을 유
지해야 경쟁에서 밀리지 않는다는 압박까지 겹친다. 그 결과 오늘
의 40대는 이전 세대보다 훨씬 젊어 보이지만, 동시에 훨씬 더 불
안하다.

이 괴리는 세대 담론에서 중요한 긴장을 만든다. 2030세대의 시
선에서 40대는 경험과 책임을 갖춘 선배이자 사회적 기준을 제시
해야 할 연령대로 기대된다. 그러나 동시에 같은 생활 반경을 공유
하며 경쟁을 지속하는 위치에 놓여 있다. 이러한 상황에서 40대가
외모 관리를 통해 경쟁력을 유지하려는 모습은 일종의 생존 전략
일 수 있지만, 아랫세대의 시선에서는 그것이 과도한 자기 연출이

나 경계 침범처럼 읽히기 쉽다. 과거 중년에게 기대되던 거리감과 절제가 약화된 자리에서 세대 간 경계는 흐려지고, 역할 구분 역시 불명확해진다.

그 결과 40대는 독특한 경계적 위치에 놓인다. 명확한 기성세대도 아니고, 완전히 이질적인 세대도 아닌 경계의 세대. 존경과 거리 두기, 기대와 견제가 동시에 향하는 자리. 바로 이 모호성이 포티를 세대 갈등 담론에서 가장 눈에 띄는 존재로 만들면서도, 동시에 가장 설명하기 어려운 대상으로 남게 한다.

결국 영포티 현상은 단순한 개인의 태도 문제가 아니라, 중년의 의미 자체가 변형된 역사적 조건 위에서 일부 돌출적 행동이 과잉 대표되며 형성된 결과에 가깝다. '불혹'이라는 상징은 여전히 언어로 남아 있지만, 그 상징을 지탱하던 경제적 안정, 역할의 위계, 세대 간 명확한 구분은 이미 약화되었다. 상징은 고정되어 있지만 현실은 이미 바뀌었다.

바로 이 상징과 현실의 불일치가 오늘의 포티를 세대 갈등 담론에서 더욱 가시적인 존재로 만들고, 동시에 더 쉽게 오해받는 대상으로 만든다.

가시성과 접촉 빈도

분노는 가장 큰 책임을 지닌 대상을 향해 곧장 나아가지 않는다.

그것은 가장 자주 보이고, 가장 가까이 있으며, 가장 쉽게 이름 붙일 수 있는 대상을 향해 이동한다. 세대 갈등 역시 마찬가지다. 구조적 문제는 추상적이지만, 분노는 구체적인 얼굴을 요구한다. 이때 중요한 조건은 권력의 크기가 아니라 가시성과 접촉 빈도다.

포티는 2030세대의 일상에서 가장 반복적으로 등장하는 연령대다. 직장에서는 상사와 평가자의 얼굴로, 취업 과정에서는 면접관과 실무 책임자로, 주거 영역에서는 집주인이나 중개자의 위치로 나타난다. 청년 세대가 체감하는 규칙과 한계는 대부분 이 층을 통해 전달된다. 분노가 향하는 방향은 도덕적 판단 이전에, 일상의 동선에 의해 결정된다.

이 가시성과 접촉 빈도는 노동과 제도의 영역에만 국한되지 않는다. 러닝크루와 각종 취미 모임, 동네 카페와 술집, 인기 있는 식당과 문화 공간에서 2030세대가 마주치는 기성세대 역시 대개는 40대다. 이들은 이미 은퇴를 앞둔 연령대도 아니고, 청년 세대와 완전히 분리된 생활권에 속한 세대도 아니다. 생활 리듬과 소비 공간, 여가의 반경이 상당 부분 겹친다.

온라인에서도 상황은 크게 다르지 않다. 비슷한 소비 취향과 콘텐츠 취향을 공유하며 같은 플랫폼에 머물고, 같은 게시물 아래에서 댓글로 공방을 벌인다. 알고리즘은 세대를 분리하기보다 오히려 취향을 기준으로 묶어 낸다. 그 결과 2030세대에게 40대는 추상적인 '기성세대'가 아니라, 오프라인과 온라인을 가로질러 반복적으로 마주치는 '가장 가까운 어른'이 된다.

가까운 세대는 필연적으로 비교의 대상이 된다. 비교는 곧 판단으로 이어지고, 판단은 감정의 형태를 띤다. 이 과정에서 40대는 멀리 있는 구조나 위에 있는 권력보다 훨씬 또렷한 표적이 된다. 불만과 조롱은 설명하기 어려운 제도보다, 얼굴을 가진 존재를 향해 집중된다. 규칙은 문서에서 만들어졌지만, 좌절은 사람을 통해 경험되기 때문이다.

결국 세대 갈등에서 포티가 표적이 되는 이유는 이들이 가장 많은 권력을 가졌기 때문이 아니라, 가장 많이 보이기 때문이다. 가장 자주 마주치는 존재가 가장 많이 비난받는다는 이 단순한 조건이, 세대 갈등을 구조적 문제에서 개인 간 대립으로 전환시킨다. 분노는 위로 올라가지 않는다. 늘 손에 닿는 곳에서 멈춘다. 그리고 그 지점에 포티가 서 있다.

현재형 권력이자 경쟁자

포티가 비판의 대상이 되는 이유는 그들이 단지 가까이 있기 때문만은 아니다. 그들은 동시에 현재형의 권력으로 인식된다. 50·60대가 이미 과거의 결정권자, 혹은 퇴장 국면에 접어든 세대로 인식되는 반면, 40대는 지금 이 순간에도 자원과 기회를 점유하고 있으며 앞으로도 상당 기간 그 위치를 유지할 세대로 여겨진다. 분노는 지나간 과거보다, 막혀 있는 현재를 향한다.

2030세대의 시선에서 포티는 '이미 통과한 세대'다. 주거, 자산, 직장 내 지위, 사회적 네트워크 등 주요한 삶의 관문을 먼저 지나온 존재다. 동시에 그들은 아직 내려오지 않은 세대이기도 하다. 권력의 정점에 있지는 않지만, 통로를 점유한 채 다음 세대의 진입을 지연시키고 있는 것처럼 보인다. 이중의 인식은 포티를 단순한 기성세대가 아니라, 직접적인 경쟁자로 만든다.

이 지점에서 세대 갈등은 도덕의 문제가 아니라 시간의 문제로 전환된다. 2030세대의 불만은 "왜 저들이 그렇게 살았는가"가 아니라, "왜 저 자리가 아직 비어 있지 않은가"라는 질문에 가깝다. 포티는 이미 충분히 오래 머물렀고, 이제는 다음 세대가 진입해야 할 자리를 점유한 채 물러나지 않는 존재로 인식된다. 그러나 현실에서 그 자리는 쉽게 이동하지 않는다. 이 정체가 곧 분노로 번역된다.

여기에 포티는 미래의 기회를 잠식하는 세대로 해석되기 쉽다. 현재의 자원뿐 아니라 연금, 주택, 직장 안정성 등 미래의 안전망에서도 상대적으로 유리한 위치를 점하고 있기 때문이다. 청년 세대의 눈에 이는 단순한 격차가 아니라, 앞으로도 계속될 불균형의 예고처럼 읽힌다. 그래서 비판은 현재의 불공정뿐 아니라 미래에 대한 불안까지 함께 담게 된다.

이때 포티가 외형을 관리하고 연출하는 방식은 감정의 증폭 장치로 작동한다. 시술과 관리, 패션을 통해 늙음을 거부하고 시간을 지연시키려는 40대의 몸짓은 2030세대에게는 '자리를 비울 의사가 없는 신호'처럼 해석된다. 이미 오래 머물렀으나 여전히 젊은 얼굴로 경쟁에 남아 있으려는 모습은 공존이 아니라 점유의 연장으로 읽히며, 불편함과 반감을 증폭시킨다.

사실상 포티는 과거의 가해자도, 완전한 현재의 지배자도 아니다. 그러나 바로 그 중간적 위치 때문에 가장 위협적인 존재로 인식된다. 이미 성공했고, 아직 물러나지 않았으며, 앞으로도 상당 기간 자리를 유지할 것으로 보이는 세대. 분노는 이 지점에서 비로소 언어를 얻는다. 포티는 '이미 가진 자'이면서 동시에 '앞을 가로막고 있는 자'로 호출된다.

이처럼 포티를 향한 비판은 단순한 세대 혐오가 아니다. 현재와 미래가 동시에 막혀 있다는 인식에서 비롯된 감정의 방향이다. 그리고 이 인식이 바뀌지 않는 한, 분노는 구조의 꼭대기가 아니라, 여전히 포티의 얼굴을 향해 머무를 수밖에 없다.

기대와 배신 사이의 간극

포티를 향한 비판이 특히 날카롭게 작동하는 지점은, 이들이 일견 '같은 편'으로 기대되는 세대라는 사실에 있다. 영포티라 불리는 세대는 민주화 이후 형성된 사회적 가치와 공정·개혁의 언어, 수평적 문화를 내면화한 세대로 인식되어 왔다. 2030세대에게 그들은 전통적인 기성세대와는 다른 태도를 보일 것이라는 기대를 품게 하는 존재로 비치기 쉽다. 바로 이 기대가, 갈등의 국면에서 가장 큰 반작용을 만들어 낸다.

기대가 없다면 실망도 없다. 50·60대의 보수성이나 위계적 태도는 이미 예측 가능한 것으로 받아들여진다. 그러나 포티는 다르다. 그들은 청년 세대의 언어를 이해하고, 때로는 같은 말을 사용한다. 공정과 능력주의, 변화와 혁신을 말하면서도, 실제로는 기존의 자산 구조와 조직 질서 속에서 안정적인 위치를 점하고 있다. 이 언어와 위치 사이의 간극은 쉽게 위선이나 '내로남불'로 해석된다.

이 지점에서 세대 갈등은 가치의 충돌이 아니라 기대의 붕괴로 전환된다. 청년 세대가 느끼는 감정은 "저들은 원래 저렇다"가 아니라, "저들은 달라야 했는데 그렇지 않았다"는 실망에 가깝다. 포티는 이미 구조의 수혜자이면서도, 동시에 그 구조를 비판할 수 있는 언어를 가진 세대다. 그러나 그 언어가 실제 행동이나 분배의 변화로 이어지지 않을 때, 비판은 배신감의 형태를 띠게 된다.

이러한 배신의 서사는 포티를 도덕적 판단의 대상으로 만든다. 문제는 구조에 있지만, 책임은 개인에게 귀속된다. 기대가 컸던 만큼, 비난의 강도도 커진다. 포티는 더 이상 단순한 기성세대가 아니라, '알면서도 바꾸지 않은 세대', '말과 행동이 어긋난 세대'로 규정된다. 영포티에 대한 조롱은 이 간극을 압축하는 가장 간단한 언어가 된다.

결국 영포티를 향한 공격은 그들이 가장 나빠서가 아니라, 나와 비슷할 것이라 여겼던 세대가 훨씬 유리한 자리를 차지하고 있다는 감각에서 비롯된다. 같은 경로를 걷는 줄 알았지만 자산과 안정성, 선택의 폭에서 따라잡기 어려운 격차가 드러나고, 그 차이가 왜 생겼는지 납득할 설명을 찾지 못할 때 좌절은 분노로 전환된다. 여기에 듣기 좋은 가치는 입에 올리면서도 정작 자신에게 유리한 질서와 자원은 모두 누리려는 모습이 더해지면, 이는 청년 세대에게 단순한 위선이 아니라 기회를 나누지 않겠다는 기회 독점의 신호로 읽힌다. 그렇게 영포티는 구조적 불평등이 만들어 낸 결과이자, 청년 세대의 기대와 실망, 현재의 좌절과 미래에 대한 불안이 동시에 투사된 대상으로서 세대 갈등의 한가운데에 서게 된다.

자산 격차의 얼굴화

자산 격차는 본래 수치와 비율의 문제다. 통계청의 표 안에서 연령대별로 나뉘고, 평균과 중앙값으로 설명된다. 그러나 이 격차가 장기간 누적되고, 형성 과정이 충분히 설명되지 않을 때 수치는 더 이상 숫자로 머물지 않는다. 격차는 경험의 언어로 번역되며, 구조적 문제에 이름과 감정이 덧씌워진다. 그 과정에서 포티라는 연령대가 그 얼굴로 호명된다.

2030세대가 느끼는 불공정은 "누가 얼마나 많이 가졌는가"에서 시작되지 않는다. 오히려 "어떤 사람들은 이미 저만큼 앞서 있는데, 나는 왜 아직도 출발선 근처에 있는가"라는 의문에서 출발한다. 자산 격차는 단순한 결과의 차이가 아니라, 애초에 언제 출발할 수 있었는지, 그 출발 기회가 누구에게 열려 있었는지의 문제로 인식된다.

이때 포티는 '먼저 들어간 세대'로 불린다. 여기서 문제는 누가 더 열심히 했느냐가 아니다. 운과 타이밍의 차이, 그리고 그 타이밍이 이제는 다시 오지 않을 것 같다는 인식이 좌절을 키운다. 기회는 이미 지나갔고, 그 문 안에 들어가 있는 사람들이 바로 눈앞에 보일 때, 분노는 구조가 아니라 사람을 향하게 된다.

문제는 이런 구조적 차이가 왜 생겼는지, 그리고 그 결과가 왜 불가피했는지에 대해 충분한 설명이 이루어지지 않았다는 데 있다. 유동성 확대나 주택 시장의 진입 장벽, 금융·대출 규제의 시차 같은 요인들은 복잡하고 추상적이다. 일상에서 체감하기도 어렵다. 반면 포티라는 연령대는 매우 구체적이다. 같은 공간에서 소비하고, 같은 플랫폼에서 말하며, 비슷한 문화 속에 있는 사람들이 눈에 띄게 다른 자산 결과를 갖고 있다는 사실은 즉각적인 비교를 낳는다.

이렇게 얼굴을 갖게 된 격차는 감정을 한곳으로 끌어당긴다. 추상적인 제도와 구조는 분노의 대상이 되기 어렵지만, 일상에서 반복적으로 마주치는 세대는 감정의 표적이 되기 쉽다. 포티는 자산 격차의 원인이 아니라, 그 격차가 충분히 설명되지 못한 채 남겨졌을 때 호출되는 이름이다. 특히 이미 많은 것을 확보한 위치에 있으면서도, 그에 상응하는 책임이나 한 걸음 물러서는 태도를 보이지 않는다고 인식될 때 반감은 증폭된다. 공정과 변화의 언어를 말하면서도 자신에게 유리한 질서와 자원은 놓지 않으려는 모습은, 청년 세대에게 기회를 나누지 않겠다는 신호로 읽힌다. 그 결과 영포티는 구조의 수혜자이자, 구조를 향했어야 할 분노의 화살을 대신 맞는 얼굴로 세대 갈등의 한가운데에 놓인다.

그러나 오늘날 영포티를 비판하는 2030세대 역시 이 구조에서 완전히 자유롭지 못하다. 자산 격차는 절대적 규모의 문제가 아니라, 언제 어떤 조건에서 진입했는가에 따라 형성되는 상대적 위치의 문제이기 때문이다. 시간이 지나 이들이 40대가 되었을 때, 절대적인 자산 규모는 지금보다 커져 있을 가능성이 크다. 그러나 그 시점의 환경은 지금과 같지 않을 것이다. 규제는 더욱 강화되고, 경제 환경과 노동 조건은 더 경쟁적으로 변하며, 자산 형성의 진입 장벽은 한층 높아질 가능성이 크다.

이러한 조건 속에서 이들은 자신들보다 더 어려운 환경에서 출발한 다음 세대와 다시 비교되는 위치에 놓일 수 있다. 이때 갈등의 핵심 역시 '누가 얼마나 가졌는가'가 아니라 '누가 먼저 들어왔는가'라는 인식이다. '이미 진입한 세대'라는 위치는 자산의 절대적 크기와 무관하게 상대적 우위로 해석된다. 자산 격차가 상대적인 문제로 인식되는 순간, 갈등의 시선은 자연스럽게 그 상대적 위쪽을 향해 이동한다.

이는 영포티가 고정된 집단이 아님을 시사한다. 영포티는 특정한 사람들을 가리키는 명칭이 아니라, 시간이 흐르며 구성원이 바뀌는 연령대의 좌표에 가깝다. 어제의 영포티와 오늘의 영포티는 같은 사람들이 아니다. 영포티라는 말이 조롱의 의미로 사용되기 시작했을 무렵 40대 후반이었던 이들은, 시간이 흐르며 이미 50대를 훌쩍 넘겼고, 자연스럽게 비난의 초점에서 벗어났다. 그러나 그 자리는 비워지지 않는다. 별다른 설명이나 전환 없이, 새로운 40대가 그 자리를 이어받는다. 사람은 교체되지만, 갈등이 머무는 위치는 그대로 유지된다.

즉, 사람은 바뀌지만 비난이 향하는 위치는 고정된다. 자산 격차가 구조적으로 유지되거나 확대되는 한, 갈등은 특정 개인에 고정되지 않고 동일한 연령대 구간을 반복적으로 호출한다. 그런 의미에서 영포티 논쟁은 과거에 끝난 사건이 아니라, 지금 이 순간에도 계속 재생산되고 있는 구조적 순환이다.

결국 자산 격차의 얼굴화는 세대 갈등을 심화시키는 동시에 문제의 초점을 이동시킨다. 논쟁은 제도의 설계가 아니라 세대의 태도를 둘러싸고 벌어지고, 그 사이 구조는 다시 한번 배경으로 물러난다. 갈등의 좌표는 이동하지만 구조는 유지된다. 영포티 논쟁이 반복될 수밖에 없는 이유는 바로 여기에 있다.

구조의 전략: 왜 분노는 최상부로 향하지 않는가

세대 갈등이 반복될수록 한 가지 특징은 더욱 분명해진다. 분노는 좀처럼 최상층으로 향하지 않는다는 점이다. 자산과 권력의 집중이 가장 극심한 지점은 더 위에 있음에도, 비판과 조롱은 늘 중간층에서 멈춘다. 이는 우연이 아니라, 구조가 스스로를 보호하는 방식과 깊이 맞닿아 있다.

구조는 직접적으로 비난받기 어렵다. 제도는 추상적이고, 정책은 복잡하며, 결정 과정은 여러 단계로 분산되어 있다. 책임의 주체는 흐릿해지고, 인과관계는 쉽게 설명되지 않는다. 반면 개인은 명확하다. 얼굴이 있고, 말투가 있고, 태도가 있다. 분노는 이해하기 어려운 시스템보다, 이해 가능한 사람을 향해 이동한다. 이 이동 경로가 반복될수록 구조는 자연스럽게 시야에서 벗어난다.

이 과정에서 중간층은 완충 장치로 기능한다. 40대는 결정권의 정점에 있지는 않지만, 결정이 현실로 구현되는 경로를 점유하고 있다. 위에서는 정책과 규칙이 만들어지고, 아래에서는 불만과 좌절이 쌓인다. 그 사이에서 포티는 설명하고 집행하며, 때로는 책임을 대신 떠안는다. 분노는 위로 치솟기 전에 이 층에서 흡수된다.

이 흡수 과정은 구조적으로 효율적이다. 갈등이 중간층에서 소비되는 한, 제도의 설계나 권력의 재분배를 둘러싼 논쟁은 본격화되지 않는다. 분노가 개인 간 대립으로 전환될수록, 구조는 문제의 대상이 아니라 배경으로 남는다. 세대 갈등은 이처럼 가장 비용이 적게 드는 갈등 관리 방식으로 작동한다.

또한 분노가 최상부로 향하지 않는 이유는, 그곳이 이미 도덕적 판단의 영역 밖으로 설정되어 있기 때문이다. 최상층의 결정권자는 '멀리 있는 존재'이거나 '이미 굳어진 현실'로 인식된다. 반면 중간층은 여전히 선택과 태도의 문제로 평가된다. 구조적 제약은 지워지고, 개인의 성향과 도덕성만 남는다. 이때 비판은 제도 개혁이 아니라 인물 교체의 문제로 축소된다.

　결국 분노가 구조 피라미드의 최상위까지 닿지 않는 사회에서는, 구조는 좀처럼 변하지 않는다. 갈등은 반복되지만 방향은 늘 같다. 포티를 둘러싼 조롱과 비난이 이어지는 동안에도, 결정권이 모여 있는 중심은 거의 흔들리지 않는다. 세대는 서로를 향해 소모적인 싸움을 벌이지만, 구조는 그 과정을 한 발짝 떨어져 조용히 지켜본다. 한마디로 문제는 분노 그 자체가 아니라, 분노가 개인에게 향하도록 설계된 경로다. 이는 분노가 구조 변화를 향한 동력이 되지 못하고, 내부 갈등 속에서 소모되도록 설계된 경로다. 그 경로를 의심하지 않는 한, 세대 갈등은 늘 같은 지점에서 맴돌며 제자리걸음을 반복할 수밖에 없다.

포티는 무엇을 매개하는가

앞선 논의를 종합하면, 포티를 둘러싼 비난과 조롱은 특정 세대의 도덕성에서 비롯되었다기보다, 분노가 개인에게 흘러가도록 설계된 구조적 경로의 산물임이 드러난다. 포티는 자산 가격을 결정하는 주체도, 제도의 방향을 단독으로 설계하는 위치도 아니다. 그럼에도 이들이 세대 갈등의 중심에 서는 이유는, 구조적 불균형이 가장 가시적으로 교차하는 지점에 위치해 있기 때문이다.

포티는 위에서는 이미 자산을 확보한 세대로 여겨지고, 아래에서는 여전히 같은 문화를 공유하는 세대로 받아들여진다. 이 애매한 위치가 그들을 비교와 분노의 중심에 세운다. 구조는 비가시적이지만, 중간에 서 있는 집단은 눈에 띈다. 그래서 분노는 설계를 향하기보다, 그 설계가 통과하는 층을 향한다.

그러나 그렇다고 해서 모든 포티가 곧 '영포티'인 것은 아니다. '영포티'라는 명명은 연령 자체가 아니라 특정한 행태를 지칭하는 상징에 가깝다. 모순된 언행, 내로남불식 태도, 과시적 소비, 권한은 행사하면서 책임은 회피하는 모습이 반복될 때 그 개인은 '영포티'라는 이름으로 호출된다. 다시 말해 비난의 표적이 되는 기준은 단순히 나이가 아니라, 권한과 태도 사이의 불일치다.

구조가 감정의 토양을 만들었다면, 일부의 모난 행동은 그 감정이 응집될 계기를 제공한다. 그래서 영포티는 구조적 긴장의 표면이면서 동시에, 특정 행태에 대한 도덕적 반응이 겹쳐진 복합적 상징이 된다. 문제는 세대 전체의 인격이 아니라, 구조적 불균형과 그 위에서 드러나는 행태가 결합하는 지점에 있다.

문제는 이처럼 파편화된 비난이 근본적인 문제의 원인을 가린다는 점이다. 영포티의 발언과 행동이 도마 위에 올라 있는 동안, 자산 배분의 방식, 기회 접근성의 불균형, 정책의 시차 효과와 같은 핵심 질문은 뒤로 밀린다. 갈등은 반복되지만, 원인은 검증되지 않는다. 세대 갈등은 이렇게 구조를 향해야 할 분석과 개혁의 에너지를 소모시키는 방식으로 작동한다.

결국 중요한 질문은 "영포티가 어떤 행동과 말을 하는가"가 아니다. 더 근본적인 질문은 "왜 세대 갈등이 늘 같은 층에서 정체되는가, 그리고 그 정체가 구조를 어떻게 고착화시키는가"다. 영포티를 향한 분노가 반복되는 동안, 정작 자산 진입 구조와 노동시장 설계, 정책 레짐의 배치는 거의 움직이지 않는다.

갈등은 인물의 문제로 소비되지만, 구조의 문제는 분석의 중심으로 올라오지 못한다. 세대는 서로를 비교하고 의심하며 책임을 묻지만, 제도는 그 사이에서 안전하게 유지된다. 얼굴은 교체되지만, 경로는 그대로 남는다. 갈등이 감정의 층위에 묶여 있는 한, 기존의 사회 구조는 비판의 대상이 아니라 배경으로 후퇴한다.

이 장의 결론은 단순하다. 영포티는 갈등이 머무르도록 설계된 자리다. 이 사실을 인정하지 않고 구조를 재편하지 않는 한, 세대 갈등은 이름만 바꾼 채 또 다른 표적을 만들어 낼 것이다. 그때마다 조롱당하는 이들의 얼굴은 달라지지만 경로의 불균형은 남는다. 인물은 교체되지만 진입 구조의 왜곡은 지속된다. 갈등은 반복되고, 부조리는 구조 속에서 재생산된다.

3장

영포티의 초상: 비난의 표적

영포티의 소비 코드는 단지 '촌스러워졌기' 때문에 공격받는 것이 아니다.

그것은 자원과 시간, 선택의 여유를 이미 확보한 세대가 보내는 지위의 신호로 읽히며,

그 신호가 불공정한 구조와 결합될 때 반감은 문화적 비판의 형태로 표출된다.

세대 갈등의 인물화 메커니즘

모든 40대가 '영포티'로 비난받는 것은 아니다. 대부분의 40대는 가족과 조직, 사회적 책임의 무게 속에서 자신의 역할을 수행하며 하루하루를 버텨 내고 있다. 이들은 한국 사회의 중추적 노동력이며, 제도의 유지와 일상의 재생산을 떠받치는 핵심 세대다. 그러나 온라인 공간에서 '영포티'라는 이름이 반복적으로 호출되는 이유는, 이 다수의 평범한 삶이 아니라 2030세대의 분노와 박탈감이 투사되는 특정한 인물형, 즉 '특권적 40대'의 표상이 사회적 상상력 속에서 구축되어 있기 때문이다.

영포티는 실제 인구 통계적 집단이 아니라, 감정과 서사가 응축된 상징적 캐릭터다. 그는 이미 자산 경로에 진입했고, 조직 내 지위를 확보했으며, 변화와 공정을 말하면서도 기존 질서의 결과를 가장 안정적으로 누리는 존재로 그려진다. 온라인 담론에서 영포티는 단순한 중년이 아니라, 설명되지 않은 격차와 좌절이 투사되는 서사적 장치다. 구조는 복잡하지만, 인물형은 이해하기 쉽다. 그래서 분노는 제도보다 인물로 이동한다.

다음의 두 이야기는 오늘날 온라인에서 소비되고 조롱받는 영포티의 표준 이미지를 가장 입체적으로 드러내는 사례다. 각 이야기의 주인공인 가상의 두 인물은 청년기의 가치와 신념이 중년의 생존 논리로 변질되는 과정, 속물적 욕망과 생존의 합리성이 뒤섞인 일상, 나이로 낙인찍히는 잔혹한 시선과 오해, 그리고 중년의 구조적 위기에 이르기까지 복합적인 딜레마 속에 놓여 있다.

이들의 이야기는 단순한 개인사가 아니다. 이는 한 세대의 삶이 어떻게 밈으로, 풍자의 대상으로, 그리고 세대 갈등의 서사적 표적으로 전환되는지를 보여 주는 사회적 메커니즘의 축소판이다. 영포티는 특정 인물의 초상이 아니라, 한국 사회가 불평등과 좌절을 이야기하는 방식이 만들어 낸 하나의 상징적 얼굴이다.

Faction

"청춘의 깃발은 어디로 사라졌나"

한 남자가 있다.
이름은 이민호. K대 철학과 94학번 출신.
청춘의 피가 끓어오르던 그 시절, 그는 대학 본관 앞에서 '반미자주화' 깃발을 들고 외쳤다.
"우리는 미국의 식민지가 아니다!"
과방에서 잠시 눈을 붙일 때조차 마르크스의 『자본론』을 베개 삼아 잠들던 민호. 미군 철수와 한반도 통일, 사회 정의를 부르짖던 그의 젊음은 이념으로 불탔다. 당시 그의 꿈은 '민중을 이끌어 세상을 변혁하는 것'이었다.

그는 친구들과 함께 맥도날드 불매 운동을 벌였고, 미국 문화의 침투는 곧 정신의 식민화라며 코카콜라 대신 '갈아만든 배'를 마셨다. 그들에게 반미는 단순한 정치 구호가 아니라 도덕적 자존심이었다.

그 후 삼십여 년의 시간이 흘러, 무대는 강남 테헤란로로 옮겨 온다. 아침 출근길, 민호는 테슬라의 가속 페달을 밟는다. 차창 밖으로 유리 빌딩들이 미끄러지듯 지나가고, 신호등 앞에서 멈출 때마다 전광판의 환율 숫자가 눈에 걸린다. 회사 로고가 박힌 출입증을 찍고 들어간 그는 외국계 기업의 중견 임원으로, 이미 오래전에 경쟁의 규칙을 몸에 익힌 얼굴을 하고 있다.

점심시간, 스타벅스 한쪽 자리에 앉아 애플워치를 갖다 대 결제를 마친다. 컵에서 김이 오르는 동안 그는 습관처럼 휴대폰 화면을 확인한다. 원/달러 환율, S&P500·나스닥 선물, WTI 유가. 그래프는 짧은 호흡으로 오르내리고, 그는 몇 초 만에 방향을 가늠한다. 시장은 늘 정직하다. 적어도 여기서는 이념과 이상을 증명할 필요가 없다. 수익과 손실이 모든 것을 말해 준다.

한때 그의 입에서 자연스럽게 흘러나오던 구호—반미, 자주, 평등—는 이제 달러, 빅테크, 분산투자라는 단어들로 완전히 대체된 지 오래다. 미국은 더 이상 '제국주의의 마수'가 아니다. 신뢰할 만한 투자처이자, 아이의 교육을 맡길 수 있는 시스템이며, 필요하다면 이민이라는 선택지까지 제공하는 현실적인 공간이다. 민호는 그 변화를 배신이라 부르지 않는다. 적응이라고, 생존이라고 생각한다.

아메리카노를 한 모금 넘기며 그는 창밖을 본다. 점심시간의 테헤란로는 여전히 분주하다. 사람들은 각자의 속도로 걷고, 각자의 계산을 한다. 민호는 컵을 내려놓고 다시 화면을 확인한다. 숫자들이 정렬되는 사이, 과거의 함성은 더 이상 들리지 않는다. 대신 또렷한 결론만 남아 있다. 세상은 변했고, 그는 그 변화 속에서 살아 남았다.

퇴근 후. 미국 동부 보딩스쿨에 다니는 딸과 짧은 통화를 마친 뒤, 민호는 소파에 깊숙이 몸을 묻고 와인잔을 기울였다. 하루의 마지막을 정리하듯 넷플릭스를 켠 순간, 화면에는 1990년대 민주화운동을 다룬 다큐멘터리가 흘러나오고 있었다.

순간 설명할 틈도 없이, 너무도 익숙한 공기와 냄새가 한꺼번에 밀려와 가슴을 짓눌렀다. 숨이 막혔다. 스피커 너머의 함성과 구호가 화면을 뚫고 튀어나와, 젊은 시절의 자신이 그대로 거실로 뛰쳐나오는 것 같았다. 피로 젖은 운동화, 쉰 목소리, 떨리던 손. 그 모든 장면이 한순간에 겹쳐졌다.

민호는 반사적으로 리모컨을 움켜쥐고 화면을 멈췄다. 정지된 영상 속에서 젊은 그는 주먹을 치켜들고 있었다. 민호는 한동안 그 얼굴을 바라보다가, 거의 들리지 않을 만큼 낮은 목소리로 중얼거렸다.

‘그래도… 그땐 진심이었어.’

그는 무릎 사이로 떨어뜨렸던 고개를 천천히 들어 올렸다. 입꼬리에 힘없이 걸린 미소는 위안인지 자기합리화인지 분간하기 어려웠다.

‘난 살아 남아야 했어. 졸업은 해야 했고, 돈을 벌어야 했고, 가정을 지켜야 했지.’

말은 단정했지만, 마음속에서는 수없이 같은 문장을 반복해 온 흔적이 느껴졌다.

‘세상은 이상理想이 아니라 이익으로 돌아가니까.’

민호는 더 이상 화면을 보지 않았다. 와인을 한 모금 삼키며 채널을 돌렸다. 다른 프로그램의 밝은 화면이 거실을 채웠지만, 정지된 장면의 잔상은 쉽게 사라지지 않았다. 시계 초침 소리만 또렷해진 밤, 그는 아무 일도 없었다는 듯 소파에 기대앉았다. 그렇게, 밤은 깊어 가고 있었다.

"밈으로 박제된 욕망"

한 여자가 있다.

40대 후반의 인플루언서, 하지영.

1세대 온라인 쇼핑몰 창업자로 성공을 거머쥔 그녀는, 이제 '능력 있고 멋진 언니'라는 이미지로 MZ세대에 센세이션을 일으키고자 마음먹는다. 유튜브 채널 〈다하지영〉 개설을 앞두고, 지영은 스스로에게 다짐을 되뇌었다.

‘예쁜 건 기본, 돈 많고, 우아하고, 힙하고, 털털하고, 똑부러지고… 그냥 다 해. 누가? 나, 하지영이!’

그러나 이 야심 찬 구호가 ‘자기다움’의 선언이 아니라 ‘자기모순’의 프롤로그가 될 줄은, 그리고 ‘다 하려는 순간 다 까발려지는’ 비극의 씨앗이 될 줄은 그녀는 꿈에도 몰랐다.

마침내 채널이 오픈되고, 그녀는 바이럴을 돌리기 시작한다. 업로드된 영상 목록엔 다음과 같은 제목들의 콘텐츠들이 하나둘씩 쌓여 간다.

- 〈가르쳐줄까? 언니처럼 성공하는 법〉
- 〈20년 동안 모은 명품 가방 컬렉션〉
- 〈언니는 왜 점점 더 어려질까? 동안 비법 & 시술 대공개!〉
- 〈연하 남친과 달콤한 하루, 데이트로그〉
- 〈우아한 말투와 제스처, 이대로만 따라하기!〉

문제는… 뭔가 이상하다는 것이다. 조회수는 계속 높게 찍히는데, 정작 구독자 수는 꿈쩍도 하지 않는다는 것.

‘조회수엔 조롱도 카운트된다’는 사실을 그녀는 알지 못했다.

다급해진 지영은 결국 결정을 내린다.

‘돈으로 안 될 일이 뭐가 있어? 구독자도, 댓글도 사면 되고… 일

단 있어 보이면 다들 줄 서겠지. 그래야 해.'

결제하자마자 영상에 속속 달리는 댓글들은 완벽했다. 아니, 완벽할 정도로 부자연스러웠다.

"언니 너무 예뻐요~ 제 워너비예요!"

"저 대학생인데… 저랑 동갑이라고 해도 믿어요 ㅠㅠㅠ 동안템 공유해 주세요!"

"미모에 재력에 아우라까지 다 가진 언니… 〈다하지영〉 채널명 진짜 찰떡이에요!"

하지만 아무도 모른다. 댓글 알림이 울릴 때마다 그녀가 보는 건 찬양이 아니라, 삭제해야 할 악플이라는 사실을. 그녀는 휴대폰을 손에서 놓지 못한 채 초조하게 새로고침을 반복한다. 영상 촬영을 제외하곤 하루 종일 '악플 감시 모드'다.

실제로 달리는 댓글은 이러하다.

"아줌마… 그냥 50대로 보여요."

"어리게 보이려는 몸짓이 더 기괴해요."

"저 남자 진짜 남친 맞아요? 용돈 많이 주나봄ㅋㅋ"

"힙한 척 오지는데 가만 보면 감다뒤'감각이 다 죽었다'는 의미의 Z세대식 조롱."

"은근 가르치려 드는 말투… 그냥 꼰대 하나 납셨네."

"여기 쇼핑몰에서 산 옷, 퀄리티 ㅈㄴ 별로임. 다 사진빨."

"청담동에서 저 커플 봤는데 진심 엄마와 아들인 줄 알았음."

지영은 아직도 미처 깨닫지 못했다.

지금 이 순간, 그녀는 자신이 그토록 갈망하던 '다 하는 언니'가 아니라 인터넷 밈으로 영원히 박제될 욕망의 표본이 되어 가고 있다는 사실을.

진격의 영포티

영포티는 왜 욕을 먹는가

허세: '잘나간다'의 언어가 '불안하다'로 읽힐 때

영포티가 가장 많이 조롱받는 지점 중 하나는 '허세'라는 코드다. 명품 가방, 고급 외제차, 골프, 부동산 등기, 피부과 시술과 같은 사치재의 소비 내역이 4050세대의 SNS에 자주 등장하는데, 이들은 이 같은 상징들을 통해 "나는 여전히 잘나간다", "나의 전성기는 끝나지 않았다"는 신호를 보내고자 한다. 그러나 이런 자기 과시는 젊은 세대에게 전혀 다른 의미로 읽힌다.

그들에게 있어 영포티의 소비는 여유의 상징이 아니라 초조함의 표지로 해석된다. 2030세대의 시각에서 보자면, 과시적 소비는 진짜 성공이 아니라 "난 아직 늙지 않았다"는 불안한 외침, 혹은 "나도 한때는 트렌드 중심에 있었다"라는 정체성 확인 내지 권력 회복의 시도처럼 보인다. 특히 경제적 기반을 덜 갖춘 세대가 보기에 이러한 과시적 소비는 '현실을 모르는 자기만족' 혹은 '상대적 우월감을 확인하려는 몸부림'으로 해석되기도 한다.

영포티가 내세우는 소비 코드는 더 이상 중립적인 취향이 아니다. 그것은 이미 2030세대의 문화권 안에서 낡은 기호로 재해석되고 있다. 2030세대가 중시하는 소비 기준은 과시가 아니라 효율, 상징이 아니라 실용성이다. 이들에게 소비는 '보여 주기'보다 '지속 가능성'의 문제이며, 최소 비용으로 최대 효용을 확보하는 전략에 가깝다. 이러한 감각 속에서 영포티의 명품 소비는 트렌디함이 아니라 지위를 확인하려는 행위, 다시 말해 '속물성'의 표식으로 읽힌다.

같은 맥락에서 고급 수입차는 더 이상 성공의 상징이 아니다. 2030세대의 눈에 그것은 이미 여러 차례 반복된 중년 서사의 클리셰다. 골프 역시 마찬가지다. 과거에는 여유와 네트워크의 상징이었지만, 지금은 비용 대비 효용이 낮은 사치성 취미, 폐쇄적인 놀이 문화로 인식된다. 피부과 시술과 성형 역시 '자기관리'라는 설명을 벗어나, 시간의 흐름을 거부하려는 불안한 몸짓으로 해석된다.

문제는 이 인식 차이가 단순한 취향의 차원에서 끝나지 않는다는 점이다. 영포티가 스스로를 관리하고 합리화한다고 믿는 행위들은, 젊은 세대의 프레이밍 안에서는 '불필요한 사치', '어색한 꾸밈', '돈으로 모든 것을 해결하려는 방식'으로 번역된다. 이 번역 과정에서 개인의 선택은 지워지고, 계층적 신호만 남는다.

여기에 SNS 알고리즘이 결합하면서 이 감각은 더욱 증폭된다. 플랫폼은 영포티의 소비 장면을 맥락 없이 잘라 내 반복 노출시키고, 그것을 조롱과 패러디가 가능한 이미지로 재가공한다. 이 과정에서 소비는 더 이상 개인의 라이프스타일이 아니라, 집단을 식별하고 조

　　　　　　　　　　　　　　　　진격의 영포티

롱하는 기호로 기능한다. 조롱은 우발적 반응이 아니라, 알고리즘을 통해 체계적으로 생산·확산되는 문화적 메커니즘이 된다.

결국 영포티의 소비 코드는 단지 '촌스러워졌기' 때문에 공격받는 것이 아니다. 그것은 자원과 시간, 선택의 여유를 이미 확보한 세대가 보내는 지위의 신호로 읽히며, 그 신호가 불공정한 구조와 결합될 때 반감은 문화적 비판의 형태로 표출된다.

결국 영포티가 욕을 먹는 근본적인 이유는, 과시의 코드가 시대의 코드와 어긋났기 때문이다. 이들은 여전히 "소비=성공"이라는 산업화·고도성장기의 서사를 신뢰하는 반면, 2030세대는 "과도한 소비=허세"라는 탈권위·탈중산층의 정서를 공유한다. 같은 행동이 세대에 따라 완전히 다른 의미로 해석되는 것이다.

이렇게 오해와 왜곡이 축적되면, 영포티가 SNS에서 보여 주는 모든 과시적 행위는 곧 '중년의 불안한 자기 방어'라는 틀 안에 갇히며 조롱의 대상이 된다. 욕을 먹는 것이 단순히 '행동' 때문이 아니라, 해석을 주도하는 시대의 시선이 바뀌었기 때문이다.

언행불일치: 과거의 신념과 현재의 생존 논리가 충돌할 때

영포티가 욕을 먹는 또 하나의 중요한 이유는 '언행불일치'와 '내로남불'에서 비롯된다. 이는 개개인의 성격 문제를 넘어 시대 변화 속에서 과거의 신념과 현실의 생존 논리가 충돌한 결과에 가깝다. 이를테면 대학 시절 반미를 외치며 집회에 참여하던 운동권 선배들이 지금은 테슬라를 타고, 나이키를 신고, 맥모닝을 먹고, 미국 주식에 투자하며 글로벌 자본주의의 혜택을 적극적으로 누리는 모습은 젊은 세대의 시각에서 뚜렷한 모순으로 보인다. 그들이 청년 시절 자신들이 심취했던 이론에 근거해 입으로는 도덕과 공정을 말하면서도 정작 현실에서 이익을 위해 스스로 예외를 적용하는 것처럼 보이는 순간 바로 '내로남불'의 표본으로 규정된다.

2030세대는 일관성을 중시하고, 말과 행동 사이의 간극을 가장 빠르게 감지하는 세대다. SNS를 통해 모든 삶의 단면이 실시간으로 공개되는 시대에 영포티의 변화된 라이프스타일은 맥락 없이 '언행불일치'라는 이미지로 소비된다. 영포티 입장에서는 시대가 변했고, 생존을 위해 합리적 선택을 하며 가치관을 조정할 수밖에 없게 되었다는 현실적 이유를 들며 억울해할 수도 있다. 그러나 빠르게 흘러가는 SNS 환경에서는 긴 설명이 통하지 않는다. 시대의 변화와 복잡한 현실의 타협은 지워지고, 남는 것은 '위선적 중년'이라는 낙인뿐이다.

결국 영포티의 내로남불은 짧은 생애주기 동안 격변의 시대를 온몸으로 통과한 세대가 겪는 균열의 결과다. 그러나 이러한 단절이 디지털 환경에서 과장되고 단순화되면서, 영포티는 말과 행동이 일치하지 않는 세대, 입으로는 도덕을 말하면서 자기 자신만은 예외를 두는 세대로 비춰지며 조롱의 대상이 되었다.

가르치려는 태도: 조언이 경험이 아니라 권위로 읽힐 때

영포티가 비판받는 또 하나의 지점은 '가르치려는 태도'다. 흔히 "라떼는 말이야"로 요약되는 이 화법은 영포티 스스로에게는 경험의 공유이자 선의의 조언으로 인식된다. 자신들이 겪어 온 시행착오와 성공의 기억을 바탕으로, 후배 세대가 같은 실수를 반복하지 않기를 바라는 마음이라는 설명도 가능하다.

그러나 2030세대의 귀에는 이 말이 전혀 다른 언어로 전달된다. 이 조언은 공감이나 연대의 표현이 아니라, 위에서 아래를 내려다보는 권위의 발화로 들린다. 특히 "그래도 우리는 버텼다", "그때도 힘들었다", "노력하면 길은 열린다"는 식의 문장은 경험담이 아니라 현재의 불안을 무효화하는 말로 해석된다. 구조가 달라졌다는 전제 없이 과거의 성공 서사를 현재에 적용하려는 태도는, 현실을 모르는 충고로 읽히기 쉽다.

2030세대에게 중요한 것은 '무엇을 겪었는가'가 아니라 '지금 무엇이 가능한가'다. 그 간극을 인식하지 못한 채 던져지는 조언은 도움이라기보다 훈계로 받아들여진다. 영포티의 말이 불편해지는 이유는 내용 그 자체보다, 말하는 위치와 방향 때문이다. 수평적 대화가 일상화된 세대에게 일방향적 조언은 곧 권력의 언어로 인식된다.

결국 문제는 말의 진정성이 아니라, 말이 작동하는 시대의 문법이다. 과거에는 유효했던 경험의 언어가 지금은 권위의 신호로 번역되면서, 영포티는 '말이 많은 기성세대'라는 이미지로 고정된다.

동안 집착: 젊음의 증명이 자기 암시로 보일 때

영포티가 조롱의 대상이 되는 또 다른 이유는 동안에 대한 집착이다. "나 정도면 30대 초반으로 보이지 않느냐", "내 나이를 맞혀 보라"는 식의 발화는 영포티 내부에서는 가벼운 농담이거나 자기 관리의 성과를 확인하는 놀이로 인식된다. 나이를 잊고 살고 싶다는 심리적 방어이자, 여전히 경쟁 가능하다는 신호를 스스로에게 보내는 행위이기도 하다.

그러나 젊은 세대의 시선에서 이 장면은 전혀 다르게 해석된다. 동안을 강조하는 말은 유머가 아니라 현실 인식의 결핍으로 읽힌다. 특히 나이를 상대에게 맞혀 보라고 요구하는 순간, 이는 관계를 가볍게 만드는 장치가 아니라 상대를 난처하게 만드는 권력 게임처럼 보인다. 맞혀도 문제이고, 틀려도 문제인 질문은 자기 확신을 확인하기 위한 장치로 인식된다.

2030세대에게 나이는 숨길 대상이 아니라, 굳이 증명할 필요가 없는 속성이다. 그들에게 젊음은 강조해야 할 정체성이 아니라 기본값에 가깝다. 따라서 중년이 반복적으로 젊음을 확인하려는 행위는 자기 암시처럼 보이며, 그 불안이 노출되는 순간 오히려 거리감이 커진다.

동안 집착이 조롱으로 전환되는 이유는 외모 관리 그 자체가 아니라, 젊음을 증명하려는 태도 때문이다. 젊음을 자연스럽게 누리는 것과, 젊음을 주장하는 것 사이의 차이가 이 지점에서 발생한다.

억지 젊음: 따라가려는 언어가 어색함으로 고정될 때

영포티가 가장 빠르게 밈화되는 지점은 '억지 젊음'이다. 숏폼 콘텐츠, 유행 밈, 2030식 유머와 언어를 적극적으로 차용하며 소통하려는 시도는, 영포티 입장에서는 세대 간 거리를 좁히려는 노력에 가깝다. 변화에 뒤처지지 않겠다는 의지이자, 세대 간 단절을 피하려는 전략이기도 하다.

그러나 이 시도는 대부분 역효과를 낳는다. 밈과 유행어는 단순한 표현이 아니라, 그 안에 축적된 맥락과 감각의 결과물이다. 이를 충분히 이해하지 않은 채 차용하면, 젊음에 편승하려는 어색한 몸짓으로 읽히기 쉽다. 젊은 세대의 공유된 인식을 이해하기보다 단지 시대에 뒤처지지 않기 위해, 혹은 '힙해 보이기' 위해 유행어를 사용하거나 밈을 따라 하는 순간, 그 언어와 몸짓은 오히려 낯설고 과장된 제스처가 된다.

2030세대는 '노력해서 젊어 보이려는 태도'에 민감하다. 자연스럽게 공유되는 문화와, 따라잡으려는 문화는 즉각 구분된다. 억지로 섞이려는 순간, 소통은 이루어지지 않고 오히려 경계선이 더 분명해진다. 친해지려는 시도가 위화감으로 번역되는 것이다.

결국 억지 젊음이 문제 되는 이유는 젊음을 욕망해서가 아니라, 젊음의 언어를 도구처럼 사용하기 때문이다. 영포티가 젊음에 다가가려 할수록, 젊은 세대는 오히려 거리감을 느낀다. 이 어긋남이 반복되면서, 영포티는 '트렌드를 이해하지 못한 채 흉내만 내는 세대'

라는 이미지로 고정되고, 조롱의 대상이 된다.

세대 간 '생존 언어'의 충돌

앞서 살펴본 다섯 가지 특성은 개인의 일탈이라기보다, 중년 세대가 사회적 퇴장을 유예하기 위해 선택한 본능적 방어의 표현에 가깝다. 급변하는 환경 속에서 이들은 여전히 자신의 위치가 유효함을 확인받고자 하며, 기존의 가치 체계가 흔들리는 상황에서도 스스로를 '아직 쓸모 있는 존재'로 증명하려 한다. 이는 과시나 허세의 문제라기보다, 오랜 시간에 걸쳐 형성된 존재를 유지하기 위한 몸의 기억, 다시 말해 생존을 가능하게 해온 하나의 언어다.

그러나 2030세대의 눈에는 이 모든 몸짓이 다르게 비친다. 필터로 다듬어진 사진, 과도한 자기관리와 과시, 유행을 좇는 언어와 소비는 그들에게 '억지로 젊음을 흉내 내는' 불안한 퍼포먼스로 읽힌다. 진심보다 계산이 앞서는 세대의 어색한 자기 연출처럼 보이기 때문이다. 결국 중년의 방어 본능은 젊은 세대의 조롱과 비판을 불러오며, 세대 간 이해의 다리는 또 한 번 무너진다.

이 충돌의 본질은 단순한 취향의 차이가 아니다. 그것은 '생존의 언어'가 세대마다 다르다는 사실에서 비롯된다. 40대에게 꾸밈은 자기 보호이고, 2030세대에게는 자기 표현이다. 40대에게는 책임이 생존의 조건이지만, 2030세대에게는 자유가 생존의 조건이다. 이렇게 서로 다른 언어로 자신을 지키려는 세대들이 상대의 표현 방식을 오해할 때, '영포티 현상'은 조롱으로, 불신으로, 그리고 단절로 변한다. 결국 이 현상은 서로 다른 세대가 같은 불안을 서로 다른 방식으로 표현하는 비극적 오해의 드라마인 셈이다.

4장

문제는 태도야, 멍청아!

자신을 향한 조롱을 사회적 질문으로 읽지 못하고,

감정적 반사 작용으로만 이해하는 태도. 이 오해가 유지되는 한,

영포티는 자신이 왜 비판받는지 끝내 이해하지 못한다.

그리고 바로 이 지점에서, 세대 간 정서적 간극은 더 깊어진다.

문제의 본질

영포티를 향한 조롱이 반복되는데도, 정작 비판의 타깃인 영포티는 상황을 심각한 사회적 신호로 받아들이지 않는다. 대신 이를 가벼운 밈, 일시적인 세대 간 장난, 혹은 인터넷 특유의 과잉 반응 정도로 축소해 해석한다. 비판의 내용보다 분위기를 먼저 판단하고, 구조적 문제 제기보다 감정의 온도를 재단한다. 그렇게 영포티 현상은 분석의 대상이 아니라 웃고 넘길 해프닝으로 치부된다.

이 무감각은 우연이 아니다. 영포티는 오랫동안 스스로를 '합리적으로 살아온 세대'로 인식해 왔다. 노력했고, 적응했고, 시대 변화에 뒤처지지 않기 위해 나름의 선택을 해왔다는 자기서사가 견고하다. 그렇기 때문에 지금의 비판을 구조적 문제나 태도의 문제로 받아들이는 순간, 그 서사 자체가 흔들린다. 그래서 비판은 문제 제기가 아니라 공격으로, 신호는 경고가 아니라 소음으로 처리된다.

그러나 이 태도가 바로 문제의 핵심이다. 영포티가 조롱받는 이유는 외모 때문도, 소비 때문도, 젊어 보이려는 몸짓 때문도 아니다. 문제는 자신을 향한 비판을 끝까지 읽지 않으려는 태도, 불편한 질문을 가볍게 소비해 버리는 태도, 그리고 스스로 던졌던 말의 무게를 현재의 선택에서 지워 버리는 태도다. 상황을 파편적으로 해석하는 한, 문제의 본질은 결코 보이지 않는다.

이 장은 이들이 왜 반복해서 같은 오해에 머무는지, 왜 태도의 문제를 끝내 태도의 문제로 인식하지 못하는지를 묻는다. 세대 갈등의 한복판에서, 문제를 가장 단순하게 요약하면 결국 이 문장으로 수렴한다.

"문제는 태도다."

"사고실험이 멈춘 지점"

인문학 유튜브 채널 〈김희원의 사고실험〉은 트렌디한 교양 콘텐츠와 소통 담론을 결합해, 인기와 신뢰를 동시에 얻은 드문 채널이었다. 구독자 수는 백만을 훌쩍 넘긴 지 이미 오래였다. 채널 운영자 김희원은 거칠 것이 없었다. 공중파 방송 출연을 통해 인지도가 점점 높아졌으며 강연장은 늘 만석이었다. 한동안 그는 '요즘 젊은 세대에게도 극호감인 어른'의 대표격으로 언급되었다.

김희원은 불혹을 훌쩍 넘긴 나이가 무색할 만큼 동안이었고, 전반적으로 호감형의 인상을 지녔다. 풍성한 머리숱과 매끄러운 피부로 드러나는 외모 관리도 눈에 띄었으며, 말투는 위트 있으면서도 차분했다. 패션은 요란하지 않았다. 고급스러운 재질을 중심으로 한 올드머니 룩을 즐겼고, 과시보다는 안정감을 주는 스타일이었다.

그러나 사람들이 그를 신뢰한 이유는 단지 외형 때문만이 아니었다. 그는 여유로운 태도로 다양한 계층과 세대의 의견을 전달하고, 이를 무리 없이 통합해 해법을 제안하는 오피니언 리더로 인식되었다. 그래서 그는 2030세대에게까지 폭넓은 지지를 받았다. 각종 이슈가 불거질 때마다 그의 채널은 자연스러운 토론의 장이 되었다. 의견이 갈려도, 비판이 제기돼도 무리 없이 흡수되는 구조였다. 그가 쉽게 결론을 내려 버리는 사람은 아니라는 점이 이 채널의 가장 큰 신뢰 자산이었다.

어느 날 그의 채널에 영포티 담론을 다룬 영상 하나가 올라왔다. 시작은 특별할 게 없었다. 가벼운 농담, 익숙한 말투, 고개를 끄덕이게 만드는 도입. 아무도 그 영상이 문제가 될 거라곤 예상하지 못했다. 늘 비슷한 목소리 톤, 늘 한결같은 미소, 늘 취하던 익숙한 제스처. 그는 웃으며 말을 꺼냈고, 문제를 풀어내기보다 툭 던지는 느낌에 가까웠다.

"요즘 영포티 이야기, 너무 과열된 건 아닐까요?"

그는 이야기를 이어 갔다.

"전 젊을 때부터 옷을 올드하게 입어서인지, 오히려 40대가 넘으니까 아무도 안 놀리더라고요."

웃자고 던진 농담이었다. 그는 이어 나이 듦에 대한 자신의 입장을 설명했다.

"나이 먹는 게 뭐가 문제인가요? 그냥 다 받아들이고 자기 스타일대로 입는 게 40대스러운 거죠. 40대가 돼서 남들 유행 눈치 보며 소비하는 게 오히려 나잇값 못 하는 거라고 봐요."

언뜻 말만 놓고 보면 현실적인 조언처럼 들렸다.

그는 세대와 플랫폼 이야기도 꺼냈다.

"우리 80년대생은 싸이월드, 페북 처음 쓸 때 윗세대가 없었거든요. 그런데 요즘 애들은 인스타나 틱톡 켜면 아줌마, 아저씨들이 댓글 달잖아요. 아니, 얼마나 짜증 나겠어요. 다 이해합니다. 원래 다른 세대가 같은 플랫폼 쓰면 싸우는 게 당연하다고 봐요."

그리고 그는 이렇게 덧붙였다.

"40대는요, 동안 소리 좀 들어 봐야 결국 40대예요. 솔직히 말해서, 40대가 20대 애들 옷 따라 입어 봤자 이길 수 있는 게임이 아니거든요. 그러니까 괜히 젊은 애들 의식하지 말고, 그냥 40대끼리 서로 괜찮다, 예쁘다, 멋지다 칭찬해 주면서 살면 됩니다. 그게 제일 속 편해요."

여기까지는 고개를 끄덕이는 사람도 있었다. 현실적인 조언처럼 들렸고, 경험에서 나온 말처럼 보였다. 그러나 그는 기어이 그 선을 넘고야 말았다.

이 지점에서 호출된 것은 니체였다.

"영포티를 향한 비판이라는 게요, 저는 결국 자본력으로 동안이니 패션이니 하는 걸 앞세워서 자기들의 영역을 건드리는 40대에 대한 불편함, 그 불안감에서 나오는 반응이라고 봐요. 니체식으로 말하면 '르상티망Ressentiment, 원한·시기◆' 같은 거죠. 그런데 솔직히 창창한 젊은이들이 이미 꺾인 40대를 질투할 이유가 있을까요? 저는 좀 과잉 반응이라고 생각합니다."

그는 이 말을 덧붙이며 논의를 사실상 종결했다.

"이런 질문도 던져 보고 싶어요. 지금 영포티를 조롱하는 사람들 말이에요. 그분들이 언젠가 40대가 됐을 때, 과연 지금 욕하는 그 영포티들보다 더 우아할까요? 저는 솔직히 아니라고 봅니다. 그 에너지를 차라리 자기 발전에 쓰는 게 낫지 않을까요. 자기관리든, 자기계발이든 말이죠."

그 순간, 공기가 바뀌었다.

댓글창은 처음엔 조용했다. 그러나 반응의 결은 곧 달라졌다. "이게 맞아…?" 하는 분위기에서 코멘트가 하나둘 쌓이기 시작했다. 곧 평가의 방향이 분명해졌다.

"문제의 핵심을 전혀 모르고 있는 것 같음."

"똑똑한 척 혼자 다 하더니, 결국 밑천 드러난 듯."

◆ 프리드리히 니체가 『도덕의 계보』(1887)에서 제시한 개념으로, 직접적으로 힘을 행사하지 못하는 약자의 위치에서 축적된 좌절과 분노가 도덕의 언어로 재구성되며 기존의 가치 기준을 전도시키는 심리적·사회적 메커니즘을 가리킨다. 니체는 이러한 과정이 노예도덕을 형성하며, 강자의 능력과 힘을 '악'으로 규정하고 약자의 상태를 '선'으로 전환함으로써 사회 전체의 삶의 의지와 동력을 약화시킨다고 비판했다(Friedrich Nietzsche, Zur Genealogie der Moral, 1887).

"아닌 척 2030 멕이기 ㄷㄷ 보법이 남다르시네요."
"이렇게 복잡한 문제를 이렇게까지 단순화할 줄은 몰랐네요. 구독
취소합니다."

실망은 빠르게 공유되었고, 반응은 곧 감정의 문제가 아니라 평
가의 문제로 이동했다. 영상은 커뮤니티로 옮겨졌다. 캡처된 문
장 위로 날선 말들이 덧붙여졌다.

"패션이고 나발이고 영포티의 본질은 '메타인지 부족'이다."
"결국 포인트 잘못 잡은 재마저 영포티됨ㅋㅋ"
"우리가 나이 때문에 놀리는 게 아니라 그 나이대 특유의 역겨움
과 메타인지 부족 때문에 놀리는 건데 그걸 나이 때문인 줄 알고
'니들은 안 늙을 거 같냐' 이 ㅈㄹ"
"영포티 모먼트를 몸소 입증하심.ㅋㅋㅋ '나는 안 늙었다'고 허세
부리며 세대 내려치기."

여기서 조롱의 방향이 한 번 더 꺾였다.

"니체 등절."
"여기서 왜 르상티망이 나오냐. ㅉㅉ"
"철학 제대로 모르는 거 개 티 남."
"어디서 주워듣고 개념만 갖다 붙였네. 대리 수치 오짐 ㅋㅋ"

분노라기보다는 냉소였다. 니체를 언급한 것 자체가 문제는 아니었다. 니체를 활용한 방식이 문제였다. 사람들이 납득하지 못한 것은, 왜 그 개념이 그 자리에서 등장해야 했는지에 대한 설명이 없었다는 점이었다. 겉으로는 수더분한 말투로 낮은 자세를 취했지만, 그 이면에는 이미 답을 쥐고 있다는 확신, 그리고 타인을 내려다보는 우월감이 분명히 자리하고 있었다.

유감스럽게도 그의 인식은 니체가 르상티망이라는 개념에 담았던 본래의 문제의식과는 거의 닿아 있지 않았다. 결국 르상티망은 사유의 맥락 속에서 작동한 개념이 아니라, 이미 정해진 결론을 정당화하기 위해 호출된 도구에 가까웠다. 그 결과 문제를 제기하는 쪽의 목소리는 합의나 조정의 요구가 아니라, 단순한 불안과 시기심에서 비롯된 투정으로 변질되었다. 철학은 질문을 확장하는 언어가 아니라, 논의를 닫아 버리는 판정의 장치로 사용됐다. 말투는 여전히 부드러웠지만, 그 순간부터 그의 공간은 더 이상 사유의 장으로 기능하지 않았다.

그때부터 인식이 바뀌기 시작했다. 이건 관점의 차이나 해석의 다양성 문제가 아니라는 것. 사람들은 점점 비슷하게 느꼈다. 이건 관점의 차이가 아니라, 사유의 빈곤이 드러난 순간이라는 것을.

며칠 뒤, 영상은 조용히 내려갔다. 추가 설명도, 사과도 없었다. 그러나 이미 늦었다. 문제의 장면은 캡처되어 커뮤니티를 거쳐 렉카 채널로 퍼져 나갔다.

"답정너 영포티의 니체 활용법",

"2030 노예 만들기feat. 인문학"

"영포티, 조롱의 본질은 질투?"

"생각하면 안 되는 사고실험."

맥락은 잘려 나갔지만, 아이러니하게도 의미는 더 또렷해졌다. 조롱의 초점은 빠르게 이동했다. 사람들은 더 이상 영포티 담론 자체를 논하지 않았다. 대신 이렇게 물었다. 이 사람이 그동안 말해 온 사유는 정말로 누구를 위한 것이었나. 복잡한 현실을 가장 손쉬운 심리로 환원해 버리는 방식, 철학을 빌려 질문을 닫아 버리는 태도. 한 편의 영상이 과거의 모든 콘텐츠를 거꾸로 소환했다. 이것은 실언의 문제가 아니라 사고의 습관이 드러난 순간처럼 보였다.

구독자 수는 조용히 줄었다. 항의도, 집단 행동도 없었다. 그저 숫자가 빠져나갔다. 2030세대는 늘 그렇듯, 말없이 관계를 정리했다. 이것은 분노의 폭발이 아니라 신뢰의 철회였다.

결국 이 사건이 남긴 것은 분명했다. 니체가 경계한 것은 '불만을 말하는 약자'가 아니라, 가치를 전도시킨 도덕이 삶의 힘을 위축시키는 구조였다. 그런데 그 개념이, 오히려 문제를 제기하는 목소리를 단순한 시기심 문제로 축소하고 침묵시키는 데 사용되는 순간, 담론은 사유가 아니라 판결이 되어 버렸다. 영포티 논쟁의 핵심이 외모도, 패션도, 나이도 아니라는 것을, 영포티 김희원은 스스로 입증했다. 그렇다. 문제는 태도였다. 질문을 연다고 말하면서, 가장 무거운 개념으로 질문을 닫아 버리는 태도.

〈김희원의 사고실험〉이 멈춘 지점은 바로 거기였다. 평가는 내려졌고, 실험은 끝났다.

무감각의 구조: 영포티의 태도 문제

영포티의 오해: '질투받고 있다'는 착각

영포티가 자신을 향한 조롱과 비판을 심각한 사회적 신호로 받아들이지 않는 데에는 일관된 해석 방식이 있다. 그들은 영포티 현상을 구조적 문제 제기나 세대 간 긴장의 징후로 읽기보다, 일시적인 유행어 혹은 인터넷 특유의 과잉 반응 정도로 축소해 이해한다. 밈으로 소비되고, 댓글로 과장되며, 시간이 지나면 사라질 잡음이라는 판단이 먼저 작동한다. 이 해석은 사태를 진정시키는 것이 아니라, 문제를 인식하지 않기 위한 가장 빠른 경로다.

이 인식 위에서 자연스럽게 등장하는 프레임이 바로 '질투'다. 영포티는 자신들이 경제적으로 조금 앞서 있고, 소비 여력과 취향을 누리며, 외모 관리에서도 뒤처지지 않는 위치에 있다고 느낀다. 따라서 자신들을 향한 조롱을 기회의 격차에서 비롯된 박탈감의 반작용, 즉 '젊은 세대가 부러워서 그러는 것'이라는 해석으로 정리해 버린다. 이 설명은 단순하지만 강력하다. 외부의 비판을 내부의 우월감으로 전환시켜 주기 때문이다.

그러나 이러한 해석의 문제는 그것이 지나치게 자기중심적이라는 점이다. 질투라는 설명은 상대의 감정을 이해하려는 시도를 원천적으로 차단한다. 상대의 불만은 더 이상 분석의 대상이 아니라 감정적 결함으로 처리된다. '무엇이 문제인지' 묻기보다 '왜 화가 났는지'를 재단하는 방식이다. 그 결과 비판의 내용은 검토되지 않고, 발화자의 동기만 문제 삼게 된다.

이 오해는 단순한 착각이 아니라, 하나의 태도로 굳어진다. 영포티는 비판을 구조적 문제 제기가 아니라 개인적 공격으로 인식하고, 사회적 신호를 감정적 소음으로 처리한다. "요즘 애들 예민하다", "인터넷은 원래 그렇다"라는 말은 설명이 아니라 차단의 언어다. 문제를 이해하기보다 거리를 두기 위한 표현이다.

결정적으로 이 태도는 사태의 심각성을 더 키운다. 영포티가 현상을 가볍게 소비할수록, 2030세대가 느끼는 문제의식은 더 왜곡된 형태로 축적된다. 질투라는 프레임은 갈등을 해소하지 않는다. 오히려 대화를 불가능하게 만든다. 왜냐하면 스스로 질투받는다고 여기는 사람은 설명할 필요를 느끼지 않기 때문이다.

결국 영포티의 첫 번째 문제는 비판의 내용이 아니라, 비판을 해석하는 방식에 있다. 자신을 향한 조롱을 사회적 질문으로 읽지 못하고, 감정적 반사 작용으로만 이해하는 태도. 이 오해가 유지되는 한, 영포티는 자신이 왜 비판받는지 끝내 이해하지 못한다. 그리고 바로 이 지점에서, 세대 간 정서적 간극은 더 깊어진다.

2030의 문제의식: "본질은 태도다"

2030세대가 영포티를 향해 느끼는 불편함은 단일한 이유에서 비롯되지 않는다. 외모와 소비 성향은 분명 조롱의 소재로 작동하지만, 그것이 문제의 핵심은 아니다. 2030세대가 문제 삼는 지점은 외양이나 취향 그 자체가 아니라, 그것들이 어떤 태도와 결합되어 나타나는가다. 다시 말해, 외모와 소비가 그 본질을 가시화하는 표면이라면, 본질은 태도다.

40대는 청년기에 '정의·윤리·공정'이라는 언어를 통해 스스로를 이전 세대와 구분하며 성장해 왔다. 이 언어는 단순한 구호가 아니라, 자신의 선택을 정당화하고 사회적 우위를 확보하는 기준으로 기능했다. 문제는 시간이 흐르며 그 기준이 현실의 선택 앞에서 선택적으로 적용되기 시작했을 때 발생한다. 2030세대의 시선에서 영포티는 가치가 변한 세대가 아니라, 가치를 필요에 따라 조정하는 세대로 보인다.

이 지점에서 외모와 소비가 문제시된다. 과거에는 검소함과 연대를 말하던 사람이 현재에는 과시적 소비를 통해 자신의 성취를 확인하고, 그 변화에 대한 설명이나 성찰 없이 이를 자연스러운 성공의 결과로 제시할 때, 외모와 소비는 단순한 취향을 넘어 태도의 증거물로 읽힌다. 동일한 소비라도 맥락이 다르면 의미는 완전히 달라진다. 태도의 불일치가 누적된 상태에서 노출되는 소비와 외양은, 그 불일치를 가장 빠르게 드러내는 신호가 된다.

2030세대는 외모를 보고 분노하는 것이 아니다. 외모를 경유해 태도를 판별한다. 소비를 비난하는 것이 아니라, 소비 내역 속에서 말과 행동 사이의 간극을 확인한다. 그래서 "왜 젊게 보이려 하느냐"는 질문은 부차적이다. 진짜 질문은 "왜 과거에 그렇게 말해 놓고, 지금은 정반대로 행동하느냐"다. 문제는 외양이 아니라 태도이며, 취향이 아니라 책임이다.

이 인식은 디지털 환경에서 더욱 강화된다. SNS는 외모와 소비를 반복적으로 노출시키고, 긴 맥락과 설명은 삭제한다. 남는 것은 장면이다. 장면은 해석을 요구하지 않는다. 태도의 불일치가 이미 전제된 상태에서, 장면은 즉각적인 판단으로 연결된다. 그 결과 외모와 소비는 본질을 대체하는 것이 아니라, 본질을 증폭하는 역할을 맡게 된다.

결국 2030세대의 문제의식은 세대 일반을 향한 혐오가 아니다. 그것은 말과 행동, 기준과 예외, 주장과 책임 사이의 간극에 대한 질문이다. 외모와 소비가 조롱의 일부가 되는 이유는, 그것들이 이 간극을 가장 선명하게 표상하기 때문이다. 영포티가 조롱의 중심에 서게 된 이유는 늙어 보이지 않아서도, 젊음을 흉내 내서도 아니다. 언어와 태도의 불일치가 외모와 소비라는 표면 위로 드러났기 때문이다.

파편화된 자기 인식: 문제를 문제로 인식하지 못하는 이유

영포티가 비판을 반복적으로 마주하면서도 사태의 심각성을 체감하지 못하는 이유는 무관심이나 지능의 문제가 아니다. 그것은 인식 방식의 문제다. 영포티는 자신을 향한 비판을 하나의 연속된 사회적 신호로 받아들이지 않고, 서로 무관한 파편들로 분해해 인식한다. 특정 댓글, 특정 밈, 특정 사건만 떼어 내어 바라보고, 그 전체가 가리키는 방향성은 의도적으로 보지 않는다.

이 파편화된 인식은 매우 실용적이다. 문제를 전체로 인식할수록 책임과 성찰의 요구가 커지기 때문이다. 반대로 문제를 조각내면 각각은 대수롭지 않은 소음이 된다. "저건 극단적인 애들 이야기다", "금방 사라질 인터넷 밈일 뿐이다", "요즘 유행이 그렇다"라는 식의 해석은 각각의 조각을 무력화시키는 데에는 효과적이다. 그러나 이 과정에서 전체 맥락은 사라진다.

특히 영포티는 비판의 '내용'보다 '형식'에 집착하는 경향을 보인다. '말이 거칠다', '표현이 과하다', '예의가 없다', '공격적이다' 류의 판단이 먼저 작동한다. 그 결과 비판의 논점은 검토하지 않고, 전달 방식만 문제 삼는다. 이는 논쟁을 피하는 방식이 아니라, 논점을 비껴가는 방식이다. 질문은 해체되고, 문제 제기는 감정 과잉으로 환원된다.

이러한 인식 방식은 자기 이미지를 보호하는 데 매우 효과적이다. 영포티는 오랫동안 스스로를 '합리적이고 균형 잡힌 세대'로 인식해 왔다. 노력했고, 시대 변화에 적응했고, 나름의 기준을 지켜 왔다는 자기서사는 여전히 작동한다. 비판을 구조적 문제로 받아들이는 순간, 이 서사는 균열을 일으킨다. 따라서 영포티는 비판의 초점을 집단 전체의 책임이 아닌 개별적 일탈로 치부하고, 구조가 아닌 예외로 처리한다.

문제는 이 태도가 반복될수록 사회적 신호 감지 능력이 둔화된다는 점이다. 경고는 잡음으로, 질문은 공격으로, 문제 제기는 피로한 소란으로 인식된다. 파편화된 인식 속에서 영포티는 자신이 왜 반복적으로 비판의 대상이 되는지 이해하지 못한 채, "또 시작이다"라는 반응만을 축적한다. 이해가 쌓이지 않는 대신, 방어만 정교해진다.

결국 이 인식 구조는 갈등을 해소하지 않는다. 오히려 장기화한다. 전체를 보지 못하는 한 태도는 바뀌지 않고, 태도가 바뀌지 않는 한 같은 비판은 다른 형태로 되돌아온다. 영포티가 문제를 가볍게 소비할수록, 사회는 더 직접적인 언어로 반응한다. 파편적 인식은 갈등을 줄이는 장치가 아니라, 갈등을 반복 생산하는 조건이 된다.

이 지점에서 영포티의 문제는 더 이상 '오해'가 아니다. 그것은 사회적 신호를 해석하는 능력의 상실이며, 문제를 문제로 인식하지 않기로 선택한 태도다. 이 선택이 유지되는 한, 영포티는 왜 욕을 먹는지 끝내 이해하지 못한 채, 같은 질문 앞에 계속 서게 된다.

자기 예외화의 논리: 신뢰를 갉아먹는 방식

영포티가 반복적으로 비판받는 지점에는 공통된 인식 구조가 있다. 그것은 규칙과 기준을 부정하지 않으면서도, 그 적용 대상에서는 스스로를 은근히 제외하는 태도다. 영포티는 공정, 책임, 윤리 같은 원칙을 공개적으로 거부하지 않는다. 오히려 여전히 그것들을 옳은 가치로 인정한다. 문제는 그 가치가 자신의 선택과 충돌하는 순간, 적용 방식이 달라진다는 데 있다.

이 자기 예외화는 노골적인 특권 의식의 형태로 나타나지 않는다. 대부분은 합리성의 언어를 통해 포장된다. "현실적으로 어쩔 수 없다", "그때와 지금은 다르다", "이 정도는 누구나 한다" 같은 문장은 원칙을 부정하지 않으면서도, 그 원칙으로부터 빠져나오는 출구 역할을 한다. 기준은 유지되지만, 책임은 유예된다.

2030세대가 민감하게 반응하는 건 바로 이 지점이다. 기준이 완전히 바뀌었다면 문제는 덜하다. 시대 변화에 따른 가치의 재조정은 충분히 이해 가능하다. 그러나 영포티의 태도는 기준을 철회하지 않은 채, 적용만 선택적으로 조정하는 방식에 가깝다. 말은 그대로인데, 행동만 달라진다. 이 불일치는 설명되지 않고, 설명되지 않은 불일치는 곧 불신으로 전환된다.

특히 이 자기 예외화는 권력과 결합될 때 더욱 또렷해진다. 영포티는 조직과 사회의 중간 위치에서 판단을 전달하고, 규칙을 적용하는 역할을 수행한다. 아래로는 기준을 요구하면서, 위로는 현실을 이유로 타협하는 모습은 이중적 구조를 강화한다. 자신에게는 '사정'이 되고, 타인에게는 '원칙'이 되는 순간, 기준은 더 이상 공정하게 작동하지 않는다.

이 논리는 외모와 소비, 언행의 영역에서도 반복된다. 과시적 소비는 '열심히 산 결과'로 정당화하고, 젊음을 강조하는 태도는 '관리의 문제'로 치환한다. 동시에 비슷한 행위를 하는 젊은 세대에게는 "분수에 맞지 않는다", "현실 감각이 없다" 류의 평가로 내려친다. 기준은 동일해 보이지만, 적용의 방향은 일관되지 않다.

결국 자기 예외화는 영포티 개인의 도덕적 결함이라기보다, 태도의 체계로 작동한다. 기준을 지키고 있다는 자기 인식과, 기준에서 벗어난 행동 사이의 간극을 합리화하는 방식이 반복되며 굳어진다. 그러나 이 간극은 숨겨지지 않는다. 디지털 환경에서는 말과 행동이 동시에 기록되고, 과거의 발언과 현재의 선택이 한 화면에 놓인다.

이 지점에서 영포티는 설명되지 않은 선택의 주체로 남는다. 기준은 말로 남아 있고, 예외는 행동으로 증명된다. 이 구조가 유지되는 한, 영포티를 향한 비판은 단순한 세대 감정이 아니라, 신뢰의 문제로 계속 호출된다. 자기 예외화는 태도의 문제이며, 이 태도가 바로 영포티가 욕을 먹는 핵심 이유 중 하나다.

가장 가까운 어른의 책임: 거리 없는 권력의 문제

영포티의 태도가 유독 강한 반감을 불러일으키는 이유는 그들이 가장 가까운 위치에 있기 때문이다. 사회적 갈등은 언제나 멀리 있는 권력보다, 일상에서 반복적으로 마주치는 존재를 향해 먼저 발생한다. 2030세대에게 40대는 추상적인 기성세대가 아니라, 직장 상사이자 평가자이고, 조직 내 의사결정의 전달자이며, 생활 공간을 공유하는 현실적 타자다. 이 근접성이 영포티를 세대 갈등의 중심으로 끌어올린다.

40대는 사회 구조에서 독특한 위치를 점한다. 위로는 여전히 강한 영향력을 유지한 상위 세대가 있고, 아래로는 더 젊고 유연한 세대가 대기한다. 이 사이에서 40대는 규칙을 만들지는 않지만, 규칙을 적용하고 집행하는 역할을 맡는다. 제도의 설계자는 아니지만, 제도를 체감하게 만드는 얼굴이다. 그래서 불합리한 구조에 대한 분노는 자연스럽게 이 중간층을 향한다.

이 위치는 책임을 회피하기 어려운 자리이기도 하다. 40대는 "내가 정한 게 아니다"라고 말할 수 있지만, 동시에 자신이 집행한다는 사실에서 벗어날 수 없다. 2030세대의 시선에서 영포티는 피해자이자 가해자가 아니라, 구조가 작동하는 지점에 서 있는 존재다. 그렇기 때문에 태도의 작은 불일치, 자기 예외화의 미세한 흔들림도 과도하게 확대되어 해석된다.

더욱이 40대는 과거의 언어가 아직 지워지지 않은 세대다. 그들이 2030세대였을 때 어떤 말을 했는지, 어떤 가치를 외쳤는지, 어떤 기준으로 세상을 비판했는지가 여전히 기억된다. 이 기억은 현재의 선택과 나란히 놓이며 자동적으로 심판의 근거가 된다. 멀리 있는 기득권자의 위선보다, 한때 같은 편이었던 어른의 변신이 더 큰 배신감으로 읽히는 이유가 여기에 있다. 배신감은 적대가 아니라 기대에서 싹트기 때문이다.

이때 책임은 법적 책임이나 제도적 책임이 아니다. 그것은 태도의 책임이다. 말해 왔던 기준을 어떻게 다루는지, 변화된 선택을 어떻게 설명하는지, 그리고 그 설명을 회피하지 않는지가 문제의 핵심이다. 가까운 어른은 완벽할 필요는 없지만, 최소한 일관성에 대해 질문받을 각오는 되어 있어야 한다.

결국 영포티가 유독 비난의 대상이 되는 이유는 그들이 특별히 더 악해서가 아니다. 가장 가까운 위치에서, 가장 많이 보이는 역할을 수행해 왔기 때문이다. 문제는 권력 그 자체가 아니라, 과거에 말해 온 기준과 현재의 선택 사이의 단절이다. 말은 남아 있고 기록은 지워지지 않는데, 그 말이 더 이상 설명되지 않는 순간 일관성은 붕괴되고 신뢰는 증발한다. 권력과 일상의 거리가 가까울수록, 설명 없는 태도는 더 이상 용인되지 않는다. 이 조건을 외면하는 순간, 40대는 이해받지 못하는 기성세대가 아니라 신뢰를 잃은 어른으로 인식된다.

무감각의 비용: 태도가 만든 사회적 손실

영포티의 태도가 문제가 되는 이유는 그것이 개인적 호불호의 영역을 넘어 사회적 비용을 발생시키기 때문이다. 비판을 파편으로 해체하고, 자기 예외화를 합리화하며, 가까운 어른의 위치에서 설명을 회피하는 태도는 갈등을 해소하지 않는다. 오히려 갈등을 구조적으로 고착시킨다.

첫 번째 비용은 신뢰의 붕괴다. 2030세대가 영포티를 불신하게 되는 지점은 의견 차이나 가치관의 변화 자체가 아니다. 말과 행동 사이의 간극에 대한 설명이 반복적으로 생략될 때, 신뢰는 빠르게 소진된다. 신뢰가 무너지면 대화는 성립하지 않는다. 어떤 발언도 선의로 해석되지 않고, 모든 행동은 의도로 의심받는다. 이 상태에서는 세대 간 협력이 작동할 수 없다.

두 번째 비용은 문제 해결 능력의 상실이다. 태도가 문제를 문제로 인식하지 않는 방향으로 고정될수록, 구조적 질문은 제기되지 않는다. 불평등은 개인의 감정 문제로, 갈등은 세대의 성향 문제로 축소된다. 그 결과 사회는 문제를 해결할 기회를 반복해서 놓친다. 갈등은 유지되지만, 해법은 축적되지 않는다.

세 번째 비용은 갈등의 상시화다. 태도가 바뀌지 않는 한, 같은 비판은 다른 언어로 되돌아온다. 영포티를 향한 조롱은 사라지지 않고, 더 직접적이고 공격적인 형태로 진화한다. 이는 표현 수위의 문제가 아니라, 누적된 좌절의 방향성 문제다. 문제를 읽지 않는 태도는 더 과격한 언어를 불러온다.

네 번째 비용은 연대 가능성의 소멸이다. 40대는 구조적으로 2030세대와 이해를 공유할 수 있는 위치에 있다. 노동, 주거, 불안정성의 문제에서 공통분모가 존재한다. 그러나 태도의 문제로 인해 이 가능성은 실현되지 못한다. 가까운 어른이 방어적인 순간, 연대는 성립하지 않는다. 갈등은 수평이 아니라 수직으로 굳어진다.

마지막으로, 이 무감각은 영포티 자신에게도 비용으로 돌아온다. 비판을 흘려보내는 태도는 당장의 불편함을 줄여 주지만, 장기적으로는 사회적 고립을 심화시킨다. 이해받지 못하는 세대가 아니라, 이해하려 하지 않는 세대로 인식되는 순간, 영포티는 발언의 신뢰를 잃는다. 말은 남아 있지만, 설득력은 사라진다.

결국 문제는 태도의 옳고 그름이 아니다. 문제는 태도가 만들어 내는 결과다. 무감각은 중립이 아니다. 그것은 갈등을 유지하고, 신뢰를 소모하며, 구조적 문제 해결을 지연시키는 적극적인 선택이다. 이 선택이 반복되는 한, 영포티를 둘러싼 갈등은 개인의 성향 문제가 아니라 사회적 손실로 누적될 수밖에 없다.

태도는 선택이다:
구조 위에 남는 마지막 변수

영포티를 둘러싼 갈등의 핵심에는 구조와 태도가 동시에 있다. 구조는 개인이 선택할 수 없는 조건을 만든다. 자산 가격의 급등, 노동시장 이중구조, 정책의 시차 효과와 같은 요인은 특정 세대의 도덕성으로 설명되지 않으며, 영포티 개인의 책임으로도 환원될 수 없다. 영포티는 이 구조의 결과로 형성된 위치이며, 그 위치가 갈등의 좌표가 된다.

그러나 구조가 갈등을 만들었다고 해서, 태도가 중요하지 않은 것은 아니다. 같은 구조 속에서도 어떤 언어로 설명하고, 어떤 기준을 적용하며, 어떤 방식으로 책임을 나누는지는 결국 사람을 통해 결정된다. 구조는 게임의 규칙과 출발선을 만들고, 태도는 그 규칙을 어떻게 집행하고 해석하며 정당화하는지를 결정한다. 그래서 갈등은 구조에서 시작되지만, 체감되는 불신과 분노는 태도에서 증폭된다.

따라서 질문은 "구조냐 태도냐"가 아니다. 구조를 바꾸지 못하면 갈등은 반복되고, 태도를 바꾸지 못하면 대화는 성립하지 않는다.

구조는 원인이며, 태도는 그 원인이 일상에서 어떤 얼굴로 나타나는가를 결정하는 마지막 변수다. 바로 이 접점에서 영포티는 비판의 대상이 되고, 동시에 변화의 실마리가 된다.

태도는 말보다 느리게 바뀌지만, 말보다 오래 남는다. 무엇을 소비하는지, 어떻게 보이는지는 시간이 지나면 잊힌다. 그러나 비판을 어떻게 해석했는지, 불편한 질문 앞에서 어떤 자세를 취했는지는 기억으로 남는다. 영포티가 반복해서 문제를 가볍게 소비하고, 질투로 환원하고, 자기 예외화를 통해 설명을 회피해 온 순간들은 하나의 태도로 축적된다. 그리고 이 태도가 신뢰의 기준이 된다.

중요한 점은, 2030세대가 영포티에게 완벽함을 요구하지 않는다는 사실이다. 그들이 요구하는 것은 도덕적 순결이나 과거 가치의 고수가 아니다. 변화했다면 변화했다고 말하고, 타협했다면 그 타협의 대가를 인정하고, 예외를 적용했다면 그 이유를 설명하라는 요구다. 다시 말해, 책임 있는 태도다. 말과 행동의 간극을 없애라는 요구가 아니라, 그 간극을 숨기지 말라는 요구다.

태도가 선택이라는 사실은 불편하다. 왜냐하면 그것은 더 이상 구조 뒤에 숨을 수 없다는 뜻이기 때문이다. "시대가 바뀌었다", "현실이 그렇다"라는 말은 설명은 될 수 있으나 면책은 될 수 없다. 태도를 선택하는 순간, 그 결과 역시 감당해야 한다. 영포티가 조롱의 중심에 서게 된 이유는, 그들이 구조의 산물이어서가 아니라, 그 구조를 대하는 태도가 설명되지 않았기 때문이다.

5장

영포티 현상의 재귀성

영포티는 문제적 집단이기 이전에 문제가 반복되는 위치다.

그들을 비웃는 순간에도 우리는 다음 영포티가 설 자리를 그대로 남겨 두고 있다.

영포티는 왜 사라지지 않는가

인간의 조건과 구조의 교차점

영포티의 태도는 몇몇 사람의 인성 문제로 치부할 수 없다. 비슷한 나이대의 사람들이 비슷한 방식으로 행동하고 비슷한 이유로 비판받는 것은 우연이 아니다. 사람을 그렇게 만드는 조건이 반복되기 때문이다. 조직 내 지위와 자산, 의사결정 권한과 책임이 동시에 확대되는 단계에서 태도 역시 유사한 방향으로 형성된다. 영포티 현상의 본질은 개인의 일탈이 아니라, 구조가 반복적으로 만들어 내는 행동 양식과 반응 패턴이다.

실제로 영포티를 둘러싼 논쟁을 조금만 들여다보면, 문제시되는 말과 행동은 놀라울 만큼 비슷하다. 조롱을 대수롭지 않게 넘기는 반응, 비판을 질투로 환원하는 해석 방식, 과거의 말과 현재의 선택 사이를 설명하지 않는 태도, 자기 예외화를 합리화하는 언어. 이러한 반응들은 개인의 개성에서 비롯됐다기보다는, 특정 위치에 놓인 사람들이 반복적으로 보여 주는 전형적 대응 방식에 가깝다.

이 지점에서 질문은 더 이상 개인을 향하지 않는다. 문제는 누가 영포티인가가 아니라, 왜 언제나 그런 집단이 발생하는가다. 왜 사람은 비슷한 조건에 놓일 때마다 거의 같은 방식으로 반응하는가. 왜 비판이 제기되는 순간, 늘 유사한 언어와 논리가 호출되는가.

답은 의외로 단순하다. "저 사람, 마흔 넘더니 이상해졌어"가 아니다. 오히려 그 반대다. 사람이 변해서가 아니라 쉽게 변하지 않아서 문제다. 인간이 자신의 위치 변화를 과소평가하는 경향, 권한이 커져도 스스로는 '변하지 않았다'라고 느끼는 심리, 비판을 구조의 문제보다 오해나 태도의 문제로 해석하려는 관성적 습성은 꽤나 보편적이다.

여기에 40대가 점유하게 되는 사회적 위치의 특성이 겹쳐진다. 위계가 주는 안정감, 권한이 만드는 해석의 비대칭성, 역할 변화에 비해 더디게 수정되는 태도는 특정 개인의 성향을 넘어 구조적 조건으로 작동한다. 그 결과 구성원은 바뀌어도 유사한 반응과 유사한 언어가 되풀이된다.

결국 영포티 현상은 특정 세대의 결함이라기보다는, 인간의 조건과 자리의 성격이 만날 때 발생하는 구조적 결과다. 사람은 바뀌지만 자리는 남는다. 그리고 그 자리가 유지되는 한, 같은 반응과 같은 비판은 다른 이름으로 되돌아온다.

사람은 바뀌어도 자리는 남는다

영포티는 특정 개인이 아니라 구조 속에서 반복적으로 생성되는 하나의 자리다. 자산 경로 안에 진입해 비교적 안정적인 위치를 확보했지만, 아래 세대와 여전히 같은 공간에서 경쟁하고 소통해야 하는 중간 지점. 부모 세대처럼 완전히 분리되어 있지도 않고, 청년 세대처럼 아직 바깥에 있지도 않은 애매한 위치. 이 중간 고지에 올라서는 순간, 개인의 성향이나 의도와 무관하게 특정한 역할이 부여된다. 아직 젊다고 말할 수 있지만 이미 결과를 확보했고, 여전히 진보적 언어를 사용할 수 있지만 그 언어가 가리키는 위험은 더 이상 자신에게 직접 닿지 않는 위치. 노력의 서사를 말할 수는 있지만, 그 노력이 작동했던 구조는 이미 닫혀 버린 자리다.

이때 아랫세대가 느끼는 감정은 단순한 질투가 아니다. 영포티가 자기 세대의 어려움과 고충을 말할 때조차, 그 내용에서 메타인지의 결핍이나 자기객관화의 실패가 읽히는 순간 혐오감이 발생하게 된다. 여기서 중요한 건 영포티가 겪은 어려움 자체가 거짓이라는 게 아니다. 문제의 핵심은 그 어려움을 말하는 위치와 방식이 더 이상 아랫세대의 현실과 공명하지 않는다는 것이다.

분노가 개인을 넘어 세대 전체로 확장되는 데에는 추가적인 메커니즘이 있다. 동일한 위치에 선 인물들이 유사한 방식으로 말하고, 비슷한 언어로 자기 정당화를 반복할 때, 그것은 '한 사람의 실언'이 아니라 하나의 패턴으로 인식된다. 개인의 문제가 아니라 위치의 문제처럼 보이기 시작하는 것이다. 그 순간 비판의 대상은 특정 인물이 아니라 그가 점유한 자리, 그리고 그 자리를 공유하는 집단으로 이동한다.

이렇게 비판은 사람보다 자리를 겨냥하게 된다. 그 자리에 누가 앉든, 비슷한 자산 조건과 발언 위치에서 유사한 실언이 반복될 경우, 같은 조롱과 같은 상징이 자동으로 덧씌워진다. 집단화된 인식은 개별 사례를 축적하며 일반화를 강화하고, 일반화는 다시 다음 사례를 해석하는 틀이 된다. 이것이 영포티 논란이 재귀적으로 반복되는 구조적 이유다.

지금의 40대가 더 나이를 먹어 더 이상 40대가 아니게 된다고 해서 이 현상이 사라지지는 않는다. 구조가 그대로라면, 지금의 2030세대 중 일부는 언젠가 같은 자리에 서게 된다. 그리고 그 순간, 그들은 영포티와 닮은 또 다른 이름으로 호출될 것이다.

'영포티'라는 표현은 사라질 수 있다. 그러나 그 말이 가리키는 위치는 사라지지 않는다. 그 자리를 둘러싼 감정—상실감, 분노, 혐오, 조롱—또한 형태만 바뀔 뿐 반복된다.

결국 영포티 논란은 특정 세대의 성향에서 비롯된 갈등이 아니다. 그것은 위로 이동할 경로가 좁아진 사회에서, 누군가는 이미 올라가 있고 누군가는 올라가지 못한 상태에서 발생하는 구조적 마찰이다. 이름은 바뀌어도 좌표는 남는다. 그리고 좌표가 남는 한, 마찰음은 다시 울린다.

사다리가 붕괴된 사회에서는 위에 올라간 사람의 태도가 문제처럼 보이고, 아래에 남은 사람의 분노가 과잉으로 비춰진다. 하지만 이 둘 모두 개개인의 성격이나 도덕성의 산물이 아니다. 이동 경로가 막힌 구조에서 위에 올라선 자와 아래에 남은 자가 각자의 위치에서 보이는 서로 다른 반응일 뿐이다. 그래서 이 현상은 비판이나 훈계로 해결되지 않는다. 사람을 바꾸는 방식으로는 끝나지 않는다. 자리가 만들어지는 조건, 즉 누가 언제 어떤 경로로 올라설 수 있는가가 바뀌지 않는 한, 영포티는 계속해서 다른 얼굴로 되돌아온다.

영포티의 유형과 특성

영포티를 하나의 자리로 규정한다고 해서, 그 자리에 앉은 사람들이 모두 같은 방식으로 행동하는 것은 아니다. 구조가 태도를 일정한 방향으로 밀어 넣지만, 개인의 성향, 경력 경로, 성공 경험, 조직 환경에 따라 그 반응은 서로 다른 형태로 표출된다. 따라서 영포티는 단일한 인격 유형이 아니라, 유사한 자리에 놓인 사람들이 선택하는 몇 가지 전형적 대응 양식의 집합에 가깝다. 이하에서는 이 자리에 놓인 사람들이 반복적으로 보여 주는 대표적 유형들을 살펴본다.

'고의형' 영포티: 역할 전환을 의식적으로 미루는 유형

고의형 영포티는 가장 눈에 잘 띄는 유형이다. 이들은 역할이 바뀌었음에도 불구하고, 여전히 청년기의 정체성에 머물러 있다. 즉, 이미 결정의 무게를 지닌 위치에 올라섰음에도 스스로를 여전히

'직접 뛰고, 말하고, 증명해야 하는 사람'으로 인식한다. 이 자기 인식은 단순한 업무 태도가 아니라, 자신을 여전히 20대 초·중반의 위치에 놓는 '시간 감각 오류'와 결부되어 있다. 신입 시절이나 초기 실무자 시절에 형성된 이 자아상은 강한 성공 경험과 맞물리며 쉽게 해체되지 않는다. 과거에는 직설적인 발언과 빠른 판단이 문제 해결 능력이나 추진력, 패기로 해석되었고, 실제로 그것이 성과로 이어졌기 때문이다.

문제는 이 정체성이 역할이 바뀐 뒤에도 그대로 유지된다는 데 있다. 신입사원일 때의 말과 태도는 하나의 의견에 불과하지만, 중간관리자가 된 이후에는 그것이 곧 방향을 가리키는 신호가 된다. 과거에 토론을 여는 화두였던 직설은 이제 토론을 닫는 압박으로 읽힌다. 그러나 고의형 영포티는 이 변화를 말의 강도나 표현 방식의 문제로 오해한다. 핵심은 언어가 아니라 위치다. 그는 여전히 자신을 '비판하고 반론을 제기하는 사람'으로 인식할 뿐, '중재하고 타협을 이끌어 내는 사람'이라는 새로운 역할을 내면의 시간표에 등록하지 않는다.

이들은 흔히 "예전엔 이게 통했다", "맞는 말인데 뭐가 문제냐"라고 말한다. 이 반응은 단순한 고집이 아니라, 태도 변화를 자기검열이나 후퇴로 받아들이는 인식에서 나온다. 말을 부드럽게 하거나 여지를 남기고, 조율자의 자리로 이동하는 일을 자신의 전문성과 날을 무디게 만드는 선택으로 느낀다. 그러나 그 밑바닥에는 다른 불안이 있다. 자신이 이미 다음 단계로 이동했다는 사실을 인정하는 순간, 더 이상 20대의 '증명하는 주체'로 남을 수 없게 된다는 두려움이다. 관리자이면서도 순전한 실무자 정체성에 깊이 묶여 있을수록, 변화는 성장보다 자기 부정에 가깝게 인식된다.

이 정체성 고착은 업무 영역에만 머물지 않는다. 사람과 관계 맺는 방식으로도 이동한다. 고의형 영포티가 또래가 아닌 더 젊은 층과의 관계를 선호하는 현상은 흔히 외모 집착이나 미성숙한 욕망으로 환원되지만, 보다 정확히는 자신의 위치를 여전히 '초기 단계'에 고정하려는 인식의 연장선에 가깝다. 젊은 상대와의 관계에서는 부담은 가볍고 반응은 즉각적이며, 감정적 보상은 빠르게 돌아온다. 무엇을 하든 의미가 즉시 발생하고 감동이 손쉽게 생성된다. 이는 단순한 즐거움이 아니라 도파민이 안정적으로 공급되는 관계 구조다. 그는 그 안에서 젊은 시절 연애가 지녔던 속도와 역동성, 예측 불가능성을 다시 호출하며, 자신이 가장 잘 기능하던 시기의 리듬을 재경험한다. 그래서 이 관계는 미래를 설계하기보다 과거의 감각을 현재로 복원하는, 일종의 연애 리바이벌에 가깝다.

반대로 상대가 또래일수록 관계는 급격히 무거워진다. 연애는 곧 결혼과 생활, 현실적 책임과 분업의 문제로 이어진다. 감정은 즉각적인 보상이 아니라 조건과 합의의 문제가 되고, 관계는 조율과 양보를 요구한다. 이때 고의형 영포티가 마주하는 것은 상대의 요구만이 아니다. 이미 닳고 닳은 자신의 모습, 계산하고 따지고 비교하는 태도가 그대로 비친다. 그는 그 거울을 견디지 못한다. 또래와의 관계는 더 이상 젊은 시절의 자신을 연기할 수 없게 만들고, 이미 변한 역할과 나이를 인정하도록 강요한다.

여기에는 권력 감각의 이중성이 개입한다. 고의형 영포티는 젊은 시절의 쾌락과 도파민은 다시 누리고 싶어 하지만, 그동안 축적해 온 현재의 권력과 위치는 내려놓고 싶어 하지 않는다. 젊은 층과의 교류는 감정적 보상이 즉각적이면서도, 자신의 판단과 선택이 쉽게 유효해지는 구조를 제공한다. 그는 이 관계 안에서 재미와 자극을 소비하면서도, 여전히 방향을 정하고 속도를 조절하는 위치에 머문다. 다시 말해, 쾌락은 과거의 규칙으로 되돌리고, 권력은 현재의 자리에 고정시키려는 선택이다.

반면 또래와의 관계에서는 이 이중성이 작동하지 않는다. 관계의 시작부터 권력은 대칭에 가깝고, 때로는 역전된다. 상대 역시 충분한 경험과 판단 기준을 갖고 있으며, 그의 말과 선택을 그대로 받아들이지 않는다. 이는 성숙한 관계의 조건이지만, 고의형 영포티에게는 이미 현재의 권력이 관계 안에서는 자동으로 보장되지 않는다는 확인으로 작동한다. 그래서 그는 쾌락은 극대화하면서도 권력의 재분배는 유예할 수 있는 공간을 택한다. 이는 지배 욕구라기보다, 쾌락은 회복하되 권력은 포기하지 않으려는 이중적 전략에 가깝다.

이 지점에서 고의성은 분명해진다. 이들은 사회의 시선을 모르는 것이 아니다. 어떤 선택이 '영포티 서사'의 전형으로 소비되는지, 어떤 장면이 조롱의 재료가 되는지도 충분히 알고 있다. 그럼에도 불구하고 기존 방식을 고수한다. 이는 무지의 결과가 아니라, 자기 인식의 시간표를 갱신하는 비용과 권력의 재조정을 인식한 뒤에도 그 전환을 거부하는 선택이다. 조율과 후퇴, 역할 이동을 요구받느니 차라리 욕을 감수하고 기존 자아를 유지하겠다는 계산이다.

고의형 영포티의 본질은 성격이나 성별, 개인의 도덕성에 있지 않다. 이미 역할은 변했지만 자기 인식의 시간은 과거에 머물러 있는 불일치가 핵심이다. 그는 중년의 자리에 서 있으면서도 여전히 증명기 정체성에 머물러 있고, 결정의 위치에 있으면서도 그 시절의 언어로 말한다. 현재의 책임을 과거의 규칙으로 처리하려는 순간, 그는 알고도 같은 자리를 선택한다. 그래서 고의형 영포티는 특정 세대의 문제가 아니라, 쾌락과 권력을 동시에 붙잡으려는 욕망이 자기 인식의 전환을 가로막을 때 반복적으로 나타나는 구조적 유형이다.

"증명은 끝났지만, 욕망은 지속된다"

45세의 대기업 부장 박영수. 그는 입사 첫해부터 회사 내에서 유난히 자주 회자되는 신입이었다. 회의실에서 분위기를 바꾸는 말, 정확히는 사람들로 하여금 잠시 숨을 고르게 만드는 촌철살인의 발언이 그의 트레이드 마크였다.

"그건 비효율적입니다."

"그 방향은 리스크가 큽니다."

아직 직함의 무게도, 결정의 책임도 가볍던 시절이었지만 그는 말끝을 흐리지 않았다. 숫자를 들었고, 근거를 붙였고, 예상 결과를 제시했다. 회의실은 종종 술렁였고 몇몇 선배는 노골적으로 불편해했다. "야, 애 독하네"라는 말이 뒤에서 따라붙었지만, 그 말끝에는 늘 같은 덧붙임이 있었다. "그래도 틀린 말은 아냐." 그는 그렇게 빨리 성장했다. 싸움을 두려워하지 않는 신입, 붙으면 이길 준비가 된 사람이라는 평이 따라다녔다.

시간이 지나면서 명함의 직함이 바뀌었고 자리가 바뀌었다. 이제 그는 회의실에서 가장 늦게 말해도 되는 사람이 되었고, 굳이 목소리를 높이지 않아도 모두가 그의 눈치를 보는 위치에 올라 있었다. 그가 문을 열고 들어오는 순간, 사람들은 말을 멈췄다.

본인은 여전히 예전과 같다고 느꼈다. 말투도, 판단 기준도 변한 게 없다고 생각했다. 그래서 어느 날 회의에서 신입이 조심스럽게 아이디어를 내놓았을 때도, 그는 예전처럼 반응했다고 믿었다. 말이 길어지면서 분위기가 애매해졌을 때, 그는 자연스럽게 입을 열었다.

"그건 좀 아닌 거 같은데?"

그 순간 회의실은 이상하리만큼 조용해졌다. 누군가는 노트북 화면으로 시선을 피했고, 누군가는 물을 마셨다. 아무도 "왜요?"라고 묻지 않았다. 그는 속으로 답답해했다. 예전엔 이 말 나오면 바로 반박이 튀어나왔는데, 왜 아무 말도 없지. 회의가 끝난 뒤 그는 혼잣말처럼 던졌다.

"요즘 애들은 왜 이렇게 도전이 없어? 예스맨만 남았어."

그는 몰랐다. 자기가 방금 누른 건 토론의 시작 버튼이 아니라 음소거 버튼이었다는 걸. 신입 시절 그의 말은 결투 초대장이었고, 지금 그의 말은 결론 통지서였다. 문장은 같았지만, 말의 무게가 달라졌다는 사실만은 회의실이 더 잘 알고 있었다.

어쨌든 회사에서 그는 이미 검증된 사람이었다. 그래서 굳이 스스로를 증명하지 않아도 됐고, 그래서 더 이상 싸울 필요도 없었다. 문제는 그 감각이 회사 밖에서도 이어졌다는 데 있었다.

그는 미혼이었고, 불혹을 훌쩍 넘겼다는 말을 들으면 고개를 끄덕이긴 했지만 오래 생각하지는 않았다. 숨길 생각도, 변명할 생각도 없었다. 다만 자신의 나이가 어떤 선택을 요구하기 시작하는 순간, 그는 본능적으로 한 발 물러났다. 소개팅 이야기가 나왔을 때도 그랬다. 지인이 휴대폰을 꺼내 사진을 보여 주기 전에 그는 먼저 물었다. "몇 살이야?" 숫자가 돌아오자 그는 잠시 웃고 컵을 내려놓았다. "아, 그럼 됐어." 이유를 묻는 말에는 대답하지 않았다. 이미 끝난 대화라고 느꼈기 때문이다.

부모는 더 직접적이었다. "이제는 또래 중에서 찾는 게 낫지 않겠니?" 전화기 너머의 목소리는 조심스러웠지만 확신이 담겨 있었다. 이젠 현실적으로 움직일 때라는 확신. 그는 그 말을 들을 때마다 같은 감정을 느꼈다. 다음 단계로 가라는 말이 아니라 여기서 멈추고 타협하라는 말처럼 들렸다. 그는 "제가 알아서 할게요"라며 어영부영 넘겼지만 마음속으로는 단단히 선을 그었다. 아직은 아니라고. 그는 여전히 20대 여성을 고집했고, 그 사실은 주변에서도 알고 있었다. 그래서 말들이 따라붙었다.

"솔직히 보기 좀 그렇다."

"그러다 영포티라고 욕먹는다."

그는 그 말들의 결을 정확히 읽었다. 걱정처럼 포장되어 있지만 이미 평가가 끝났다는 것도 알고 있었다. 그는 반박하지 않았다. 반박해 봤자 바뀌는 건 없다는 걸 이미 여러 번 확인했기 때문이다. 대신 이렇게 생각했다. 어차피 뭐라고 불릴 건 똑같다.

그는 또래와의 만남이 더 편하다는 사실을 모르는 사람이 아니었다. 설명하지 않아도 통하는 대화, 굳이 애쓰지 않아도 이어지는 관계. 하지만 바로 그 편함이 그를 불안하게 만들었다. 편하다는 건 더 이상 무언가를 증명하지 않아도 된다는 뜻이었고, 그건 곧 이제 끝났다는 신호처럼 느껴졌다. 그래서 그는 이렇게 말했다.

"나이가 어려야지 뭘 해줘도 감동받고 감사해할 줄 알더라고."

가볍게 던진 말처럼 들렸지만, 그 안에는 분명한 기준이 있었다. 그는 누군가를 가르치고 싶어서도, 우위에 서고 싶어서도 아니었다. 다만 아직도 자신이 무언가를 해주면 의미가 생기는 사람이라는 감각을 놓치고 싶지 않았을 뿐이었다. 또래와의 관계에서는 그 감각이 너무 쉽게 사라졌다.

그는 알고 있었다. 이 선택이 자신을 어떤 얼굴로 만들지. 젊은 옷차림, 자기 관리, 띠동갑 넘는 연하와의 연애. 이 장면들이 하나로 묶여 "딱 영포티네"라는 말로 정리될 거라는 것도 이미 여러 번 들어왔다. 그래서 더 이상 방어하지 않았다. 숨기면 비겁해지고, 드러내면 우스워지는 구조라면 차라리 우스워지는 쪽을 택하자는 주의였다. 그는 젊어 보이고 싶어서 이런 선택을 하는 게 아니었다. 오히려 그는 자신의 나이를 너무 정확히 알고 있었다. 다만 그 나이가 요구하는 적당함과 체념을 받아들이지 않기로 했을 뿐이었다. 마음속에서는 이렇게 정리했다. 이걸 포기하는 순간, 그건 성숙이 아니라 항복이라고.

그래서 그는 오늘도 같은 선택을 반복한다.

'미필적 고의형' 영포티: 선의라는 명분으로 지배하는 유형

이 유형의 영포티는 가장 교묘하다. 노골적인 지시도, 공격적인 언사도 없고, 스스로를 문제적 인물로 인식하지도 않는다. 오히려 자신을 책임감 있고 배려 깊은 사람, 경험을 나누는 어른이라고 믿는다. 이들이 반복해서 사용하는 언어는 대체로 비슷하다. "나는 도와주고 있다", "내가 겪어 봐서 아는 걸 알려 주는 것뿐이다." 이 인식 속에서 자신의 발언은 간섭이 아니라 조언이 되고, 평가는 지배가 아니라 배려로 번역된다.

그러나 실제로 작동하는 힘은 다르다. 이들은 이미 평가를 내릴 수 있는 위치, 기준이 되는 자리에 서 있다. 그곳에서 발화되는 말은 아무리 부드러워도 중립일 수 없다. 말의 내용보다 중요한 것은,

어떤 위치에서 말하고 있는가다. 그 위치에서 나오는 "걱정돼서 하는 말이야", "너 생각해서 그러는 거야"라는 문장은 상대에게 선택지를 넓혀 주기보다는, 오히려 선택의 범위를 한정해 버린다. 조언처럼 시작된 말은 곧 판단으로 읽히고, 그 판단은 권력의 언어가 되며 위계로 굳어진다.

이 유형의 특징은, 본인이 점유한 위계 구도를 자기정당화의 서사로 재해석한다는 데 있다. 과거에는 같은 말을 들으며 불안했고 억울했지만, 지금은 이상하리만큼 평온하다. 말의 내용은 그대로인데 감정만 달라졌다. 이유는 단순하다. 자리가 바뀌었기 때문이다. 평가받던 사람이 평가하는 사람이 되었고, 그 전환이 불안을 안정감으로 뒤집은 것이다. 이 전환에서 생기는 감정의 차이를 이들은 '책임감'이나 '성숙'으로 해석한다.

이때 선의는 중요한 역할을 한다. 선의는 이 모든 과정을 도덕적으로 정당화한다. 걱정이라는 이름은 언어의 폭력성을 지운다. 경험 공유라는 표현은 위계의 존재를 흐린다. 그 결과 말은 더 자유롭게 반복된다. 그리고 그 말이 반복될수록 평가하는 위치에서 오는 안정감과 질서는 은근한 만족으로 전환된다. 이 만족은 노골적인 쾌락이 아니라 "나는 올바른 어른이다"라는 자기 확신에 가깝다.

그래서 이 유형은 고의형보다 더 발견하기 어렵다. 본인에게 악의가 없고, 실제로 도움을 주고 있다고 믿기 때문이다. 그러나 결과적으로 남는 것은 다르지 않다. 조언은 평가로 전환되고, 평가는 위계로 고정되며, 위계는 관계의 방향을 일방화한다. 본인은 고의가 없지만, 결과는 분명한 권력 행사다. 그리고 이 권력은 공격적 명령이 아니라, 정당화된 조언의 형식을 통해 가장 쉽게 반복되고 가장 오래 지속된다.

"말하는 자와 삼키는 자"

명절 저녁이었다. 밥상은 이미 치워졌고, 거실 테이블에는 과일 접시와 식어 가는 커피잔만 남아 있었다. 텔레비전은 켜져 있었지만 아무도 보지 않았다. 고모는 소파 끝에 앉아 다리를 꼬고, 조카를 위아래로 천천히 훑어보았다. 옷차림, 표정, 말투까지 한 번에 재는 눈길이었다.

"회사 이름이 뭐랬지?"

조카는 잠깐 멈칫했다가 대답했다.

"SH미디어요. 광고계에서는 꽤 알려진 중견기업이에요."

고모는 고개를 끄덕였다. 아니, 끄덕이면서 동시에 아주 미세하게 고개를 저었다. 마치 이미 결론을 내려놓고 확인만 하는 사람처럼.

"아… 그런 덴 좀 애매하지 않니?"

말은 부드러웠지만 문장은 이미 평가를 끝내고 있었다. 고모는 숨을 고르고 말을 이었다.

"로스쿨 준비는 안 해? 요즘 먹고살기 힘든데 자격증이라도 따든가, 아니면 공무원이 낫지 않겠어? 안정적으로.”

조카는 희미하게 웃었다. 반박하지 않았다. 어디서부터 틀렸다고 말해야 할지 몰랐기 때문이다. 규칙은 정해져 있었고, 설명을 시작하는 순간 이미 지는 게임이었다.

고모는 멈추지 않았다.

“남자친구는 뭐 하는 애니? 나이는? 학교는 어디 나왔고?”

“집안은? 동네는 어디니? 자가야? 부모님은 뭐 하신대?”

질문은 연속으로 날아왔다. 하나에 답을 하면 그 끝에 바로 다음 질문이 붙었다. 조카는 어느새 대화가 아니라 보고를 하고 있다는 느낌을 받았다. 면접관 앞에 세워진 사람처럼, 말이 끝날 때마다 점수가 따라붙는 듯했다.

“음…”

고모는 커피를 한 모금 마시며 고개를 끄덕였다.

“조건이 좀 약하네.”

그 순간, 고모의 머릿속에 아주 짧은 장면 하나가 스쳤다. 대학 졸업을 앞두고 명절날 거실 바닥에 앉아 있던 자신의 모습. 어른들의 말은 늘 그랬다. 숨 돌릴 틈도 없이 쏟아졌다.

“그래, 만나는 놈은 있고?”

“너 그러다 시집 못 간다.”

“살도 좀 빼고, 아가씨답게 꾸며라.”

그 말들은 질문이 아니었다. 대답을 허락하지도 않았다. 평가였고, 통보였다. 그때의 그녀는 아무 말도 하지 못했다. 웃지도, 반박하지도 못했다. 이미 어른들에 의해 규칙이 정해진 자리였기 때문이다. 방으로 들어가 문을 닫았을 때 밀려온 감정은 분노보다 혼란이었다. 왜 내 인생을 내가 아닌 사람들이 이렇게 쉽게 재단하는지 이해할 수 없었다.

그 장면은 오래 머물지 않았다. 울음도, 분노도 남기지 않은 채, 오래된 필름 한 장처럼 그저 흘러갔다. 고모는 다시 지금의 거실로 돌아왔다.

"네가 외모 관리 좀 잘하고, 스펙도 조금만 더 쌓으면 말이야."

고모는 몸을 앞으로 기울이며 목소리를 낮췄다.

"내가 아는 재력가 집안 자제들 선 자리도 알아봐 줄 수는 있어."

그 말은 제안처럼 들렸지만 실은 위치 확인이었다. 누가 평가하는 쪽이고, 누가 평가받는 쪽인지.

이상하게도 고모의 마음은 편안했다. 예전에 그런 말을 들을 때처럼 가슴이 조여 오지도, 억울함이 치밀어 오르지도 않았다. 오히려 무언가가 정리된 느낌이었다. 그땐 내가 아래였지. 지금은 내가 위네. 고모는 이 프레임을 굳이 의식하지는 않았다. 의식할 필요조차 느끼지 않았다. 그저 이렇게 생각했다.

'나는 지금, 도와주고 있다.'

조카는 웃으며 말했다.

"고모, 괜찮아요."

그러나 그 웃음이 거절이 아니라 방어라는 걸 고모는 보지 못했다.

"내가 너 걱정돼서 그러는 거야. 요즘 세상 만만치 않잖아."

그 말은 틀리지 않았다. 그래서 더 설득력 있었다. 고모 자신도 진심으로 그렇게 믿고 있었다. 하지만 이 방 안에서는 도움과 지배가 아주 얇은 선 하나로 겹쳐 있었다. 질문은 조언처럼 포장되고, 조언은 평가로 변하고, 평가는 위계가 된다. 그리고 그 위계는 고모에게 묘한 안정감을 주었다. 이번엔 내가 위다. 이번엔 내가 기준이다.

조카는 아무 말도 하지 않았다. 짜증도, 저항도 없었다. 할 수 없어서가 아니었다. 해도 달라질 게 없다는 걸 이미 알고 있었기 때문이다. 이건 말로 이길 수 있는 문제가 아니었다. 논리의 문제가 아니라, 누가 말하고 누가 듣는지가 이미 정해진 자리의 문제였다.

그날 밤, 고모는 집에 돌아와 샤워를 하다 문득 멈췄다. 거울 속 자신의 얼굴을 바라본다. 아주 잠깐, 스무 살 무렵의 자신이 겹쳐 보였다. 거실 바닥에 앉아 고개를 숙이고 있던 얼굴.

고모는 고개를 저으며 혼잣말처럼 중얼거렸다.

"아냐, 나는 변한 게 없어."

그 말이 사실이어서, 그래서 더 섬뜩했다. 이 장면의 비극은 악의가 없다는 데 있었다. 고모는 조카를 상처 주려는 마음이 없었다. 다만 한때 자신을 눌렀던 기성세대의 언어가, 시간이 흘러 어른이 된 자기 입에서 그대로 흘러나오고 있을 뿐이었다.

그래서 이 이야기는 고모 한 사람의 문제가 아니다. 누군가에게 당한 말을 다음 사람에게 건네주며 "걱정돼서"라고 말하는 순간,

상처는 조언의 얼굴을 쓰고, 권력은 관심인 척 포장된다. 그 말들은 아무 소리 없이 다음 사람에게 넘어간다.

그렇게 역사는 반복된다. 큰 사건도, 악의도 없이. 그저 말의 형태만 바꾼 채로. 그 방 안에는 언제나 두 사람이 있다. 말하는 사람과, 말을 삼키는 사람. 그리고 아이러니하게도, 그들은 한때 같은 자리에 앉아 있었던 사람들이다.

'피치 못한' 영포티: 권력의 설계자는 아니지만 결정의 무게는 떠안은 유형

이 유형의 영포티는 가장 억울한 위치에 놓여 있다. 본인은 꼰대가 되고 싶지 않고, 실제로도 권위를 행사하려는 욕망도 크지 않다. 그러나 이 유형은 개인의 태도나 성향과 무관하게, 역할 자체가 사람을 꼰대의 자리에 세우는 경우다. 문제의 중심은 인격이 아니라 구조에 있다.

이들이 처한 환경에는 공통된 조건이 있다. 촉박한 일정, 책임의 비대칭, 그리고 위에서 내려오는 요구다. 성과와 일정에 대한 책임은 중간 관리층인 이들에게 집중되지만, 결정권은 위에 있고, 실무는 아래에서 수행된다. 이 삼각 구조 속에서 이들은 선택지를 잃는다. 일을 시키지 않으면 자기가 다 해야 하고, 일을 시키면 아랫사람에게 욕을 먹는다. 어느 쪽을 선택하든 손해가 발생하는 구조다.

이 상황에서 이들이 자주 내뱉는 말이 있다.

"나도 어쩔 수 없어."

이 말은 본인에게는 해명이자 자기 방어다. 자신이 가해자가 아니라 매개자에 가깝다는 인식을 담고 있다. 실제로 이들은 괴롭다. 특히 퇴근하는 직원을 붙잡아 일을 요청하는 순간, 자신이 과거에 가장 싫어했던 장면이 떠오르기도 한다. 그래서 이 말은 진심에 가깝다.

그러나 이 말이 아래에 있는 사람에게 전달되는 방식은 전혀 다르다. 부하들은 이 문장에서 공감을 느끼지 않는다. 오히려 분노를 느낀다. "나도 어쩔 수 없어"라는 말은 책임을 공유하는 언어가 아니라, 책임을 위로 밀어 올리는 언어로 읽히기 때문이다. 이 순간, 그는 상황의 피해자가 아니라, 핑계를 대는 사람으로 인식된다.

더 나아가 이 말은 무능의 신호로 해석되기도 한다. 위에서 내려오는 요구를 조정하지 못하고, 아래로 그대로 전가하면서도 스스로는 책임에서 빠져나가려는 태도로 보이기 때문이다. 결과적으로 부하의 눈에 그는 '억울한 중간자'가 아니라, 윗사람 핑계를 대는 영포티, 혹은 결정을 못 하는 영포티가 된다.

이 지점에서 구조적 비극이 완성된다. 본인은 가장 괴로운 위치에 있다고 느끼지만, 아래에서는 가장 신뢰를 잃는 위치가 된다. 의도와 상관없이, 그 행동은 동일한 상처를 남긴다. 사과와 설명은 부담을 덜어 주지 못하고, 오히려 분노를 증폭시킨다. 중요한 것은 그가 어쩔 수 없었는지가 아니라, 결국 일이 내려왔다는 사실이기 때문이다.

그래서 이 유형은 가장 억울하면서도, 동시에 가장 빠르게 영포티로 분류된다. 본인은 선택지가 없었지만, 그 선택의 결과는 명확하다. 이 순간 영포티는 개인의 성격이나 태도의 문제가 아니라, 책임을 감당하지 못하는 구조의 얼굴로 인식된다. 그리고 그 얼굴은, 변명처럼 들리는 한 문장으로 기억된다.

"나도 어쩔 수 없어."

"공功은 챙기고, 흔적은 지우다"

김원식 국회의원의 장녀 결혼식은 국회 홈페이지의 공식 일정표 어디에도 없었다. 의원회관 기록에도 남지 않고, 의원실 업무 목록에도 적히지 않는 행사였다. 그러나 그날 아침, 의원실 비서진은 오전 일곱 시에 이미 식장 앞에 서 있었다. 신랑과 신부보다도, 양가 가족들보다도 먼저였다.

어두운 색 정장을 맞춰 입고 식장 안으로 들어서는 순간, 그들은 하객이 아니었다. 팔을 걷어붙이는 순간, 모두 식장의 스태프가 되었다. 음식 서빙이 늦다는 말이 나오면 즉시 움직였고, 좌석이 어긋났다는 소리가 들리면 말없이 의자와 테이블을 다시 맞췄다. DSLR 카메라를 든 비서들은 식장 안팎을 오가며 셔터를 눌렀다. 누가 누구와 인사를 나눴는지, 어느 의원이 몇 시에 도착했는지,

진격의 영포티

놓치지 않고 기록했다. 결혼식은 축하의 자리가 아니라, 하나의 공식 업무 일정처럼 흘러갔다.

그 모든 움직임을 조율한 사람은 웨딩 플래너도, 웨딩홀 직원도, 외주 용역 업체 직원도, 촬영팀 기사도 아니었다. 보좌관이었다. 그의 감독하에 다들 알아서 각자 역할을 수행하며 일사불란하게 움직이고 있었다. 의원은 직접 명령하지 않았다. "비서들 동원해라"란 말은 없었다. 다만 이렇게 말했다.

"이런 데서 괜히 말 나오면 피곤하니까, 깔끔하게 잘 마무리합시다."

그 말로 충분했다. 보좌관은 그 문장의 뜻을 알고 있었다. 이 세계에서 '깔끔하다'라는 표현은 언제나 보이지 않는 누군가의 움직임을 전제로 한다는 것을.

그래서 그들은 몸을 움직여 접시를 나르고, 비어 있는 컵을 치우고, 화장실 바닥을 물걸레질 하고, 로비 바닥에 찍힌 구두 자국을 지우고, 하객들의 휴대폰을 받아 사진을 찍어 주고, 짐을 대신 들어 주고, 명단을 확인해 이름표를 배열하고, 주차장으로 내려가 차량을 안내했다.

때로 비서들 사이에서는 낮은 목소리가 오갔다.

"이런 거까지 우리가 해야 돼?"

불평과 체념이 스쳤지만, 거기까지였다. 보좌관이 지켜보고 있었기 때문이다. 그가 실질적 인사권자라는 사실을 모두가 알고 있었다. 계약 연장, 추천서, 다음 자리. 모든 문은 그의 손을 거쳐 열렸다. 그래서 불만은 더 이상 입 밖으로 나오지 못한 채, 하루 종일 몸에 쌓인 피로로만 남았다.

결혼식은 무사히 끝났다. 의원은 "모두들 고생했어요"라는 말을 남기고 먼저 자리를 떴다. 공식 업무의 종료를 알리는 선언이었지만, 그 말은 동시에 또 다른 업무의 시작을 뜻했다.

저녁 여덟 시, 의원실 불이 켜졌다. 배달 음식을 서둘러 넘기듯 먹고 모두들 다시 자리에 앉았다. 공식 일정은 끝났지만, 진짜 업무는 이제부터였다. 회의 테이블 위에 축의금 봉투 상자가 올라왔다.

"이제 정리해야죠."

보좌관의 목소리는 낮고 사무적이었다. 마치 중요한 의정 자료를 다루는 것처럼 표정은 굳어 있었고, 비서들은 자연스럽게 자세를 고쳐 앉았다.

봉투를 연다. 이름을 부른다. 금액을 말한다.

"김○○, 오십."

"박○○, 백."

"다시 한번 확인."

엑셀 파일이 열린다. A열에 이름, B열에 금액, C열에 비고. 셀 하나, 셀 하나에 사람의 이름과 숫자가 들어간다. 엑셀은 끝없이 길어졌다. 누군가 중얼거렸다.

"우리 지금 뭐 하는 거지…"

웃음 대신, 말끝에 공기만 남았다. 너무 정확한 현실이었기 때문이다.

시계는 새벽 한 시를 넘겼다. 정장 바지는 구겨지고, 구두는 벗겨진 채 바닥에 놓였다. 넥타이는 아무렇게나 나뒹굴었다.

"합계 다시 맞춰 볼까요."

"틀리면 처음부터요."

아무도 반박하지 않았다. 이건 토론의 대상이 아니었다.

보좌관은 창가에 서서 테이블을 내려다봤다. 봉투를 세는 손들, 엑셀에 숫자를 입력하는 손가락들. 그의 머릿속에 하나의 생각이 또렷하게 떠올랐다.

'이건 누군가는 해야 하는 일이다. 내가 안 했으면, 의원님이 직접 직원 이름을 불러 시켰겠지.'

이게 바로 그의 핵심 공포였다. 의원이 직접 누군가의 이름을 부르는 순간. 그 순간이 가장 위험하다.

"○○○ 비서, 이거 좀 처리하세요."

그 말이 떨어지는 순간, 그 일은 더 이상 관례도 부탁도 아니다. 공식 명령이 된다. 그리고 그때부터 그는 사람이 아니라 기능이 된다. 판단과 감정은 고려 대상이 아니다. 남는 것은 수행 여부와 그에 대한 기록뿐이다.

보좌관에겐 익숙한 장면이었다. 너무 많이 봤고, 많은 이들이 그 사이에서 망가졌다. 그래서 그는 누구보다 먼저 피하려 했다. 이름이 불리기 전에, 명령이 공식화되기 전에, 일을 비공식적으로 정리했다. 그는 그것이 모두를 위한 선택이라고 스스로를 설득했다.

내가 중간에서 막아야 한다.

그래야 누군가 찍히지 않는다.

그래야 일이 커지지 않는다.

그래서 그는 먼저 지시한다. 명령이 공식화되기 전에, 관례라는 이름으로 조용히 일을 배분한다. 완충자가 되려던 선택은, 결국 그를 집행자로 남긴다.

새벽 세 시, 마지막 봉투가 열렸다. 엑셀 합계가 맞았다. 아무도 기뻐하지 않았다. 이건 성취가 아니었기 때문이다.

"깔끔하게 잘 마무리했어요. 다들 조심히 귀가해서 푹 쉬고, 오늘은 특별히 열 시까지 출근하도록 합니다."

보좌관은 의원의 어조를 그대로 빼다 박은 듯 말했다. 톤도, 표정도, 호흡도 닮아 있었다. 말을 전하는 사람과 말을 만든 사람이 거의 구분되지 않을 정도였다.

집으로 돌아온 뒤, 의원실 막내 비서는 좀처럼 잠들지 못했다. 몸은 지쳐 있었지만, 머릿속은 오히려 또렷했다. 평소 귀에 못이 박히게 듣는 '깔끔하게'란 말이 귓가를 어지럽혔다. 그는 침대에 비스듬히 기댄 채 휴대폰 메모장을 열었다. 그리고 떠오르는 대로 몇 줄을 적었다.

"이 바닥에서 '깔끔함'이란 선을 넘지 않았다는 뜻이 아니다. 선을 넘은 뒤, 그 흔적을 남기지 않았다는 뜻이다."

아무 데로도 보내지 않았다. 다만 지우지도 않았다. 그 문장은 분노라기보다 그날 밤의 결산이었다.

다음 날 아침, 의원은 보좌관에게 이렇게 말할 것이다.

"이번 행사도 깔끔하게 잘 마무리했네요. 역시 김 보좌관이 알아서 잘 챙기네."

그 칭찬은 보좌관 직급 미만의 비서진에게는 닿지 않는다. 그들의 엑셀 파일에도, 밤샘 기록에도, 구겨진 정장에도 남지 않는다. 종종대며 음식을 나르고, 봉투를 세고, 새벽까지 눈을 비벼 가며 엑셀을 정리한 비서진의 수고는 지워진다. 모든 공은 팔짱 끼고 지시만 한 보좌관에게 도달한다.

의원의 머릿속에서는 모든 과정이 하나의 인상으로 정리된다.

"역시 충직해."

의원은 직접 명령하지 않았고, 보좌관은 나름 합리적으로 일을 배분하려 애썼으며, 비서들은 말없이 맡은 일을 해냈다. 그러나 결과는 분명했다. 노동은 사유화되고, 책임은 흐려졌으며, 침묵은 유지됐다. 그리고 기억에는 결국 한 사람만 남는다. 그날 우리를 움직이게 한 사람.

보좌관은 스스로를 조율자라고 생각한다. 상황을 관리했고, 선을 넘지 않으려 했으며, 총대를 메고 조직을 지켰다고 믿는다. 그러나 아래에서는 다르게 불린다. 영포티. 직접 손은 더럽히지 않으면서 지시만 하고, 모든 공은 혼자 가져가는 사람.

이것이 피치 못한 영포티의 정치적 얼굴이다. 그는 최상위 결정권자와 아래의 수행자들 사이에서 조직을 조율한다. 스스로는 완충자라고 생각하지만, 실제로는 명령을 전달하는 얼굴이 된다.

나르시시스트형 영포티: 감각은 차용하되 권력은 움켜쥐는 유형

나르시시스트형 영포티는 외모나 취향, 젊음에 대한 집착 그 자체로 문제를 일으키는 유형이 아니다. 오히려 이들은 젊은 세대의 문화 코드와 언어를 누구보다 빠르게 이해하고 흡수하며, 그것을 세련된 이미지와 서사로 재구성하는 데 능숙하다. 문제는 이들이 만들어 낸 '트렌디하고 개방적인 나'라는 자아상이, 실제 권력 관계 속에서는 전혀 조정되지 않는다는 점이다. 스스로를 수평적 소통자이자 감각을 공유하는 선배로 규정하지만, 조직 안에서의 행동은 여전히 위계적이고 계산적이다.

이 유형의 핵심 문제는 스스로 믿는 자기 이미지와 실제 권력 행사 방식 사이의 괴리다. 나르시시스트형 영포티는 공적 발화에서는 진정성, 자기존중, 다양성, 개성을 강조한다. 그러나 사적 공간, 특히 자신이 결정권을 행사하는 영역에서는 타인을 독립된 주체라기보다 기능적 요소로 인식하는 경향을 보인다. 언어는 수평적이지만 태도는 일방적이다. 이 불일치는 단순한 위선이 아니라, 과거의 성공 경험이 강화한 자기중심적 세계관의 결과다. 빠른 성취와 보상 구도 속에서 성장한 이들은, 타인이 자신을 중심으로 배치되는 환경에 익숙해져 있다.

나르시시스트형 영포티의 인정 욕구는 강하지만, 그 인정은 철저히 비대칭적이다. 자신은 언제나 선택받는 존재이자 평가의 주체이며, 타인은 자신의 감각과 서사를 증명해 주는 배경으로 기능해야 한다. 이때 타인은 존중의 대상이 아니라, 자신의 세계를 완성하는 오브제가 된다. 타인의 이름, 맥락, 개별성은 중요하지 않다. 중요한 것은 그것이 자신의 이미지와 서사에 어떻게 기여하는가다. 이 구조에서 관계는 상호적이지 않고, 철저히 수단화된다.

특히 이 유형은 젊은이들의 감성을 존중이 아니라 차용의 대상으로 인식한다. 젊은 세대의 언어, 미감, 가치관을 적극적으로 사용하지만, 그것은 동등한 감각 공유라기보다 자신의 브랜드와 지위를 강화하기 위한 전략에 가깝다. 젊은 문화를 소비하면서도, 그 문화를 만들어 내는 주체는 여전히 평가와 통제의 영역 안에 둔다. 이 지점에서 젊은 세대의 반감이 발생한다. 문제는 나이가 아니라, 권력 감각이 업데이트되지 않은 채 젊음을 연출하는 태도다.

이 유형이 급격히 신뢰를 잃는 계기는 대체로 단순하다. 외모나 패션, 말투 때문이 아니다. 오히려 그것들은 오랫동안 호의적으로 소비된다. 전환점은 오직 하나, 말과 행동의 불일치가 드러나는 순간이다. 젊은 세대에게 진정성은 이미지가 아니라 일관성의 문제다. 감각적인 문장과 윤리적 발화는, 실제 관계 속에서의 태도가 이를 뒷받침하지 못하는 순간 즉시 무력화된다. 이때 나르시시스트형 영포티는 '힙한 선배'에서 '위선적인 권력자'로 인식이 급변한다.

나르시시스트형 영포티는 즉각적인 성과 보상 구조와 자기애적 성향이 결합해 형성된 유형이다. 환경은 변했지만 인식은 갱신되지 않았다. 감각은 동시대적이지만 관계 방식은 낡았다. 그래서 비판은 외모가 아니라 태도를 향한다. 이들은 새로이 떠오르는 문화적 흐름까지 빠르게 흡수하면서 자신이 그 의미와 방향을 규정할 수 있다고 믿는다. 문제는 젊어 보이려는 연출이 아니라, 영향력을 유지한 채 해석권까지 독점하려는 인식이다. 그 속에서 젊은 세대는 협력자가 아니라, 자기 정당성을 보강하는 자원으로 소비된다.

"힙스터의 탈을 쓴 꼰대"

파리베이킹아뜰리에. 사람들은 줄여서 '파베아'라 불렀다. 작은 골목 안쪽 허름한 공방에서 시작한 이 빵집은 몇 년 만에 관광객과 해외 미식가를 동시에 불러 모으는 성지가 되었다.
이곳에서 빵은 단순한 음식이 아니었다. 유리 진열대 위에 전시된 하나의 오브제였고, 매장은 베이커리가 아니라 감각을 연출하는 갤러리였다. 사람들은 빵을 고르기보다 자신의 취향을 선택했다.

대기줄은 늘 길었지만, 지루할 틈은 없었다. 사람들은 휴대폰 카메라로 매장 곳곳을 찍으며 자신이 이 공간에 있었다는 사실을 기록했다. 누군가는 파베아를 '베이커리계의 루브르'라고 불렀다. 그 중심에 류가 있었다. 마흔을 넘긴 나이에 파베아를 처음 구상하고 직접 시장에 밀어 넣은 인물. 쉰을 앞두고 수천억대 자산가의 반열에 오른, 이 브랜드의 창업자이자 최고마케팅책임자CMO. 그녀는 이 성공을 숫자나 전략으로 설명하지 않았다. 스스로를 경영자가 아니라 '경험을 창조하는 큐레이터'라고 소개했고, 빵을 '일상의 예술'이라고 불렀다. 비유는 감각적이었고 문장은 매끈했다. 2030세대는 그녀의 언어에 매료되었다.

그리고 마침내 대형 사모펀드의 인수 제안이 현실이 되었다. 파베아는 거액에 매각되었고, 류는 단숨에 업계 역사에 남을 M&A 신화의 주인공이 되었다. 그 순간 성공 서사는 완성되었다. 강연 요청이 밀려들었고, 책 출간과 브랜드 협업, 다큐멘터리 출연 제안이 줄을 이었다. 영상 플랫폼에는 그녀의 인터뷰가 넘쳐났고, 류는 어느새 '영감을 주는 여성 창업자'의 아이콘으로 호명되었다.

2030세대는 그녀를 이렇게 불렀다.

'히트hit와 힙hip을 동시에 잡은 40대 롤모델.'

그때부터 류는 한 개인을 넘어 하나의 현상이 되었다. 그녀의 얼굴과 어록은 알고리즘을 타고 끝없이 재생산되었다. 릴스와 숏폼, 카드뉴스와 브이로그, 어록 리스트까지—인터넷의 거의 모든 화면에 그녀가 등장했다. 누군가는 그녀의 책을 들고 미니멀한

카페에서 사진을 찍었고, 누군가는 인터뷰의 한 문장을 잘라 '오늘의 명언'으로 올렸다. 그녀의 말투를 흉내 낸 패러디 영상까지 유행처럼 퍼졌다.

특히 2030세대 여성들의 반응은 열광에 가까웠다.

"진짜 멋있는 언니."

"40대의 새로운 기준."

"일거수일투족이 다 감각적."

"나도 저렇게 살고 싶다."

외모는 문제는커녕 기준이 되었다. 탈색한 은발, 과감한 시스루 뱅, 오버사이즈 가죽 재킷과 아티스틱한 실루엣. 그녀의 스타일은 비판의 대상이 아니라 모방의 대상이었다. SNS에는 "류 언니 스타일 '손민수누군가의 스타일·아이템·행동을 그대로 따라 하는 것을 뜻하는 신조어'", "오늘의 OOTD, 류 버전"이라는 게시물이 연이어 올라왔다. 그녀가 착용한 재킷과 부츠, 액세서리는 즉시 브랜드와 가격 정보가 공유되었다. 류처럼 입는다는 것은 젊어 보이려는 시도가 아니라, 감각을 증명하는 행위처럼 받아들여졌다. 나이를 거슬러 올라온 것이 아니라, 감각의 기준점이 된 것이다.

그녀는 "자기 자신에게서 도망치지 말라", "불완전함을 사랑하라"라고 썼다. 『너라는 작품을 완성하라Less Ego, More Soul』라는 제목의 책은 출간 즉시 베스트셀러에 올랐고, "자기 자신이 되라"

는 메시지는 불안과 완벽주의에 흔들리던 젊은 세대에게 달콤한 위로처럼 읽혔다. 류는 드물게 2030세대의 언어로 말할 수 있는 40대였다. 그래서 더 특별해 보였다.

그때까지만 해도 특별히 문제 될 것이 없었다. 외모도, 패션도, 말투도, 젊은 세대에 가까운 몸짓과 표현 방식도 모두 환영받았다. 균열은, 언제나 그렇듯 가장 예상치 못한 곳에서 시작되었다. 어느 날 네이트판에 글 하나가 올라왔다.

"요즘 대세 기업인이자 작가인 X의 실체를 고발합니다."

글은 빠르게 퍼졌고, 'X'는 곧 특정되었다. 파베아의 창업자, 류였다. 직원들의 진술은 그녀가 쌓아 올린 모든 문장을 정면으로 부정했다. 사람을 소품처럼 대했다는 이야기, 주말과 새벽까지 이어진 무보수 노동 강요, 매출이 떨어질 때마다 쏟아졌다는 욕설, 이름 대신 외형으로 불렸다는 모욕 등 증언들이 연이어 폭로되었다. "자기 자신을 사랑하라"고 말하던 사람이, 정작 타인에게는 무능하다는 낙인을 찍고 자존감을 무너뜨리는 폭언을 서슴지 않았다는 제보가 겹겹이 쌓였다.

그 순간부터 그녀의 말들은 힘을 잃었다. 캘리그래피처럼 소비되던 문장은 영혼 없이 그럴싸하게 들리는 단어의 조합이 되었고, 감성은 허울뿐인 포장으로 바뀌었다. "타인에게 관대하라"는 말은 오로지 자신에게만 적용되는 예외처럼 읽혔다. '개성 있는 삶'을 권하던 그녀였지만, 정작 직원들은 철저히 철저히 부품처럼 다뤄지고 있었다.

그녀를 추앙하던 2030세대의 반응은 단호했다.

"힙스터의 탈을 쓴 꼰대."
"젊은 감성 팔아먹은 거였네."
"말과 행동이 다르니 결국 나락행."

류는 순식간에 추락했다. 그녀를 무너뜨린 것은 나이도, 스타일도, 젊어 보이려는 욕망도 아니었다. 문제는 태도였다. 말과 행동의 불일치, 내로남불, 착취, 그리고 책임지지 않는 이중 기준이었다.

2030세대에게 나이 든 세대의 외형과 취향은 큰 관심사가 아니다. 그들이 던지는 핵심적인 질문은 단순하다. 말한 대로 살고 있는가.

류의 몰락은 영포티 담론의 핵심을 정확히 보여 준다. 조롱의 이유는 나이가 아니다. 패션도 아니고, 젊어 보이려는 욕망도 아니다. 문제는 태도다. 가치를 신념이 아니라 전략으로 다루는 교활함, 도덕을 실천적 규범이 아닌 자기 연출의 도구로 전유하는 위선성, 타인에게는 엄격하고 자신에게만 관대한 이중성. 그 민낯이 드러나는 순간, 화려한 서사와 힙한 언어는 모두 공허해진다.

경계 둔감형 영포티: 위치 변화에 따른
감각 업데이트에 실패한 유형

경계 둔감형 영포티는 악의나 노골적인 권위주의로 특징지어지는 유형이 아니다. 이들은 스스로를 개방적이고 유연하며, 꼰대와는 거리가 먼 사람이라고 인식한다. 문제는 성향이 아니라 감각에 있다. 경계 둔감형 영포티는 관계에서 작동하는 비대칭성과 역할 변화의 무게를 충분히 인식하지 못한다. 부모가 되었고, 상사가 되었고, 기성세대의 위치에 섰음에도 불구하고, 여전히 과거의 감각을 견지한 채 말하고 행동한다. 그 결과 친근함을 의도한 언어가 침범으로 읽히고, 유머로 던진 표현이 권력의 행사로 해석된다.

이 유형의 핵심은 '의도 면책'의 논리에 있다. "난 그런 뜻 아니었어"가 곧 면죄부가 되는 사고방식이라는 의미다. "웃자고 한 소리다", "그 정도는 괜찮지 않느냐", "요즘 세대는 왜 이렇게 예민하냐"는 반응은 자신이 상대에게 행사하고 있는 구조적 위치를 고려하지 않은 채, 행위의 의도만을 기준으로 정당성을 판단하는 태도에서 나온다. 그러나 관계는 의도만으로 구성되지 않는다. 부모와 자식, 상사와 부하, 기성세대와 청년 사이에는 선택권과 발언권의 비대칭이 존재한다. 이 비대칭을 고려하지 않는 친근함은 쉽게 압박이 된다.

가족 맥락에서 경계 둔감형은 자녀의 애정을 연애 서사로 전환하는 방식으로 드러난다. 딸과 잘 노는 아빠를 두고 "내가 여친을

낳아 줬다"고 표현하거나, 어린 아들의 애착 행동을 보며 '내 남친'이라 부르는 식의 언어가 대표적이다. 이런 표현은 당사자에게는 유머지만, 자녀와의 관계를 보호자의 책임이 아니라 소비 가능한 콘텐츠로 전환한다는 점에서 부모와 자식 사이에 전제되어야 할 역할의 선을 넘는 행태다. 더 나아가 자녀의 사춘기 변화, 연애 가능성, 신체 특징 등을 온라인에 공유하며 웃음을 유도하는 등의 행위는 아이의 동의와 무관하게 사적 영역을 공적 공간으로 옮기는 사례다. 보호자의 위치에서 요구되는 거리 감각이 무너질 때, 애정은 돌봄이 아니라 연출이 된다.

조직과 직장에서도 유사한 패턴이 반복된다. "우린 가족이잖아"라는 말로 사적 헌신을 요구하거나, 후배의 외모와 연애를 농담의 소재로 삼으면서도 이를 친밀함의 표현이라고 믿는 태도는 권력 관계를 지운 채 관계를 임의로 평평하게 상상하는 전형적인 사례다. 그러나 관계를 평평하게 상상한다고 해서 위계가 사라지는 것은 아니다. 그것은 착각이다.

관리자의 농담은 결코 순수한 우스갯소리가 아니다. 같은 문장이라도 누가 말하느냐에 따라 무게가 달라진다. 부하는 웃을지 말지를 자유롭게 선택하기 어렵다. 침묵은 무례로 읽힐 수 있고, 정색하면 조직 부적응자가 되어 버린다. 선택권이 제한된 자리에서의 농담은 이미 권력의 그림자를 드리운다.

경계 둔감형 영포티는 스스로를 수평적이고 열려 있는 사람이라고 인식한다. 권위를 내세우지 않고, 말투도 유쾌하고, 농담도 자주

한다. 그러나 수평성을 선언한다고 해서 실제로 수평이 성립하는 것은 아니다. 권한과 평가권을 가진 위치에서의 친근함은 언제든 압박으로 치환된다. 그는 자신이 멋대로 말한다고 느끼지 않지만, 상대는 구조적 위계 안에서 그 말을 감당해야 한다.

이 지점에서 간극이 발생한다. 본인은 "편하게 말했을 뿐"이라고 믿지만, 타인은 "무례함을 느꼈지만 정색할 수 없었다"고 생각한다. 그리고 이 간극이 반복될수록, 문제는 개인의 성격을 넘어 위치가 만들어 내는 패턴으로 굳어진다.

온라인 커뮤니티와 같은 공적 담론 공간에서는 상황이 훨씬 빠르게 정리된다. 경계 둔감형은 "요즘 세대는 예민하다"라는 한 문장으로 복잡한 맥락을 덮어 버린다. 그러나 정치적 올바름과 개인주의적 거리 두기에 익숙한 젊은 세대에게 관계의 경계는 취향이 아니라 권리의 문제다. 이들에게 영포티의 농담은 의도가 아니라 효과로 평가된다. 누군가를 대상화하거나 위계가 전제된 선 넘는 표현은 가벼운 유머가 아니라 구조적 경계 신호로 읽힌다. 이에 뒤따르는 리포스트와 공개 비판은 과민 반응이 아니라 공적 공간에서 허용 가능한 언어의 범위를 다시 설정하는 행위에 가깝다. 불편함을 개인의 문제로 삼키는 대신, 그것을 기록하고 가시화함으로써 기준을 집단적으로 조정하는 방식이다.

이 지점에서 경계 둔감형 영포티는 당혹감을 느낀다. 자신은 편하게 말했을 뿐이고, 권위를 내세운 적도 없으며, 오히려 권위주의를 벗어나려 노력했다고 믿는다. 그러나 상대는 그 말을 맥락 속에서 해석한다. 친근함으로 포장된 언어 안에서 위계의 그림자를 본다. 이 간극은 의도의 차이가 아니라 기준의 차이에서 발생한다.

결국 경계 둔감형 영포티는 권력을 행사한다고 느끼지 않으면서 권력을 행사하는 유형이다. 이들은 젊은 시절 권위적인 문화를 비판하며 성장했다. 상명하복 대신 친근함을, 거리 두기 대신 격의 없는 접근을 민주적 태도로 학습했다. 당시에는 그것이 진보적 감각이었다. 문제는 시간이 지나 역할이 바뀌었음에도 그 감각을 수정하지 않았다는 데 있다.

지금은 기준이 다르다. 오늘날에는 가까움보다 경계를 존중하는 능력이 더 민주적인 태도로 이해된다. 합의된 거리를 설정하고, 상대의 선택권을 침해하지 않는 방식이 공정의 감각으로 받아들여진다. 기준은 이동했다.

그러나 그 변화를 인식하지 못하면 간극이 생긴다. 본인은 여전히 "편하게 말했을 뿐"이라고 생각하지만, 상대는 그 말을 부담이나 압박으로 느낀다. 문제는 의도가 아니라 위치다. 같은 문장도 누가 말하느냐에 따라 무게가 달라진다. 기준은 바뀌었는데 감각이 그대로일 때, 충돌은 구조적으로 발생한다.

이 과정에서 한쪽은 둔감해 보이고 다른 한쪽은 과민해 보일 수 있다. 그러나 이것은 개개인의 성격 문제를 넘어 세상에 통용되는 감각의 기준이 변화한 결과다. 경계 둔감형 영포티는 과거의 유효했던 감각을 현재의 규범 위에 그대로 올려놓는다. 문제는 농담 자체가 아니라, 업데이트되지 않은 감각이다. 그리고 그 감각이 공적

　　　　　　　　　　　　　　　　　　　　　　　　　　　　　　　　　진격의 영포티

공간에서 검증될 때, 충돌은 반복된다.

"엔조이 감성의 몰락"

신유미는 마흔둘의 워킹맘이다.

아이는 여덟 살, 요즘 부쩍 말이 많아졌다.

어느 날 밤, 불을 끄고 나란히 누웠을 때였다. 아들이 천장을 보다가 갑자기 말했다.

"엄마."

"응?"

"난 크면 엄마랑 결혼할 거야."

유미는 웃음이 먼저 나왔다. 이 나이 또래 남자아이들이 꼭 한 번쯤 한다는 그 말. 순간적으로 가슴이 따뜻해졌다. 아직은 엄마가 세상의 전부임을 확인시켜 주는 것 같았다.

"그럼 엄마, 할머니 되는데 괜찮아?"

"괜찮아."

"근데 엄마랑 결혼하면 지금 좋아하는 애랑은 결혼 못 하는데?"

아들은 잠깐 생각하더니 이불을 끌어안고 말했다.

"그럼 엄마랑은… 데이트만 할래."

유미는 배를 잡고 웃었다.

"이거 뭐야? 엔조이야 뭐야. 호호."

다음 날 오전, 신유미는 평소 친하게 지내는 조리원 동기 모임 단톡방에 그 대화를 그대로 옮겨 전했다. 메시지를 전송하자마자 여기저기서 추임새가 붙었다.

"어머 앙큼해라, 귀엽네요."
"남친처럼 설렐 때 있죠 ㅋㅋ"
"우리 집도 그래요. 나중에 진짜 여친 데려오면 어쩌려나."

웃음 이모티콘이 연달아 찍혔다. 같은 나이대, 비슷한 고충을 겪는 육아 동지들. 그 방 안에서는 전혀 이상하지 않았다. '우리만 아는 감성'이라는 묘한 연대감이 있었다.

그 방에는 몇 명의 젊은 엄마들도 있었다. 삼십대 초반, 소위 'Z세대' 엄마들. 이상하게도, 그들은 동조하지 않았다. 무반응이었다. 읽음 표시만 조용히 늘어났다. 하트도 없고, 웃음도 없었다. 유미는 눈치채긴 했지만 굳이 의미를 부여하지 않았다. 다들 바쁘니까. 애 키우느라 정신 없으니까.

그날 오후, 유미는 아들을 보며 전날 밤의 일화를 다시 떠올렸다. 웃음이 배어 나왔다.

'그냥 넘기기 아까워. 완전 공감 폭발각인데…'

그 순간, 작은 결심이 생겼다.

'좋아, 스레드에 올려 보자.'

그녀는 아들과 거울 앞에서 찍은 투샷을 골랐다. 아이는 장난스럽게 브이를 하고 있고, 그 옆에서 유미는 살짝 미소를 짓고 있는 거울 셀카 사진이었다. 거기에 글을 붙였다.

"어젯밤 잠자리에서 새 남친이 자기가 크면 나랑 결혼하자고 했다… 그때 되면 나 할머니 될 텐데 괜찮냐며. 그리고 나랑 결혼하면 현여친이랑 결혼 못 한다고 하니까 그럼 데이트만 하잔다. 헐 ㅋㅋ 우린 엔조이구나 💙 #아들과나 #애교쟁이 #육아모드"

업로드 버튼을 누르는 순간, 작은 전율이 일었다.
조회수 장난 아니겠지. 엄마들 공감 폭발하겠지.
초반 반응은 나쁘지 않았다. 좋아요가 하나둘 붙고, "귀엽다"란 댓글이 몇 개 달렸다.
그러다 어느 순간 갑자기 속도가 붙었다. 리포스트 숫자가 가파르게 올라갔다. 알림이 쉴 새 없이 울렸다.
유미의 심장 박동도 빨라졌다. "역시 잘 썼어. 나 이제 인플루언서 되는 건가…!"
순간, 리포스트와 댓글의 내용이 눈에 들어오기 시작했다.

"줌마X포티."
"나 아들 엄마지만 이거 안 웃기고 기괴함."
"자식을 두고 여친 남친 하지 말자."
"지가 엄청 힙하게 쓴 줄 알걸?"

“뭐야 뭔 소리야? 이게 말이야 방구야?”

“읽고도 뭔 X소린가 했는데 자기 아들을 새 남친이라고 부른 거 잖아 ㄷㄷ”

“해시태그 육아에 엔조이라니… 토 나옴.”

캡처 이미지가 돌아다니고 있었다. 리포스트 수가 세 자리를 넘 겼다. 댓글창엔 비난의 반응들이 빠르게 쌓였다.

유미는 처음엔 억울했다.

“왜 이렇게까지 난리야?”

“농담이잖아.”

단톡방에 하소연을 올렸다.

동년배 엄마들은 위로했다.

“요즘 애들 왜 이렇게 예민해.”

“별것도 아닌 걸로.”

하지만 스레드의 공기는 달랐다. 거기서는 웃음이 없었다. 의도 는 중요하지 않았다. 문장과 단어가 해부되듯 분석됐다.

‘잠자리.’

‘새 남친.’

‘엔조이.’

유미가 힙하다고 느꼈던 표현은 다른 세대에게는 ‘선 넘은 망발’

                                              진격의 영포티

로 읽혔다. 가볍게 던진 농담이 아니라 아이를 연애 코드로 끌어내린 언어, 보호자의 위치를 흐린 표현, 웃기려다 드러난 위치 감각의 공백으로 해석됐다.

밤이 되자 메시지가 쏟아졌다. DM 알림이 쉴 새 없이 울렸고, 화면을 슬쩍 내리다 멈춘 순간 언뜻 보이는 단어들만으로도 분위기를 알 수 있었다. 굳이 끝까지 읽지 않아도 되는 문장들이었다. 팔로워 수는 계속 올라가는데 응원의 문장은 없었다. 숫자는 늘어나고 있었지만 그 숫자 안에는 자신을 향한 냉소와 조롱이 섞여 있었다. 리포스트와 멘션, 캡처 이미지가 타인의 날선 문장 아래 붙어 돌아다녔다. 자신의 사진과 글이 더 이상 자기 것이 아닌 것처럼 낯설게 복제되고 있었다.

휴대폰을 덮었다가 다시 열었다. 그냥 두면 잠잠해질지도 모른다는 생각과, 지금이라도 뭔가 해야 할 것 같다는 생각이 번갈아 들었다. 댓글 몇 개를 지웠다. 하지만 지운 자리에는 더 날카로운 문장이 들어왔다. 지울수록 더 붙는 느낌이었다.

그녀는 해명글을 쓰기 시작했다. "의도는 그게 아니었고⋯ 아이가 귀여워서⋯" 몇 줄을 적다가 손이 멈췄다. 이건 오해의 문제가 아니라 기준의 문제라는 걸 어렴풋이 알았다. 설명한다고 이해될 것 같지 않았다. 전부 지웠다.

사흘째 되던 날 계정을 비공개로 전환했다. 바깥 소리는 차단된 듯했지만 이미 캡처는 퍼질 대로 퍼진 뒤였다. 보이지 않는다고 사라진 건 아니었다. 그날 밤 마지막으로 알림을 확인했다. 또 하나의 리포스트, 또 하나의 조롱, 또 하나의 분석.

유미는 숨을 들이쉬고 설정 화면을 열었다. '계정 삭제'라는 글자를 한참 바라봤다. 이 버튼을 누르면 욕도 멈추고 알림도 멈출 것 같았다. 잠시 망설이다가 결국 눌렀다. 화면이 정리되듯 깨끗해졌다.

계정 폭파.

단톡방은 조용해졌다.

"괜히 올렸나 봐."

"요즘 세상 무섭네요."

띄엄띄엄 이어지는 엄마들의 위로에 유미의 마음은 더 무너져 내렸다.

유미는 곱씹고 또 곱씹었다. 그녀의 세계 안에서는 유효했던 농담이 공적 공간에서는 다른 언어로 번역되었다. 동질 집단에서는 '귀여움'이었던 것이 이질 집단에서는 '기괴함'으로 읽혔다.

아무리 머리를 싸매고 생각해도 유미는 끝내 자신이 무엇을 잘못했는지 선뜻 인정할 수 없었다. 그저 귀여운 아이 이야기를 했을 뿐이라고 믿었다. 그 밤의 장면은 분명 따뜻했고, 웃음은 진짜였다. 문장은 과장됐을지 몰라도 의도는 가벼웠다고 생각했다.

유미가 얼굴도 모를 수백 명의 사람들에게 비난을 받으며 느낀 것은 억울함만이 아니었다. 더 크게 다가온 것은 설명하기 어려운 이질감이었다. 세상이 변해 버렸다는 감각. 자신의 감각이 표준이던 시간이 이미 지나갔다는 사실.

예전에는 유머로 통했던 표현이 이제는 '몰상식'으로 번역되고 있었다. 자신은 여전히 같은 자리에 서 있다고 생각했지만, 세상은 이미 기준을 옮긴 뒤였다. 그 이동은 빠르고 조용했고, 유미는 그 변화를 어렴풋이 알아차리기 시작했다.

그날 밤, 유미는 휴대폰 화면을 몇 번이나 껐다 켰다. 알림은 이미 사라졌는데도 손가락은 습관처럼 그 자리를 눌렀다.

지워진 계정. 비어 있는 화면.

조용했다. 그러나 그 조용함은 안도가 아니라 공허였다. 아무것도 울리지 않는데도, 무언가가 계속 울리는 것처럼 느껴졌다.

그녀는 그제야 이해했다. 문장이나 의도가 문제가 아니었다. 자신이 머물러 있던 낡은 시간 감각이 문제였다.

단톡방 안에서는 여전히 웃겼다. 그 안에서는 여전히 통했다. 그러나 광장으로 나오는 순간, 그 농담은 감각의 연식이 적힌 낡은 표지나 다름없었다. 세상은 조용히 기준을 옮겨 놓았는데 자신은 예전 자리에서 그대로 같은 농담을 던지고 있었던 것이다.

업데이트되지 않은 감각은 단순히 촌스러운 것으로 끝나지 않는다. 온라인 공간에서는 즉시 판독된다. 그리고 그 판독의 언어는 대개 잔혹하다.

유미는 그날 처음으로 깨달았다. 늙는다는 건 주름을 발견하는 순간이 아니라, 젊은 세대에게 자기 농담이 박제되는 순간이라는 것을.

시대가 흘러도 건재한 '조롱의 좌표'

이 다양한 유형들은 서로 다른 얼굴을 하고 있지만, 결국 동일한 구조적 자리의 변형에 불과하다. 정당화의 언어와 반응의 방식이 다를 뿐, 그들이 점유한 위치는 유사하다. 그 자리는 점차 개인을 넘어 조롱이 조직되는 상징적 좌표로 굳어진다. 이 지점에서 영포티는 단순한 세대 범주가 아니라, 반복적으로 호출되는 구조적 위치로 전환된다.

위치 변화에 대한 자각의 지연

조롱의 좌표가 유지되는 첫 번째 이유는 권력이 연속적·점진적으로 축적되기 때문이다. 권력은 어느 날 갑자기 부여되는 지위가 아니라, 직급·연차·관계망·의사결정 권한이 누적되며 서서히 형성되는 자원이다. 그래서 당사자는 자신의 위치가 이미 달라졌다는 사실을 쉽게 느끼지 못한다. 그는 여전히 같은 화법과 같은 기준을 유지하고 있다고 생각한다. 주변이 불편함을 드러내도, 그의 내면에는 "나는 그대로다"라는 자기 확신이 자리한다.

그러나 핵심은 개인의 변화 여부가 아니라 위치의 이동이다. 위치가 달라지면 언어의 무게도, 작동 방식도 달라진다. 신입 시절의 직설은 위를 향한 문제 제기였지만, 지금의 직설은 아래를 향한 결론이 된다. 예전에는 토론을 여는 발언이었으나, 이제는 방향을 확정하는 신호로 작동한다. 권력은 의도와 무관하게 작동하며, 자각보다 먼저 타인에게 체감된다.

여기에 또 하나의 요인이 겹친다. 사람은 자신을 성장시켜 준 행동 양식을 쉽게 수정하지 못한다는 점이다. 과거에 성과를 낳았고 인정받게 했던 화법과 기준은 개인에게 일종의 정체성으로 남는다. 그것을 유지하는 일이 스스로에게는 '일관성'처럼 느껴진다. 그러나 조직은 이미 그를 다른 역할의 인물로 인식하고 있다. 그 순간부터 같은 행동은 다른 효과를 낳는다. 태세 전환이 지연되는 이유는 무능이나 고집이라기보다, 성공 경험이 만든 관성에 가깝다.

이 지점에서 인식의 간극이 고착된다. 본인은 그대로라고 믿지만, 타인은 그를 '위치는 바뀌었는데 태도는 그대로인 사람, 권한은 커졌는데 감각은 업데이트되지 않은 사람'으로 해석한다. 동일한 자리에서 이 간극이 반복될수록, 개인의 특성이 아니라 구조적 패턴이 된다. 그리고 그 패턴이 조롱의 좌표로 굳어진다. 사람은 바뀌어도 자리는 남고, 자리가 남는 한 같은 충돌은 다시 조직된다.

존재 의미의 불안과 인정 욕구의 재점화

두 번째 이유는 인정 욕구가 이 시기에 더 예민해지기 때문이다. 타인으로부터 인정받고자 하는 욕구는 인간의 보편적 욕망이다. 청년기에는 성취와 인정이 비교적 직접적으로 연결된다. 반면 중년은 능력은 검증되었으나, 새로운 인정은 쉽게 주어지지 않는 시기다. 경쟁이 줄어든 자리에서 오히려 스스로의 의미에 대한 의문이 커진다. 바로 그 지점에서 존재에 대한 불안이 싹튼다.

그래서 중년은 새로운 것을 시도하고 반응을 시험한다. 최신 음악을 듣고, 유행하는 패션을 받아들이며, 젊은 세대의 언어를 빠르게 흡수하는 행위는 단순한 편승이 아니다. 그것은 여전히 자신이 호출되고, 해석되며, 상호작용을 만들어 낼 수 있는 존재라는 확인 절차다. "아직 밀려나지 않았다"라는 감각, "아직 대화가 성립된다"라는 증거를 찾는 움직임에 가깝다.

그러나 바로 이 지점이 조롱에 취약해지는 지점이기도 하다. 그 확인의 시도가 과잉으로 보일 때, 그것은 불안의 징후로 읽힌다. 자연스러운 적응이 아니라 초조한 편승으로 해석되고, 상호작용의 시도는 영향력을 유지하려는 집착으로 번역된다. 인정 욕구가 예민해질수록, 그 움직임은 더 쉽게 노출되고 더 빠르게 조롱의 소재가 된다. 이리하여 영포티는 단지 '젊어 보이려는 사람'이 아니라, 의미를 확인하려는 과정에서 오히려 조롱의 좌표 위에 서게 된다.

세대 담론의 설명 편의성

세 번째 이유는 세대 담론이 세대 간 격차와 갈등의 원인을 설명하기 쉽게 만들어 주기 때문이다. 영포티는 분석하기 쉬운 얼굴을 가진다. 유행에 민감한 옷차림, 집요한 자기 관리, 나이 차가 큰 연하에 대한 과시적 선호, 단정적인 화법. 이런 요소들은 복잡한 설명을 거치지 않아도 즉각적인 판단을 가능하게 한다. 하나의 장면, 하나의 문장, 하나의 스타일만으로도 평가가 완성된다.

그러나 그 이면에는 훨씬 복합적인 구조가 놓여 있다. 주거 구조의 왜곡과 자산 격차, 노동시장 분절과 이동의 경직성, 장기 저성장과 고물가의 동시 압력, 인공지능 확산에 따른 직무 재편과 미래 불확실성 같은 요인들은 단순한 도식으로 환원되기 어렵다. 이 변수들은 서로 얽혀 작동하며 세대 간 체감 권력과 기회 구조를 바꿔 놓는다. 그러나 이런 구조는 설명하기 어렵고, 시간도 오래 걸리며, 즉각적인 합의를 만들어 내지 못한다.

그래서 설명은 구조에서 개인으로 이동한다. 구조의 문제는 개인의 취향과 태도로 번역된다. "왜 이런 조건이 반복되는가"라는 질문 대신, "왜 저렇게 입는가", "왜 저렇게 말하는가"라는 질문이 전면에 등장한다. 복잡한 인과는 사라지고, 설명하기 쉬운 얼굴만 남는다.

미디어와 온라인 플랫폼은 이 과정을 가속한다. 알고리즘은 맥락보다 장면을, 장기적 인과보다 즉각적인 반응을 증폭한다. 영포티는 그렇게 '구조적 위치'가 아니라 '조롱 가능한 캐릭터'로 고정된다. 설명하기 쉬운 대상은 빠르게 소비되고, 빠르게 합의된다. 그 과정에서 구조는 배경으로 밀려나고, 조롱은 정당성을 얻는다.

결국 세대 담론의 편의성은 분석의 부담을 덜어 준다. 복잡한 제도와 누적된 정책의 경로, 자산 가격의 상승과 노동시장 구조의 변화를 하나하나 짚지 않아도 된다. "그 세대가 문제다"라는 한 문장이 수십 년의 구조 변화를 대신 설명해 준다. 말은 쉬워지고, 분노는 방향을 얻는다.

그러나 그 대가는 결코 작지 않다. 단순한 설명을 택하는 순간, 구조를 감지하는 감각은 마비된다. 격차가 어떻게 만들어졌는지, 누가 설계했고 어떤 인센티브가 그것을 고착화했는지 묻지 않게 된다. 대신 눈에 보이는 집단의 태도와 언어를 문제 삼는다.

영포티는 사라지지 않는다

영포티는 자산 진입 경로의 폐쇄를 경계로 형성된 마지막 진입 세대이자, 그 전환이 빚어낸 구조의 산물이다. 그러나 세대 담론 속에서 영포티는 제도적 위치가 아니라 하나의 스타일과 태도로 환원된다. "오만하다", "사다리를 걷어찼다", "기득권화되었다", "감각이 낡았다"라는 평가가 구조 분석을 대체한다.

그 순간, 문제는 분석되지 않고 소비되어 사라진다. 구조는 배경으로 물러나고, 사람만 전면에 남는다. 갈등은 설명의 언어가 아니라 감정의 언어로 번역된다. 그리고 구조는, 아무 일도 없었다는 듯 다시 재생산된다.

그 결과 영포티는 비판받지만 구조는 남는다. 얼굴은 바뀌지만 좌표는 그대로다. 사람은 교체된다. 직함은 달라지고, 세대의 이름도 바뀐다. 그러나 자산이 축적되는 경로, 진입이 닫히는 방식, 권력이 재생산되는 메커니즘은 거의 변하지 않는다. 비난은 이동하지만, 설계는 유지된다. 그리고 구조가 남아 있는 한, 다음 영포티는 반드시 등장한다. 이름은 달라질 것이다. 그러나 역할은 반복된다. 세대는 서로를 향해 분노하고, 시스템은 조용히 같은 자리를 지킨다. 이것이 바로 영포티 현상의 재귀성이다.

그래서 영포티를 조롱하는 것은 쉬워도, 영포티가 사라진 사회를 상상하는 것은 어렵다. 조롱은 개인을 겨냥하지만, 좌표는 구조에 박혀 있기 때문이다. 영포티는 문제적 집단이기 이전에 문제가 반복되는 위치다. 그들을 비웃는 순간에도 우리는 다음 영포티가 설 자리를 그대로 남겨 두고 있다.

6장

영포티가 태어난 자리
: 한국 사회의 결절점

사회가 불안과 격차를 다루는 방식이 근본적으로 달라지지 않는 한,

'영포티'라는 이름은 바뀔지 몰라도 그와 유사한 위치와 역할,

그리고 비난의 문법은 쉽게 사라지지 않는다.

사회의 구조적 균열이 형성하는 표식

앞선 장에서 살펴본 영포티 논란의 재귀성은 하나의 사실을 분명히 드러낸다. 이 현상은 특정 세대의 일탈이나 개인의 성향 문제로 설명될 수 없으며, 시간이 지나도 유사한 모습으로 반복된다는 점에서 구조적 성격을 띤다는 것이다. 역할은 바뀌고 세대는 교체되지만, 비슷한 태도와 비슷한 방어 논리, 비슷한 비난의 대상이 주기적으로 등장한다는 사실은, 사람에게뿐 아니라 사람들이 서게 되는 자리에도 문제의 원인이 있음을 시사한다. 재귀성은 개인의 완고함에서 비롯되는 것이 아니라, 그 개인을 둘러싼 조건이 충분히 달라지지 않았기 때문에 발생한다.

그렇다면 질문은 자연스럽게 이동한다. 왜 이 사회는 끊임없이 같은 자리를 만들어 내는가. 왜 특정 나이에 도달한 개인들은 비슷한 선택과 인식을 반복한 결과 유사한 오해의 대상으로 호출되는가. 영포티 현상을 유행이나 밈으로 소비하는 순간, 우리는 이미 이 질문을 회피하고 있는 셈이다. 영포티는 웃고 넘길 수 있는 농담도 아니고, 특정 세대의 취향이나 성향으로 정리할 수 있는 문제도 아니다. 그것은 지금 이 사회가 어떤 방식으로 작동하고 있는지를 가장 노골적으로 드러내는 징후이며, 우연히 발생한 현상이 아니라 구조적으로 만들어진 결과다.

오늘날 한국 사회는 정치·경제·제도·문화·심리·철학의 거의 모든 영역에서 동시에 균열을 겪고 있다. 고도성장의 서사는 이미 종료되었지만, 그 이후의 사회적 합의는 형성되지 않았다. 성장은 더 이상 약속되지 않으며, 제도는 이동성을 보장하지 못한다. 노력과 보상의 연결 고리는 느슨해졌고, 실패의 원인은 개인에게 귀속된다. 정치는 갈등을 조정하기보다 감정을 동원하며, 문제를 해결하기보다 분노가 향할 표적을 설정한다. 제도가 감당해야 할 설명의 부담은 점점 개인의 태도와 선택으로 전가된다.

문화 역시 이 균열에서 자유롭지 않다. 나이의 경계는 흐려졌지만, 그 결과는 해방이 아니라 상시적 비교와 노출로 인한 스트레스다. 젊음은 미덕으로 여겨지고 노화는 관리 실패의 징후처럼 취급된다. 플랫폼은 이 대조를 강화하고, 개인은 끊임없이 자신을 점검하고 조정하도록 요구받는다. 불안은 일시적인 상태가 아니라 기본값이 되었고, 삶을 설명해 주던 의미 체계는 무너진 채 '각자가 감당하라'는 암묵적 명령만 남았다. 이러한 조건 속에서 개인은 자신의 위치를 방어하려 하고, 그 방어는 쉽게 태도로 읽힌다.

이처럼 여러 구조적 균열이 한 지점에 겹쳐질 때, 사회는 반드시 표식을 만들어 낸다. 영포티는 바로 그 표식이다. 이 현상은 특정 세대가 어느 날 갑자기 변질되었기 때문에 등장한 것이 아니다. 오

                                   진격의 영포티

히려 사회가 더 이상 불평등과 불안을 설명할 언어를 갖고 있지 않기 때문에, 가장 눈에 띄는 집단을 호출해 이름을 붙인 결과에 가깝다. 설명되지 않는 구조는 언제나 사람의 얼굴을 빌려 등장하고, 그렇게 호출된 집단은 문제의 원인처럼 취급된다.

따라서 '영포티를 비난하느냐, 옹호하느냐' 하는 질문 자체가 이미 문제의 핵심을 비껴간다. 그것은 구조가 빠져나간 뒤에나 가능한 논쟁이다. 먼저 던져야 할 질문은 왜 이 사회가 영포티라는 대상을 필요로 하게 되었는가다. 왜 분노와 좌절은 제도가 아니라 사람에게로 향하는가. 왜 세대는 반복해서 서로를 적으로 호출하는가. 그리고 왜 이러한 갈등은 언제나 구조를 건드리기 직전에 멈추는가.

이 장은 영포티를 해석하거나 평가하기 위한 장이 아니다. 영포티가 반복해서 재생산될 수밖에 없는 자리를 해부하기 위한 장이다. 경제의 뒤틀림, 정치의 왜곡, 플랫폼의 증폭 효과, 비교 사회의 병리, 외모와 젊음을 규율하는 비가시적 규칙, 그리고 문명 전환기에서 발생한 철학적 공백이 어떻게 하나의 위치를 만들고, 그 위에 유사한 인간 유형을 계속 올려놓는지를 추적한다. 영포티는 출발점이 아니라 결과이며, 재귀의 원인이 아니라 재귀의 산물이다.

무엇이 이런 자리를 필요로 하는 사회를 만들었는가. 이 질문에 답하지 않는 한, 영포티는 사라지지 않는다. 다만 이름만 바뀐 채, 다음 세대의 다른 얼굴로 반복될 뿐이다.

영포티를 양산하는 사회 구조의 민낯

경제 구조의 뒤틀림: 사다리는 닫히고, 문지기만 남다

영포티 현상을 설명하는 첫 번째 조건은 경제 구조의 급격한 전환이다. 오늘날 세계 경제는 저성장과 인구 고령화라는 구조적 제약 위에, 고물가 압력이 더해진 삼중의 부담 속에 놓여 있다. 이 변화는 단순한 경기 순환이 아니라, 기존 성장 체제의 종언에 가깝다. 노동 소득을 기반으로 계층 이동이 가능하던 구조는 더 이상 유효하지 않으며, 자산 규모와 유동성 환경, 그리고 시장 진입 시점에 따라 결과가 좌우되는 경제 구조로 전환되었다.

이 전환의 충격을 가장 압축적으로 겪은 사회가 한국이다. 부동산을 중심으로 한 자산 구조, 정규직과 비정규직으로 양분된 노동 시장, 대기업과 중소기업 간의 구조적 격차는 경제적 불평등을 세대 간 문제로 고착시켰다. 노력과 능력은 더 이상 충분조건이 아니며, 일정 시점 이전에 자산 시장에 진입했는지가 계층을 가르는 결정적 변수로 작동한다.

영포티 세대는 이 전환의 경계에 위치한 세대다. 그들은 생산성과 임금 상승을 통해 중산층 진입이 가능했던 시대를 마지막으로 경험한 세대이자, 자산 중심 경제로의 전환을 온몸으로 통과한 세대다. 이들은 여전히 '성공이 가능했던 시절'의 기억을 갖고 있지만, 그 경로는 더 이상 재현되지 않는다. 그 기억은 지금도 유효한 규칙처럼 작동하지만, 실제로는 이미 닫힌 문에 가깝다.

2030세대의 시선에서 이 장면은 전혀 다르게 보인다. 노력으로는 진입할 수 없는 세계, 사다리는 사라졌지만 문 앞에는 누군가 서 있는 구조다. 영포티는 이때 '성공한 세대'라기보다, 닫힌 구조를 통과한 마지막 세대이자 더 이상 열리지 않는 문을 막아선 채 지키는 존재로 인식된다. 분노는 이 인식에서 출발한다.

중요한 점은 이 인식이 도덕적 판단이 아니라 구조가 만들어 낸 경험의 귀결이라는 사실이다. 영포티가 사다리를 걷어찬 것이 아니라, 사다리 자체가 기존의 견고한 이해관계 구조와 경제 구조 전환이 맞물리며 사라졌다. 그러나 구조는 보이지 않고 사람만 남는다. 결과적으로 영포티는 원인이 아니라 상징이 된다. 경제 구조의 뒤틀림이 만들어 낸 상징이다.

이처럼 영포티 현상의 출발점에는 개인의 태도나 세대의 성향이 아니라, 더 이상 재현될 수 없는 자산 진입 경로가 놓여 있다. 이 사실을 이해하지 못하면, 영포티를 둘러싼 논쟁은 언제나 사람을 향한 비난으로 끝날 수밖에 없다.

정치·제도의 왜곡: 갈등을 해결하지 않고 동원하는 정치

경제 구조가 불평등을 고착화시키는 동안, 정치는 그 불균형을 조정하는 역할에 실패했다. 문제는 단순한 무능이 아니라 기능의 변화다. 오늘날 정치가 수행하는 주요 기능은 갈등의 해결이 아니라, 갈등의 동원에 가깝다. 구조적 문제를 장기적으로 조정하기보다, 이미 존재하는 불만과 분노를 세대 구도로 재배치해 단기적 정치 이익을 확보하는 방식이 반복되어 왔다.

세대 문제는 이 과정에서 가장 효율적인 도구가 된다. 청년 세대의 좌절은 분명하지만, 그 원인은 복합적이고 설명하기 어렵다. 반면 '기성세대'라는 프레임은 직관적이고 즉각적인 감정 반응을 유도한다. 정치는 이 간극을 이용한다. 그 결과 주거, 고용, 자산 같은 구조적 실패는 제도의 문제로 다뤄지지 않고, 특정 세대의 태도나 기득권 문제로 축소된다.

이때 40대는 정치적으로 가장 다루기 쉬운 표적이 된다. 20·30대의 분노를 자극하기에 충분히 가깝고, 50·60대만큼 강력한 정치적 반발을 일으키지도 않는다. 동시에 40대는 노동과 소비, 조직과 가정에서 중심적인 위치를 차지하고 있어 '기득권'이라는 호명도 가능하다. 영포티는 정치 언어 속에서 설명의 대상이 아니라 감정 동원의 매개로 기능한다.

정치의 언어는 세대를 하나의 집단으로 단순화한다. 내부의 차이, 계층의 분화, 개인의 조건은 삭제되고, '2030'과 '4050'이라는 추상적 집합만 남는다. 이 단순화는 현실을 설명하지 못하지만, 갈등을 증폭시키는 데에는 매우 효과적이다. 복잡한 구조를 설명하는 대신, 감정적 대립 구도를 제시하는 것이 훨씬 비용이 적게 들기 때문이다.

그 결과 세대 갈등은 정치적 피로감을 누적시키는 방식으로 작동한다. 문제는 해결되지 않지만, 갈등은 반복 호출된다. 제도에 대한 기대는 낮아지고, 정치에 대한 불신은 깊어진다. 정치가 미래를 설계하는 장이 아니라, 감정을 소비하는 무대로 인식될수록 구조 개혁의 가능성은 더 멀어진다.

영포티 논란의 확대는 정치적 왜곡이 남긴 부산물에 가깝다. 이는 특정 세대가 실제보다 과도하게 존재감을 드러냈기 때문이 아니라, 정치가 구조를 말하는 대신 세대를 호명해 왔기 때문에 증폭된 현상이다. 갈등이 해결되지 않은 채 반복해서 동원될수록, 영포티라는 이름은 더욱 쉽게 호출된다. 정치가 갈등을 관리하는 장치가 아니라 활용하는 도구로 남아 있는 한, 이 구조는 좀처럼 바뀌기 어렵다.

인터넷 문화: 갈등을 확산시키는 구조

영포티 현상이 사회적 담론으로 고착된 데에는 인터넷과 커뮤니티 문화의 역할이 결정적이었다. 온라인 공간은 의견을 교환하는 장이기도 하지만, 동시에 갈등을 증폭시키는 장치로 작동한다. 특히 세대 갈등은 온라인 환경에서 가장 빠르고 가장 거칠게 확산된다. 이유는 단순하다. 세대 갈등은 설명보다 감정에 의존하고, 감정은 온라인 알고리즘과 가장 잘 결합하기 때문이다.

2000년대 이후 한국의 온라인 공간은 세대별로 분절된 생태계를 형성했다. 40·50대는 메신저 기반의 폐쇄적 커뮤니티와 카페에 머물렀고, 20·30대는 개방형 커뮤니티와 익명 게시판을 중심으로 여론을 만들었다. 이 체계는 세대 간 대화를 확장하기보다 내부 결속을 강화하며 타세대를 외부 집단으로 고정하는 효과를 낳았다. 그런데 최근 개방형 익명 게시판이 세대 간 공통 플랫폼이 되면서 상황이 달라졌다. 접점이 늘어난 만큼 마찰도 가시화되었고, 온라인 갈등은 이전보다 더 직접적이고 격렬한 형태로 분출되고 있다.

온라인 담론의 경쟁 방식 역시 갈등을 부추긴다. 댓글, 공감 수, 추천과 비추천은 의견의 타당성을 검증하는 수단이 아니라, 화력의 크기를 측정하는 지표가 된다. 누가 더 설득력 있게 말했는지가 아니라, 누가 더 많은 반응을 끌어냈는지가 중요해진다. 이 환경에서는 복잡한 구조 설명보다, 자극적이고 단정적인 표현이 훨씬 유리하다.

영포티는 이러한 조건에서 매우 효율적인 표식이 된다. 단어 하나로 세대를 묶을 수 있고, 이미지화하기 쉽고, 조롱과 풍자를 생산하기에도 적합하다. 영포티라는 명명은 분석을 요구하지 않는다.

오히려 설명을 생략할수록 더 잘 작동한다. 구조적 좌절은 긴 설명이 필요하지만, 세대 조롱은 즉각적인 공감을 낳는다.

특히 코로나19 팬데믹 이후 자산 격차가 급격히 벌어지고, 금리 상승으로 체감 불안이 커진 시점에서 영포티는 2030세대 담론을 결집시키는 상징으로 기능했다. 온라인에서 이 용어는 개인의 경험을 하나의 서사로 묶는 역할을 했다. 각자의 좌절은 구조로 향하지 않고, 특정 세대를 향해 정렬된다.

이 과정에서 세대 갈등은 점점 감정의 전쟁으로 변질된다. 반론은 이해로 이어지지 않고, 반격으로 소비된다. 공감은 대화를 여는 장치가 아니라, 자기 세대의 정당성을 확인하는 도구가 된다. 댓글 전쟁은 문제 해결과는 무관하게 반복되며, 갈등 그 자체가 콘텐츠가 된다.

결국 인터넷 문화는 세대 갈등을 만들어 낸 원인이기보다, 갈등을 빠르고 넓게 확산시키는 증폭기다. 영포티 현상이 하나의 고정된 이미지로 굳어진 이유는, 온라인 환경이 복잡한 현실을 단순한 적대 구도로 번역하는 데 최적화되어 있기 때문이다. 이 구조 속에서 세대 갈등은 해결되지 않은 채, 더 선명하고 더 거칠게 재생산된다.

심리적 분열: 비교가 일상이 된 사회

영포티 논란이 정서적으로 폭발력을 갖게 된 배경에는 개인의 심리 구조 변화가 있다. 오늘날 한국 사회에서 불안은 특정 사건에 반응해 발생하는 일시적 감정이 아니다. 그것은 상시적 상태에 가깝다. 미래에 대한 불확실성은 제거되지 않은 채 누적되고, 개인은 늘 비교 가능한 상태로 노출된다. 이 환경에서 감정은 구조가 아니라, 비교 대상을 향한다.

한국 사회는 전통적으로 상대적 비교에 민감한 구조를 갖고 있다. 성취와 자존감은 절대적 기준보다 타인 대비 위치를 통해 확인되는 경향이 강하다. 교육, 취업, 주거, 소비, 외모에 이르기까지 거의 모든 영역이 서열화되어 있으며, 이 서열은 개인의 노력과 무관하게 지속적으로 갱신된다. 비교는 선택이 아니라 사회적 기본값에 가깝다.

디지털 환경은 이 비교 구조를 극단적으로 강화한다. SNS와 플랫폼은 타인의 성취와 일상을 끊임없이 노출시키고, 그 노출은 대개 성공과 소비의 장면으로 편집된다. 개인은 자신보다 나은 조건의 타인을 반복적으로 마주하고, 그 차이는 구조적 설명을 거치지 못한 채 감정으로 흡수된다. 불안은 이렇게 축적된다.

이때 비교의 대상은 너무 멀지 않은 집단으로 수렴한다. 2030세대에게 있어 50대 이상 연령층의 삶은 이미 다른 시대의 이야기로 인식되며, 현실감도 동질성도 낮다. 반면 40대는 가까운 연령대에 비슷한 삶의 방식을 공유하면서도 눈에 보이는 결과가 달라진 집단이다. 비슷한 교육을 받고, 비슷한 직무를 거쳐 같은 공간을 점유하며, 같은 문화를 향유해 왔지만, 한쪽은 주택을 보유하거나 자산

　　　　　　　　　　　　　　　　　　　　　　　　　　　　진격의 영포티

을 축적한 상태이고, 다른 한쪽은 여전히 임대와 불안정한 고용 사이를 오간다. 같은 언어로 공정과 노력, 자기계발을 말하지만, 한쪽은 그 말을 과거의 자산 형성 결과로 증명하고 있고, 다른 한쪽은 아직 실현되지 않은 가능성으로 붙들고 있다.

이 차이는 단순한 소득 격차가 아니다. 주거의 안정 여부, 대출 접근성, 자녀 계획의 가능성, 실패를 감내할 수 있는 여력, 그리고 미래를 상상하는 방식 자체에서 벌어지는 격차다. 같은 일을 하더라도 어떤 이는 버틸 수 있고, 어떤 이는 탈락 위험을 감수해야 한다. 같은 선택을 하더라도 어떤 이는 회복할 수 있고, 어떤 이는 되돌릴 수 없는 결과를 떠안는다. 이러한 차이는 시간이 만든 우연처럼 보이지만, 실제로는 제도와 시장의 변화가 누적된 결과다.

바로 이 지점에서 비교는 단순한 감정이 아니라 판단으로 전환된다. 격차는 구조적 조건의 차이로 인식되기보다, 태도와 선택의 문제로 환원되고, 그렇게 환원된 설명은 가장 가까운 집단을 향해 던져진다. 비슷해 보였기에, 그리고 아직 닿을 수 있을 것처럼 보였기에, 40대는 비교와 판단의 가장 설득력 있는 대상이 된다.

비교 중심의 심리 구조에서 분노는 자기 방어의 기능을 수행한다. 구조적 실패를 이해하기보다, 감정을 외부로 투사함으로써 균형을 회복하려는 경향이다. 영포티는 이 투사의 대상이 되기에 적합하다. 멀리 있는 권력자가 아니라, 일상에서 반복적으로 관찰되는 세대이기 때문이다. 좌절의 원인은 제도에 있지만, 감정은 사람에게로 향한다.

이 과정이 반복되면서 세대 간 인식은 점점 고정된다. 영포티는 개개인의 개별성을 지우는 단순화 속에서 하나의 캐릭터로 축약된다. 비교가 낳은 감정은 설명을 요구하지 않고, 조롱과 비난의 언어로 곧장 소비된다. 심리적 분열은 구조적 불안을 개인 간 적대감으로 옮겨 놓는 장치가 된다.

결국 영포티 논란은 심리적 왜곡의 결과이기도 하다. 불안이 상시화되고 비교가 일상화된 사회에서, 감정은 가장 가까운 차이를 향해 폭발한다. 영포티는 그 차이가 가장 또렷하게 드러나는 지점에 위치한 집단이다. 이 심리 구조를 이해하지 못하면, 세대 갈등은 언제나 감정의 층위에서만 반복될 수밖에 없다.

외모지상주의: 평가 장치로서의 외형

영포티를 둘러싼 조롱과 비난에는 외모가 중요한 매개로 작동한다. 그러나 여기서 외모는 미적 취향의 문제가 아니다. 한국 사회에서 외모는 오랫동안 사회적 능력과 신뢰도를 가늠하는 비공식 지표로 기능해 왔다. 이는 개인의 선호가 아니라, 평가 방식의 문제다.

한국 사회의 외모 평가는 직무 수행이나 성취와 분리되어 있지 않다. 깔끔함, 생기, 관리된 인상은 성실함과 역량의 징표로 해석되고, 반대로 노화의 흔적은 무능이나 정체의 신호로 읽히기 쉽다. 이러한 인식은 공식 제도보다 비공식 판단에서 더 강하게 작동한다.

채용, 인사, 협업, 신뢰의 형성 과정에서 외모는 암묵적으로 작동하는 평가 기준이 된다.

이 구조는 중년에게 특히 가혹하다. 40대는 더 이상 '나이 든다'는 사실로 보호받지 못한다. 젊음의 기준은 유지하면서도 동시에 중년의 책임은 수행해야 한다. 관리하지 않으면 도태로 찍히고, 관리하면 허세로 조롱받는다. 이 이중 기준 속에서 외모는 선택이 아니라 방어 수단이 된다.

영포티가 외모 관리에 집착하는 것처럼 보이는 이유도 여기에 있다. 그것은 미적 욕망의 과잉이라기보다, 평가 체계에 대한 적응이다. 성과 중심, 경쟁 중심의 환경에서 '젊어 보이는 인상'은 여전히 기회 접근성을 높이는 신호로 작동한다. 외모 관리는 생존 전략으로 기능한다.

문제는 이 전략이 다시 조롱의 근거로 전환된다는 점이다. 외모를 관리하면 '젊은 척'으로 비난받고, 관리하지 않으면 '시대에 뒤처진 중년'으로 평가된다. 이 모순은 개인의 선택으로 해결되지 않는다. 평가 기준 자체가 충돌하고 있기 때문이다. 영포티는 이 충돌의 한가운데에 놓인다.

외모지상주의는 영포티를 만들어 낸 원인이 아니라, 영포티를 공격하기 쉬운 표면을 제공한다. 조롱은 외모라는 가시적 요소에 집중되지만, 실제로 겨냥하는 것은 자원과 기회의 불균등, 그리고 그것을 당연한 몫처럼 과시하는 태도다. 외모는 감정이 쉽게 달라붙는 매개일 뿐, 갈등의 본질은 여전히 구조에 있다.

결국 영포티를 둘러싼 외모 논쟁은 미적 기준의 문제가 아니라, 사회가 어떤 신호를 능력으로 간주하는가의 문제다. 외형이 사회적 평가의 매개로 작동하는 한, 중년은 언제나 모순된 요구에 노출된다. 외모지상주의는 이렇게 영포티 현상을 지속적으로 재생산하는 구조적 조건으로 기능한다.

중년이 성립하지 않는 시대: 생애 구조의 해체

오늘날 40대의 변화는 개인의 선택이나 세대 성향의 문제가 아니다. 그것은 중년이라는 생애 단계 자체가 더 이상 안정적으로 성립하지 않는 사회 조건의 결과다. 과거 중년은 사회적으로 정의된 위치였다. 책임은 무거웠지만, 그에 상응하는 안정과 권위, 역할이 함께 주어졌다. 그러나 이 균형은 이미 붕괴되었다.

저성장과 경쟁의 장기화 속에서, 중년은 더 이상 완충의 시기가 아니다. 책임은 늘어났지만, 안정은 보장되지 않는다. 위로는 은퇴를 미룬 상위 세대가 버티고 있고, 아래로는 더 젊고 유연한 노동력이 대기한다. 40대는 '내려갈 수 없고, 올라갈 수도 없는' 위치에 고정된다.

이 조건에서 중년다움은 더 이상 선택지가 아니다. 나이가 들었다는 이유로 물러날 수 없고, 젊음의 기준에서 벗어나는 순간 경쟁에서 밀려난다. 중년은 쉼의 단계가 아니라, 가장 긴 버티기의 단계가 된다. 이는 개인의 태도 변화가 아니라, 생애 구조의 재편이다.

문제는 이 재편이 사회적으로 승인되지 않았다는 점이다. 제도와 언어는 여전히 과거의 중년을 전제로 작동하지만, 현실의 조건은 전혀 다르다. 그 결과 40대는 항상 '어긋난 존재'로 인식된다. 중년답지 않으면 불안해 보이고, 중년답게 행동하면 시대에 뒤처진 것처럼 보인다.

이처럼 중년이 성립하지 않는 사회에서, 40대는 필연적으로 눈에 띄는 집단이 된다. 안정되지 않은 생애 단계는 늘 설명의 대상이 되기 때문이다. 영포티라는 이름은 이 불안정한 상태를 조롱과 풍자의 언어로 압축한 결과다. 그것은 중년이 사라진 시대가 만들어 낸 표식이다.

의미의 공백: 설명되지 않는 격차의 처리 방식

영포티 현상이 갈등의 언어로 굳어지는 근본적 배경에는 의미 체계의 붕괴가 있다. 과거 사회는 불평등을 설명하는 서사를 비교적 분명히 갖고 있었다. 노력과 인내, 축적과 보상의 시간차라는 논리는 완전하지는 않았지만 개인의 위치를 해석할 최소한의 틀을 제공했다. 실패는 개인의 결함이 아니라 과정의 일부로 이해될 여지가 있었고, 격차는 언젠가 메워질 수 있는 것으로 기대되었다.

그러나 저성장과 불확실성이 장기화되면서 이러한 설명은 더 이상 설득력을 갖지 못하게 되었다. 노력은 결과를 보장하지 않고, 시간은 축적보다 소모로 인식된다. 사회는 불평등을 설명할 언어를 잃었고, 그 자리에 남은 것은 결과뿐이다. 결과는 해석되지 않은 채 비교되고, 비교는 곧 평가로 전환된다.

이때 평가의 기준은 구조가 아닌 사람 쪽으로 기운다. 구조적 요인이 복잡하고 설명하기 어려울수록 개인의 태도와 선택이 문제의 중심으로 호출된다. 개인을 준거로 삼는 설명이 구조적 해석보다 훨씬 단순하고 직관적이기 때문이다. 누가 더 성실했는지, 누가 더 돈을 잘 모았는지, 누가 더 합리적인 선택을 했는지, 누가 더 욕심이 많았는지가 격차의 원인처럼 제시된다. 이런 방식으로 불평등은 사회 구조의 문제가 아니라 개인적 성취의 문제로 재구성된다.

영포티는 이 과정에서 가장 쉽게 호명되는 집단이다. 이들은 실패의 서사를 갖고 있지 않다. 이미 일정한 위치에 도달한 것으로 보이고, 동시에 여전히 활동적이며 가시적이다. 그 결과 영포티는 납득하기 어려운 결과가 덧씌워지는 존재가 된다. 왜 그 자리에 있는지는 중요하지 않다. 중요한 것은 그들이 거기에 있다는 사실 그 자체다.

의미가 사라진 사회에서 책임은 개인에게만 남는다. 구조는 보이지 않고, 제도는 배경으로 밀려난다. 이해하기 어려운 격차 앞에서 사회는 사람을 불러내 심문한다. "왜 양보하지 않는가", "왜 자리를 비우지 않는가", "왜 겸손하지 못한가"라는 질문들이 던져진다. 이 질문들은 구조를 겨냥하지 않는다. 모두 개인의 태도를 문제 삼는다.

이 과정에서 세대 갈등은 필연적으로 격화된다. 서로 다른 출발선과 조건은 설명되지 않고, 결과만이 비교된다. 영포티는 그 비교의 한쪽 끝에 위치하며, 분노와 좌절이 투사되는 표적이 된다. 이는 특정 세대의 도덕적 결함 때문이 아니라, 사회가 더 이상 격차를 설명할 언어를 갖고 있지 않기 때문이다.

결국 영포티 현상은 의미의 공백이 만들어 낸 결과다. 설명되지 않은 불평등은 비난으로 처리되고, 해석되지 않은 구조는 인격의 문제로 전가된다. 이 공백이 메워지지 않는 한, 영포티를 둘러싼 갈등은 사라지지 않는다. 대상만 바뀐 채, 같은 방식으로 반복될 뿐이다.

세대의 일탈이 아닌 구조의 증후군

영포티 현상은 특정 세대의 성향이나 일탈로 환원될 문제가 아니다. 그것은 경제 구조의 전환, 정치와 제도의 기능 왜곡, 플랫폼 환경의 증폭 효과, 비교 중심의 심리 구조, 외모를 둘러싼 평가 체계, 그리고 중년이라는 생애 단계의 재편이 한 지점에서 겹쳐진 결과다.

중요한 것은 이 현상이 우연히 생겨난 것도, 누군가 의도적으로 설계한 것도 아니라는 점이다. 영포티는 설명되지 못한 구조적 불안이 가시적인 집단에 응축된 결과다. 구조적 문제가 충분히 설명되지 않을 때 감정은 대상을 찾아 이동한다. 영포티는 그 이동의 종착지다.

이 과정에서 세대 갈등은 구조를 드러내는 계기가 아니라, 오히려 구조를 가리는 장치로 기능한다. 경제의 실패는 개인의 태도로 환원되고, 제도의 무능은 세대의 도덕성 문제로 전환된다. 갈등은 격화되지만 구조는 흔들리지 않는다. 영포티를 둘러싼 조롱과 비난은 사회를 뜨겁게 만들지만, 변화를 만들어 내지는 못한다.

그렇다고 해서 영포티가 구조와 무관한 존재라는 뜻은 아니다. 그들은 구조의 산물이면서 동시에 그 구조를 일상에서 재생산해 온 집단이기도 하다. 문제는 그 책임을 조롱과 혐오의 언어로 소비하는 순간, 논의가 더 이상 구조를 향하지 못한다는 데 있다. 파편화된 비판은 일시적으로 소모될 뿐, 문제의 진짜 원인에서 시선을 떼어내 구조를 보호하는 결과로 이어진다.

이 장의 결론은 단순하다. 영포티 현상을 이해하는 목적은 영포티라는 집단 자체를 해석하거나 평가하기 위함이라기보다, 이 사회가 불안을 어떤 방식으로 처리하고 갈등을 어떤 방식으로 관리해 왔는지를 파악하기 위함이다. 영포티는 원인이 아니라 결과이며, 특정 세대의 일탈이 아니라 구조가 남긴 흔적이다. 따라서 영포티를 비판하거나 제거한다고 해서 문제가 사라지지는 않는다. 표식을 지운다고 해서 그것을 만들어 낸 조건까지 사라지지는 않기 때문이다.

중요한 것은 이 현상이 왜 반복될 수밖에 없는가다. 사회가 불안과 격차를 다루는 방식이 근본적으로 달라지지 않는 한, '영포티'라는 이름은 바뀔지 몰라도 그와 유사한 위치와 역할, 그리고 비난의 문법은 쉽게 사라지지 않는다. 갈등은 제도로 흡수되지 못한 채 개인에게 전가되고, 그렇게 전가된 갈등은 다시 특정한 인간 유형을 호출하는 방식으로 순환한다. 그 결과 영포티 현상은 하나의 고정된 인식 구조로 굳어지고, 문제는 해결의 대상이 아니라 임시로 눌러두는 관리의 대상으로 남는다.

7장

영포티 현상의 고착화

오늘의 영포티는 특정 세대의 이야기처럼 보이지만,

구조가 바뀌지 않는다면 내일의 호출 대상 역시 달라지지 않는다.

세대는 교체되지만, 호출 방식은 반복된다.

구조의 결합과 책임의 전가

　이 장에서는 우리 사회의 정치적 구조, 경제적 구조, 행정적 구조, 그리고 미디어 프레이밍 구조가 어떤 방식으로 작동하며 영포티 현상을 고착화시키는지를 차례로 살펴본다. 중요한 것은 각 구조의 개별적 책임을 가려내는 데 있지 않다. 핵심은 서로 다른 영역의 구조들이 각기 다른 논리로 움직이면서도, 결과적으로는 같은 방향으로 수렴한다는 점이다. 갈등은 제도의 문제로 드러나기보다 개인의 문제로 전환되고, 현상은 해결의 대상이 아니라 관리 가능한 상태로 남는다.

　정치적 구조는 갈등을 조정하기보다 연기하는 방식으로 작동한다. 불평등과 격차의 문제는 공감의 언어로는 반복되지만, 실제 제도 변화의 국면에서는 언제나 '타이밍'과 '정서'의 문제로 미뤄진다. 변화가 필요하다는 데는 모두가 동의하지만, 지금 착수해야 한다고 말하는 이는 없다. 정치의 언어는 책임을 분산시키고, 개혁의 필요성은 합의되지만 실행은 유예된다. 이 과정에서 구조적 문제는 해결되지 않은 채 남고, 갈등은 다음 국면으로 이월된다.

경제적 구조는 출발선의 격차와 기회의 불균형을 설명하지 않은 채, 그 결과를 성과의 차이로 번역한다. 자산 가격의 급등, 채용 경로의 축소, 산업 구조의 정체는 모두 개인이 통제할 수 없는 조건이지만, 시장은 이를 선택과 노력의 결과처럼 처리한다. 같은 시점에 출발하지 않았고, 같은 규칙을 적용받지 않았으며, 접근 가능한 기회 자체가 달랐다는 사실은 지워지고, 도달한 위치만이 비교된다. 이때 비교는 가장 가까운 연령대이면서도 다른 결과를 가진 집단으로 수렴하고, 구조적 양극화는 개인 간의 격차로 오인된다. 경제 구조는 스스로를 설명하지 않는다. 대신 불균형을 유지한 채, 갈등이 사람 사이에서 소비되도록 만든다.

행정적 구조는 변화보다 안정과 지속을 우선한다. 국가는 거대한 관료적 조직으로서 새로운 기회를 창출하기보다 기존 질서를 유지하는 데 최적화되어 있다. 불확실성이 큰 개혁보다는 예측 가능하고 비용이 적게 드는 선택을 선호하며, 변화가 요구되는 순간에도 절차와 검토, 추가 연구라는 언어 뒤로 물러선다. 행정은 문제를 해결하기보다 관리하고, 갈등을 제거하기보다 표면 아래로 눌러두는 방식으로 작동한다. 그 결과 필요한 변화는 '아직 이르다'는 판단 속에서 반복적으로 유예된다.

미디어 프레이밍 구조는 이러한 조건을 이야기 가능한 형태로 재구성한다. 복잡한 제도와 구조 대신, 이해하기 쉬운 인물과 세대, 태도의 문제로 갈등을 압축한다. 구조는 배경으로 밀려나고, 현상은 얼굴을 갖는다. 영포티는 이렇게 만들어진 설명의 주인공이다.

미디어는 원인을 분석하기보다 소비 가능한 이미지를 제공하고, 그 이미지는 다시 사회적 판단의 기준으로 작동한다.

이처럼 정치·경제·행정·미디어 구조는 각기 다른 논리로 움직이지만, 갈등의 책임을 제도에서 개인으로 이동시킨다는 점에서 서로 결합한다. 그 결과 영포티는 문제의 실질적 원인이어서가 아니라, 구조를 건드리지 않은 채 문제를 설명하기에 가장 손쉬운 책임의 주체로서 호명된다. 영포티는 출발점이 아니라, 구조가 유지되는 과정에서 동원된 설명 장치에 가깝다.

구조의 층위와 작동 방식

정치적 구조: 표의 논리와 미래의 실종

영포티 논쟁의 핵심 배경에는 하나의 냉혹한 사실이 놓여 있다. 사회의 거의 모든 문제는 결국 정책으로 귀결되며, 정책의 방향을 결정하는 힘은 언제나 '표票'가 쥐고 있다는 사실이다. 민주주의는 형식적으로는 모든 표를 동등하게 취급하지만, 인구 구조는 표의 실질적 무게를 불균등하게 만든다.

한국 사회에서 장·노년층 유권자의 비중은 이미 절대적이다. 고령화는 단순한 인구학적 현상이 아니라 정치 권력의 재배치다. 정치권은 이 집단을 의식하지 않을 수 없고, 그 결과 국가는 더 이상 미래 세대를 기준으로 설계되지 않는다. 민주주의가 현재 유권자의 선호에 종속되는 순간, 장기 사회 설계는 구조적으로 주변화된다. 현재는 과잉 대표되고, 미래는 제도적으로 침묵을 종용받는다.

개혁의 역설: 가장 시급한 변화가 가장 늦어진다

이 비대칭은 개혁 정책에서 가장 선명하게 드러난다. 연금 개혁, 건강보험 개편, 교육·주거·노동 정책과 같은 구조 개혁은 모두 현재의 비용과 미래의 편익이라는 시간적 비대칭을 전제로 한다. 그러나 정치의 시간 할인율은 언제나 현재에 치우친다. 선거 주기라는 짧은 시간 틀 안에서, 정치적 합리성은 사회적 합리성을 반복적으로 압도한다.

그 결과 정년 연장, 노후 고용 안정, 고령층 맞춤형 복지와 같은 장·노년층 우호 정책은 선거가 다가올수록 속도전의 양상을 띤다. 반대로 연금 재정 안정화, 보험료 인상, 노동 구조 개편, 교육 시스템 혁신처럼 미래 세대를 위한 의제는 '정치적 자살 행위'로 간주되며 반복적으로 유예된다. 표가 있는 곳으로 정책 자원이 이동하는 현상은 민주주의의 도덕적 실패라기보다, 선거 정치의 구조적 작동 원리에 가깝다.

이때 발생하는 역설은 분명하다. 가장 시급한 개혁일수록 가장 느리게 추진되고, 덜 시급한 정책일수록 가장 빠르게 추진된다. 개혁의 비용은 조직화된 고령 유권자가 아니라 조직화되지 않은 미래 세대가 떠안는다. 이는 단순한 세대 간 다툼이 아니라, 현재의 표가 미래의 이해를 압도하는 민주주의의 구조적 편향이다.

자산의 정치학: 부동산이 권력을 재생산하는 방식

이 불균형은 특히 부동산과 조세 정책에서 노골적으로 드러난다.

보수와 진보를 막론하고 정치권의 시선은 결국 고령 자산가에게로 향한다. 자산 보유자는 투표율이 높고, 정치적 요구를 조직화할 수 있으며, 정책 변화에 대한 반응성이 크기 때문이다. 종부세 완화, 상속세·증여세 인하, 대출 규제 완화 같은 의제가 반복적으로 부상하는 것은 단순한 세금 논쟁이 아니라 자산 축적 구조의 제도적 방어선이 작동하는 방식이다.

반대로 보유세 인상과 공시가격 현실화, 토지공개념 강화, 개발 이익 환수, 공공임대 확대와 같은 정책은 고령 자산 보유층의 조직적 반발에 직면한다. 정치권은 이 압력 앞에서 후퇴하고, 정책의 균형추는 조용히 이동한다. 자산을 이미 가진 세대의 축적 구조는 보호되고, 자산을 형성해야 할 세대의 진입 경로는 축소된다. 세대 갈등은 이 지점에서 정치경제적 구조로 굳어진다.

사다리 걷어차기: 제도화된 세대 봉쇄 메커니즘

이 과정은 '사다리 걷어차기'라는 개념으로 설명할 수 있다. 먼저 올라간 이들은 자신이 딛고 올랐던 제도적 사다리를 본능적으로 거두려 한다. 자산을 보유한 자가 정책을 설계하는 자리에 앉게 되면, 규칙은 자연히 보유자를 보호하는 쪽으로 기운다. 주거·금융·조세 정책을 결정하는 집단이 자산 상승의 수혜자라면, 제도는 기존 자산을 지키는 방향으로 설계된다. 그 결과 과거에 존재했던 상승 경로는 닫히고, 다음 세대에게는 '노력 부족'이라는 도덕적 판단만 남는다.

이 구조는 정책 결정 집단의 자산 동질성에서 극명하게 확인된다. 제22대 국회의원 다섯 명 중 한 명꼴로 강남 3구에 주택을 보유하고 있으며, 평균 부동산 자산은 국민 평균의 네 배를 넘는다. 이는 단순한 자산 격차 통계가 아니라 정책 결정 집단의 사회경제적 동질성을 보여 주는 지표다. 국회는 더 이상 국민 평균의 축소판이 아니라 상위 자산계층의 과잉 대표 집단이 된다.

정책 논의는 공익의 언어로 진행되지만, 정책 효과는 개인 자산 가치에 직접 연결된다. 국회의원들은 정책 대상이자 정책 결정자인 이중적 위치에 놓인다. 이해충돌은 예외가 아니라 상시적 조건이 된다. 이 조건 속에서 부동산 중심 자산 구조를 흔드는 정책은 '급진적' 혹은 '시장 교란'으로 프레이밍되고, 현상 유지형 미세 조정만이 '합리적 대안'으로 승인된다. 이는 명시적 담합이 아니라 동일 자산 구조에 속한 집단에서 발생하는 무의식적 합의에 가깝다.

그 결과 실수요자 보호 정책은 시장 교란 프레임에 갇히고, 청년·무주택자 지원 정책은 형평성 논쟁에 휩싸인다. 정책의 효과가 아무리 명확해도, 그 결과가 기득권 자산 가치 하락으로 연결될 가능성이 보이는 순간 논의는 유예된다. '시기상조', '사회적 합의 부족', '시장 충격 우려'라는 언어는 정치적 자기검열의 수사다.

경험의 비동시성: 같은 사회, 다른 출발선

이 구조 속에서 자산을 쌓는 통로는 세대 단위로 단절된다. 윗세대가 부동산 시장 진입을 통해 자산 증식의 궤도에 올랐던 것과 달리, 2030세대는 동일한 경로가 차단된 상태에서 출발한다. 그럼에도 정책 결정층은 과거의 경험을 현재의 기준으로 일반화하며 "노력하면 가능하다"라는 메시지를 반복한다. 이는 사다리가 존재하던 시절의 기억일 뿐, 현재의 구조를 설명하지 못한다. 경험의 비동시성이 세대 인식의 단절을 만든다.

이 괴리는 청년층에게 "노력해도 달라지지 않는다"라는 경험을 누적시킨다. 노력과 보상의 연결이 끊어지면 사회적 약속도 흔들린다. 좌절은 분노와 냉소로 바뀌고, 갈등은 구조 대신 사람의 태도를 겨냥한다. 그 결과 영포티를 기득권으로 규정하는 언어와 2030세대를 무능하다고 몰아세우는 비난이 맞부딪히며, 구조의 문제는 문화적 갈등으로 전환된다.

그러나 실제 책임은 특정 세대가 아니라 고가 자산 보유층이 과도하게 대표된 정책 결정 구조와 그 위에 설계된 자산 중심 정치경제 시스템에 있다. 정책은 기득권의 이해를 반사하는 거울이며, 그 거울 속에서 청년은 언제나 이미 늦게 도착한 후발주자로 비친다. 이 구조가 바뀌지 않는 한 갈등은 해소되지 않는다. 세대는 서로를 오해하고, 시스템은 그 오해를 연료 삼아 반복된다.

"필요성에는 공감합니다.
다만, 단계적으로 접근해야 합니다"

국회 의원회관 소회의실.

'부동산 세제 정상화를 위한 긴급 토론회' 현수막이 벽에 붙어 있다. 진보 성향 시민단체가 준비했고, 여당 재선 의원실이 주최하는 행사다. 이례적으로 야당 의원들도 여럿 들어와 앉았다. 여야 모두 발언 순서가 배정돼 있다. 여야 의원이 한자리에 모였다는 사실 자체가, 이 이슈가 얼마나 뜨거운지를 방증한다.

발제가 끝나자 사회자가 마이크를 잡는다.

"이제 토론으로 넘어가겠습니다."

그 한마디가 떨어지자 공기가 살짝 가라앉는다. 원칙을 확인하는 시간은 끝났고, 이제는 선을 어디에 긋느냐의 시간이다.

여당 의원이 먼저 마이크를 잡는다.

"취득-보유-양도로 이어지는 부동산 세금 체계 전반을 조세 원칙에 맞게 합리적으로 재설계해야 합니다. 거래세를 낮춰 매매 순환을 원활하게 하고, 보유세는 점진적으로 현실화하되 실거주 1 주택자 같은 실수요자의 부담을 덜어 주는 방향으로 가야 합니다."

문장은 매끄럽고 균형 잡혀 있다. 기사로 옮기기 좋은 문장이다.

곧이어 야당 의원이 마이크를 잡는다. 말투는 부드럽지만 속도는 느리다. 단어 사이를 일부러 벌리는 말투다.

"방향성엔 공감합니다. 다만 보유세를 올리는 과정에서 부작용이 커질 수 있습니다. 특히 '똘똘한 한 채'까지 보유세가 강화되면, 양극화가 오히려 더 심화될 수 있습니다."

그는 '반대' 대신 '부작용'이란 단어를 꺼낸다. 이 방에서는 그게 가장 강한 표현이다. 곧바로 부연 설명이 이어진다.

"보유세가 늘면 그 부담이 임차인에게 전가될 가능성이 큽니다. 전월세 매물이 빠지면서 임대차 시장이 악화될 수 있고요. 결국 보유세 부담을 감당할 수 있는 고소득층만 고가 주택을 보유하게 되면, 강남 같은 지역의 프리미엄이 더 커질 수 있습니다."

'강남'이라는 단어가 지나가는 순간, 몇몇 의원의 시선이 잠깐 내려앉는다. 자료집이 아니라, 각자 머릿속 지도 위로.

야당 의원은 물을 한 모금 삼키며 금액을 훑는다. 15년째 거주 중인, 나름 '똘똘한 한 채'. 공시가격은 21억이지만 시세는 거의 40억에 육박한다. 공시가격이 현실화되고, 세율이 오르고, 장기 보유라는 방패까지 걷혀 버리면… 판이 달라진다. 말이 좋아 40억 집이지, 팔아야 내 돈이다. 안 팔면 장부 위 숫자일 뿐. 이 집이 자산인지 비용인지 헷갈리는 순간이 곧 올 것이라는 예감이 스친다. 쌓이는 것은 시세가 아니라 부담이 될 것이라는 계산도 따라붙는다. 이대로라면 '똘똘한 한 채'는 전략이 아니라, 결국 비싼 트로피에 가깝다.

여당 의원도 고개를 끄덕이며 듣고 있지만, 속에서는 다른 계산이 돈다. 배우자 명의 오피스텔 한 채. 서류상 '업무용'으로 정리해 둔 물건이다. 실제로는 사람이 살고 있지만 전입신고는 막아 둔 상태다. 규제가 더 강화되면 지금 방식으로는 버티기 어려울지도 모른다. 차라리 팔아 버릴까. 팔면 끝난다. 주택수도, 다주택자 프레임도, 월세와 시세차익도 다 함께 사라진다. 버틸 것인가, 접을 것인가. 경계선 위에 선 쪽은 늘 불안하다.

"그 논리라면 보유세는 영영 손도 못 댑니다. 임대료 전가는 임대차·공급 정책으로 다뤄야죠. 조세 형평을 포기할 이유는 아닙니다. 게다가 지금 구조는 고가 1주택, 특히 실거주하지 않는 비거주 아파트까지 사실상 동일한 혜택을 주고 있습니다."

야당 의원의 미간이 미세하게 찌푸려진다.

"'비거주'를 기준으로 세제를 설계하면 행정이 복잡해지고 분쟁이 늘어납니다. 직장 이동이나 자녀 학교 문제처럼 사정이 워낙 다양합니다."

여당 의원이 말을 끊는다.

"그 사정이 면죄부가 되면, 제도엔 계속 구멍이 남습니다."

야당 의원이 웃지도 않고 되묻는다.

"그럼 어디서 선을 긋습니까. 실거주를 뭘로 확인합니까. 전입신고 하나로 끝낼 겁니까?"

말은 '기준' 이야기지만, 방 안 사람들 대부분은 같은 장면을 떠올린다. 선을 어디에 긋느냐가 아니라, 그 선이 자기 지역구를 어디까지 덮느냐. 어느 단지가 들어오고, 어느 단지가 빠지는지. 그 지형이 먼저 계산된다.

다른 의원이 끼어든다.

"솔직히 말해서, 보유세를 건드리는 순간부터는 반응이 바로 옵니다."

여당 의원이 시선을 올린다.

"반응이 온다고 해서 계속 못 건드리면, 그게 정치입니까."

야당 의원이 잠시 말을 고른다. 그리고 낮게, 또렷하게 말한다.

"정치죠. 한번 불붙으면 그다음이 없습니다."

그 말에 회의실 공기가 잠깐 멎는다. 누군가 종이를 넘기는 소리만 유난히 크게 들린다.

그다음이 없다는 건, 논의가 더는 앞으로 가지 못한다는 뜻이었다. 그럴 경우 남는 건 방향이 아니라 봉합이다. 다음 날 아침부터 울릴 의원실 전화, '세금 폭탄' 같은 기사 제목, 단톡방에서 돌아다닐 캡처 이미지, 온라인에 난무할 출처 없는 글들, 주말 지역구 장터와 조기축구회에서 마주칠 굳은 표정들. 한번 흐름이 그렇게 돌아가기 시작하면, 토론은 멈추고 남는 건 수습뿐이다. 이 방에 있는 사람들은 그 파국의 장면들을 이미 여러 번 본 적이 있다. 그래서 더 조용해진다.

야당 의원이 말을 잇는다.

"보유세율 0.2%p만 올려도 체감은 큽니다. 특히 수도권은요. 그래서 설계를 잘못하면 바로 역풍이 옵니다. 순서와 속도를 조절해야 합니다."

여당 의원이 받아친다.

"결국 수도권은 건드리지 말자는 얘기네요."

야당 의원이 짧게 답한다.

"한 번에 가기보다, 단계적으로 조정하자는 겁니다."

토론회는 그렇게 흘러간다. 원칙은 여러 번 확인되고, 문장은 점점 안전해진다. 그러나 정작 누구도 선을 말하지 않는다. 누가 얼마를 더 내게 될지, 어떤 구간부터 손댈지—그 숫자는 끝내 입 밖으로 나오지 않는다.

마무리 발언에서 모두가 비슷비슷한 문장을 고른다.

"정상화가 필요합니다."

"다만, 사회적 합의가 우선돼야 합니다."

행사가 끝나자 의원들은 바로 휴대전화를 확인한다. 화면에 단톡방 알림이 수십 개 떠 있다.

　'보유세 올린다던데요? 진짠가요?'

　'절대 막아 주셔야 합니다.'

　'우리 단지 들어가나요?'

답장은 짧다.

"아직 확정된 건 없습니다."

결국 오늘도 달라진 건 없었다. 토론은 지지부진했고, 각자의 계산기만 분주했고, 남은 건 레토릭뿐이었다.

"원칙에는 공감합니다. 다만, 단계적으로 접근해야 합니다."

경제적 구조: 갈등을 고착화시키는 작동 방식

경제적 구조는 오랜 시간 특정한 방식으로 작동하면서, 갈등이 향해야 할 방향과 비교가 이루어질 대상을 반복적으로 고정해 왔다. 이 구조는 불균형을 해소하기보다 유지하는 쪽으로 움직이며, 제도가 감당해야 할 부담을 개인 사이의 감정과 인식의 문제로 전환한다. 그 결과 갈등은 구조를 향하지 않고 사람들 사이에서 소모된다. 영포티라는 표식은 바로 이 전가의 메커니즘 속에서 계속 호출된다.

핵심은 구조가 스스로를 설명하지 않는다는 데 있다. 경제 구조는 왜 이런 격차가 발생했는지, 왜 특정 세대와 집단이 유리해졌는지를 말하지 않는다. 대신 비교하기 쉬운 얼굴을 전면에 세운다. 복잡한 원인은 배경으로 밀려나고, 눈에 보이는 결과만 반복적으로 노출된다. 갈등의 대상은 그렇게 미리 한정된다.

자산 시장: 진입 시점이 결과가 되는 구조

이 작동 방식이 가장 먼저 드러난 영역은 자산 시장이다. 주거와 자산은 더 이상 노동의 연장선에 있지 않다. 한때는 연소득을 기준으로 접근 가능했던 시장이, 이제는 언제 진입했는지가 이후 삶의 안정성을 거의 결정해 버리는 구조로 바뀌었다. 이 변화는 능력이나 선택의 문제가 아니라 시기의 문제였다. 먼저 들어왔는지, 아니면 이미 문이 닫힌 뒤에 도착했는지가 결과를 갈랐다.

이 구조는 내부의 차이를 지운다. 같은 연령대 안에도 자산을 보유한 사람과 그렇지 못한 사람이 섞여 있지만, 외부의 시선에서 이 분화는 잘 보이지 않는다. 자산을 가진 모습만이 대표 이미지로 남고, 구조 내부의 격차는 평균화된다. 비교는 단순해지고, 판단은 쉬워진다. 구조의 작동 방식은 사라지고, 결과만 남는다.

고물가 · 저성장 · 고용난: 출발선이 달라진 세대

이 조건 위에서 2030세대가 마주한 현실은 이전 세대와 질적으로 다르다. 이들은 고물가 · 저성장 · 고용난이라는 삼중의 구조적 압력 속에서 사회에 진입했다. 집값과 월세, 교육비와 생활비 전반은 이전 세대보다 훨씬 빠르게 상승했지만, 임금 상승률은 이를 따라가지 못했다. '아끼고 버티면 자산을 만들 수 있다'는 경험적 공식은 더 이상 작동하지 않는다. 아무리 허리띠를 졸라매도 원금 자체가 인플레이션에 잠식되는 구조다.

여기에 AI 확산은 노동시장의 기준 자체를 바꾼다. 자동화의 속도는 생계의 속도를 앞서기 시작했고, 취업 · 승진 · 이직의 모든 순간에서 기준은 계속 갱신된다. 경쟁은 치열해졌지만, 안정으로 이어지는 경로는 점점 불분명해진다. 이 세대에게 인생은 '버티면 기회가 오는 과정'이 아니라, '출발부터 불리하게 설정된 구조'로 주어진다.

사라진 입구: 이어지지 않는 경로

이 조건 위에 기업의 채용 구조 변화가 겹친다. 한때 사회로 진입하는 표준적 통로였던 신규 공채는 빠르게 사라지고 있다. 채용은 경력직과 즉시 투입 가능한 인력 중심으로 재편되었고, 사회로 들어갈 수 있는 공식적인 입구 자체가 줄어들었다. 경력을 요구하지만, 그 경력을 어디서 쌓아야 하는지는 설명되지 않는다. 출발선은 지워진 채, 결과만 요구되는 구조가 만들어진다.

그 결과 많은 2030세대는 중소 규모 기업, 단기 계약, 프로젝트성 업무, 반복적인 이직과 재취업을 오가며 일한다. 일은 하고 있지만, 다음 단계로 이어진다는 감각은 희미하다. 경력의 축적이라기보다, 제자리에서의 반복으로 체감된다. 사회가 암묵적으로 승인한 '정상 경로' 위에 있다는 감각이 사라질수록, 개인은 자신을 문제의 원인으로 의심하게 된다.

좌절의 개인화와 '쉬었음'의 확산

이 과정에서 누적되는 감정은 좌절과 박탈감이다. 이는 의욕의 문제가 아니다. 노력의 결과가 구조적으로 환원되지 않는다는 경험이 반복될 때 생기는 감각이다. 입구가 사라진 상태에서 반복되는 우회와 탈락은 개인의 전략 부족이나 선택의 문제처럼 해석되지만, 실제로는 선택 가능한 경로 자체가 제한된 결과다.

그 결과 '쉬었음' 상태에 머무는 청년이 늘어난다. 이는 단순한 포기라기보다 계산된 정지에 가깝다. 계속 시도할수록 비용만 커지고, 성취로 이어질 가능성은 낮다고 판단될 때, 멈춤은 회피가 아니라 대응이 된다. 구조가 제공하는 이동 경로가 사라질수록, 개인은 도전보다 정체를 택하게 된다.

산업 구조: 경쟁을 가로막는 안정 지향 시스템

이 모든 흐름의 배경에는 산업 구조의 고질적 문제가 놓여 있다. 우리나라의 산업 구조는 오랫동안 경쟁과 전환을 통해 확장되기보다, 충돌을 최소화하고 기존 질서를 유지하는 방향으로 움직여 왔다. 변화는 위험으로, 조정은 비용으로 인식되었고, 구조를 바꾸는 선택은 반복해서 미뤄졌다.

노동시장은 이 과정에서 점점 경직되었다. 새로운 직무 체계나 산업 간 이동을 전제로 한 재설계는 장기적인 조정을 요구하지만, 단기적으로는 갈등과 부담을 수반한다. 그 결과 노사 관계는 혁신을 전제로 한 재구성보다는, 현 상태를 관리하는 방식으로 굳어졌다. 이동은 제한되고, 한번 형성된 고용 구조는 쉽게 바뀌지 않는다.

이 환경에서 스타트업과 신산업은 출발은 가능하지만 성장은 어렵다. 일정 규모 이상으로 커지는 순간 규제와 제도의 벽에 부딪히고, 노동·조세·인허가 비용은 기업이 성장할수록 급격히 늘어난다. 많은 기업이 국내에서 확장하기보다 해외 이전이나 조기 매각을 선택하는 이유다. 새로운 산업이 국내에 충분히 뿌리내리지 못하는 구조가 반복된다.

이 과정에서 규제는 혁신 기업보다 이미 제도를 이해하고 대응할 수 있는 기존 기업에 유리하게 작동한다. 복잡한 규제 환경은 자연스럽게 진입 장벽이 되고, 그 장벽을 넘을 수 있는 자원과 조직을 가진 기업만이 시장에 남는다. 산업은 넓어지지 않고, 내부에서만 순환한다.

청년 내부의 분화와 갈등의 고착

이 구조는 청년들 사이에 뚜렷한 분화를 만들어 낸다. 안정적이고 보상이 나은 경로는 제한된 반면, 다수의 일자리는 낮은 임금과 불안정한 조건에 머문다. 이 차이는 개인의 능력이나 성향에서 비롯되기보다, 산업 구조가 제공한 경로의 폭과 질의 차이에서 발생한다.

그러나 이 분화는 곧바로 인식의 문제로 전환된다. 불안정한 주변부의 일자리에 놓이는 순간, 그 자리는 잠정적이고 대체 가능한 위치로 읽힌다. 이는 특정 기업이나 직무의 가치에 대한 판단이 아니라, 그 위치에 머무는 개인의 자격에 대한 평가로 전환된다. 구조가 만든 격차가 개인의 자존감 문제로 환원되는 순간이다.

투기가 아닌 대응: 혼돈과 레버리지 과잉

자산 시장과 노동 시장의 입구가 동시에 좁아지면서, 2030세대에게 남은 선택지는 단순해졌다. 집값은 멀어졌고, 임금은 느리게 움직이며, 안정적 상승 경로는 희미해졌다. 확실한 것은 하나뿐이다. 불확실성만이 확실하다는 감각. 이 조건에서 투자는 미래 설계라기보다 변동성과 맺는 계약에 가깝다.

자금은 더 이상 국경을 중심으로 움직이지 않는다. 미국으로 갔다가 다시 코스피와 코스닥으로 돌아오고, 금리와 테마를 따라 재배치된다. 중요한 기준은 국적이 아니라 속도와 진폭이다. 어디에서 더 크게 흔들리는가, 어디에서 단기간에 격차를 줄일 수 있는가.

선택은 그 질문을 따라 이동한다.

이 과정에서 나타나는 현상은 레버리지 과잉이다. SOXL과 TQQQ, 각종 테마 ETF, 신용 매수와 미수 거래는 서로 다른 이름이지만 같은 구조 위에 놓여 있다. 월급으로는 자산 격차를 따라잡을 수 없고, 승진은 더 이상 생애의 안전망이 되지 않는다는 판단 속에서, 위험은 회피 대상이 아니라 감수해야 할 비용이 된다.

2030세대가 빚투를 감수하는 것은 무모해서가 아니라, 어차피 집을 살 수 없다는 인식 속에서 남은 유일한 확률을 붙잡는 선택에 가깝다. 안정만 추구하다가는 삶의 좌표가 바뀌지 않는다는 계산이 위험을 정상화한다. 그래서 이 행동은 '크게 먹기 위한 베팅'이라기보다, 판돈이 크지 않으면 의미가 없어진 게임에 참여하는 방식이다. 마이너스통장과 신용대출, 때로는 주택담보대출의 일부까지 투자 자금으로 전환되는 장면은, 구조가 제공하지 않는 시간을 개인이 앞당겨 쓰는 계산이다.

그러나 과잉은 대가를 요구한다. 금리가 방향을 바꾸면 레버리지는 보호막이 아니라 파괴의 가속 장치가 된다. 다년간의 저축은 단숨에 증발하고, 책임은 한 문장으로 정리된다. "욕심이 과했다." 그 사이 제도의 노후화와 산업의 정체는 지워지고, 실패는 개인의 무능으로 환원된다.

그래서 레버리지 과잉은 탈출구라기보다 위험천만한 우회로다. 자본은 시장을 옮겨 다니지만, 국내의 산업 구조와 노동 구조는 낡은 궤도에 묶여 있다. 개인이 구조를 바꾸지 못하는 현실 앞에서,

변동성의 파도는 옵션이 아니라 디폴트가 된다. 사람들은 그 파도에 기대어 삶의 궤적을 조금이라도 바꾸려 한다. 위험은 모험이 아니라 계산이 되고, 투기는 동기가 아니라 결과가 된다. 누군가는 변동성의 파도 위에서 큰 몫을 차지하고, 누군가는 같은 파도에 휩쓸려 청산과 깡통계좌의 자리로 떠밀린다. 설명되지 않는 것은 구조이고, 비교되는 것은 언제나 사람이다.

결국 이 현상은 취향의 문제가 아니다. 안정적 경로가 사라진 사회에서 나타나는 합리적 혼란이다. 변동성은 상수가 되었고, 투기는 동기가 아니라 결과가 되었다. 갈등은 다시 개인을 향하지만, 문제는 여전히 구조에 남는다.

갈등이 구조를 벗어나는 순간

이 모든 과정에서 구조는 거의 드러나지 않는다. 신규 진입 경로의 붕괴, 자산 시장의 비대칭, 산업 경쟁력 약화, 노동시장 이중구조의 고착, 임금 정체와 생산성 둔화와 같은 구조적 요인들은 설명되지 않는다. 대신 비교 가능한 집단과 개인만 남는다. 갈등은 제도를 향하지 않고, 가장 가까운 타인과 세대를 향해 이동한다.

이렇게 경제적 구조는 영포티 현상을 고착화시킨다. 격차의 원인을 설명하지 않은 채, 결과만 반복적으로 노출시키고, 갈등이 늘 같은 대상을 향하도록 만든다. 문제가 해결되지 않는 이유는 사람들이 변하지 않아서가 아니다. 구조가 변하지 않은 채, 같은 비교와 같은 판단을 계속해서 재생산하고 있기 때문이다.

"환율은 위로, 책임은 아래로"

환율의 움직임이 심상치 않게 흘러갔다.

뉴스 화면 하단의 숫자는 하루가 다르게 바뀌었고, 사람들은 어느 순간부터 그 숫자를 무심히 넘기지 못하게 되었다. 1,400원을 넘어설 때까지만 해도 고개를 끄덕이는 정도였다. '그럴 수도 있지'라는 표정이 대부분이었다.

그러나 1,450원대에 접어들자 공기의 결이 달라졌다. 말은 줄고, 눈치게임이 시작되었다. IMF라는 단어가 불길하게 스쳐 지나갔지만, 누구도 먼저 입에 올리지는 않았다. 괜히 과장하는 사람으로 보일까 봐, 불안을 조장하는 쪽에 서고 싶지 않았기 때문이다. 그 단어는 소리 내어 말해지지 않은 채, 각자의 속에서만 천천히 굴러다녔다.

그 무렵 한국은행 총재가 카메라 앞에 섰다. 환율에 대한 질문이 이어졌고, 그는 차분한 표정으로 말을 골랐다. 여러 요인이 복합적으로 작용하고 있다는 설명 뒤에, 개인 투자자의 해외 주식 투자도 일정 부분 영향을 미쳤다는 말이 덧붙었다. 그리고 이어진 표현이 있었다.

"요즘 젊은 세대에게 미국 주식을 사는 이유를 물으니, '쿨하잖아요'라고 답하더군요."

이 말은 총재가 전한 청년들의 언어였지만, 동시에 총재의 해석이기도 했다. 젊은 투자자들이 미국 증시에 몰리는 현상이 시장과 기업을 면밀히 분석한 결과라기보다, 미국 주식이라는 이미지가 주는 세련됨과 감각에 이끌린 선택이라는 진단. 계산보다 인상, 분석보다 바이브에 가까운 결정이라는 판단이 그 문장 안에 들어 있었다.

그 한 문장은 빠르게 프레임이 되었다. 환율이라는 거시적 현상은 구조와 정책, 자본 흐름의 문제라기보다, '쿨해지고 싶은 젊은 투자자'의 태도와 선택으로 내려앉았다. 곧이어 '환율 1,500원 운운하는 이야기'는 과도한 공포라는 말이 이어졌고, 일부 유튜버들이 자극적으로 떠드는 이야기일 뿐이라는 설명이 덧붙었다. 위기의 가능성은 가볍게 밀려났고, 남은 것은 책임의 방향뿐이었다.

장면은 그대로 온라인으로 옮겨 갔다. 기사 제목이 달리고, 짧은 영상 클립이 돌았다. 댓글이 쌓였다.

"저기요, 쿨해서 사는 거 아니거든요…?"
"국장에 삼전이랑 하닉 말고 투자할 데가 있나?"
"집 못 사서 짜증 나는데 주식도 하지 말라는 거냐."
"힙해서 미국 주식하는 줄 아는 사람 아직도 있네. ㅉㅉ"
"하… 할많하않'할말은 많지만 하지 않겠다'의 준말."

말들은 짧았지만 같은 감정이 반복됐다. 분노라기보다는, 이미 여러 번 설명했지만 다시 묻는 질문을 받았을 때의 피로에 가까 웠다.

환율은 멈추지 않았다. 금리를 올리기엔 부담이 컸다. 이미 대출을 한계까지 끌어다 쓴 사람들이 많았고, 조금만 신호가 바뀌어도 반발이 터질 상황이었다. '영끌'이라는 말은 개인의 무모함이 아니라, 시스템이 허용한 최대치처럼 굳어 있었다. 조정은 다시 미뤄졌다.

그 대신 다른 손이 움직였다. 연기금이었다. 시장에는 국민연금이 투입됐다는 이야기가 돌았고, 당국은 직접적인 표현을 피했지만 방향은 분명해 보였다. 환율은 잠시 내려왔다. 1,430원대. 뉴스 톤에는 안도가 섞였고, 시장이 진정되고 있다는 말이 다시 등장했다.

하지만 오래가지 않았다. 며칠 지나지 않아 환율은 다시 고개를 들었다. 1,460, 1,470, 그리고 다시 1,480에 육박했다. 그래프는 선명한 V자를 그렸다. 일시적 진정과 재상승. 언 발에 물을 붓는다는 말이 떠올랐지만, 공식적으로는 누구도 그렇게 말하지 않았다.

그 사이 금융 당국 청사에서는 또 다른 회의가 열렸다. 증권사 수장들이 불려 왔고, 문은 닫혔다. 불필요한 외화 수요를 자극하는 마케팅은 자제해 달라는 말이 나왔다. 신규 환전 이벤트와 미국 주식 수수료 할인 이벤트는 중단하는 방향으로 검토해 달라는 요청이 이어졌다. 개인 투자자 보호 차원에서 환차손 위험과 외

화 증거금 부족 시 강제 매각 가능성에 대한 안내도 강화해 달라
는 지시가 덧붙었다. 알림은 앱 푸시로 보내라는 말까지 나왔다.
그날 저녁, 여러 증권사 앱에서 비슷한 문구의 알림이 동시에 울
렸다.

　"환율 변동에 따른 손실 가능성."
　"외화 증거금 부족 시 자동 매각 가능성."
　"고위험 상품 투자 유의."

문구는 단호했고, 의미는 단순했다. 하지 말라는 뜻이었다.
2030세대는 이미 알고 있는 이야기를 다시 읽었다. 위험을 몰라
서 투자한 것이 아니었다. 그것은 충동도, 유행도 아니었다. 국장
이 미장에 비해 산업 기반이 제한적이고 투자할 만한 기업의 스
펙트럼이 좁다는 판단이 이미 공유되어 있었다. 이 선택은 모험
이 아니라 상대적 리스크에 대한 계산의 결과였고, 취향이 아니
라 구조에 대한 인식의 결과였다. 서로 굳이 설명하지 않아도 알
고 있었다.
그런데도 맥락은 다시 한번 생략되었다. 환율은 관리의 대상이
되었고, 책임은 개인의 선택으로 내려왔다.
이번에는 반응이 달랐다. 댓글이 길어졌다.

　"왜 내 연금으로 환율을 막는 거임?"

　　　　　　　　　　　　　　　　　　　　　　　진격의 영포티

“국민연금은 의무인데, 우리는 나중에 받을 수 있을지조차 모르잖
아.”
“지금 세대 안정시키려고 다음 세대 몫을 쓰는 거냐.”

국민연금은 더 이상 노후 보장의 상징이 아니었다. 납부는 확실
하지만 수령은 불확실한 제도, 그 자금이 환율 방어에 쓰인다는
인식은 단순한 정책 논쟁을 넘어 신뢰의 문제로 번졌다. 환율이
오르는 것도, 금리를 못 올리는 것도, 연기금이 동원되는 것도 하
나의 장면처럼 연결되기 시작했다.
시장은 진정되지 않았다. 다만 억눌려 있었을 뿐이다. 그리고 그
관리의 비용은 늘 뒤로 밀렸다. 지금의 안정을 위해 미래의 자원
을 끌어오지만, 그 결과는 아직 드러나지 않는다.
이 장면에서 중요한 것은 누가 환율을 올렸느냐가 아니다. 위기
의 징후가 드러날 때마다, 정책 결정자들은 배후의 구조를 말하
기보다 가장 눈에 띄는 개인에게 스포트라이트를 비춘다. 이렇게
굳어진 관성 앞에서, 균열은 논의의 대상이 아니라 이미 정해진
서사가 된다.

행정적 구조: 변화보다 유지를 택하는 시스템의 논리

영포티 현상을 고착화시키는 또 하나의 핵심 요인은 행정·제도

적 구조다. 국가는 거대한 관료적 조직이며, 관료제의 기본 본능은 혁신이 아니라 안정성이다. 새로운 기회를 창출하는 일보다 기존 질서를 유지하는 것이 행정적으로 더 안전하고, 비용이 적고, 정치적 리스크가 낮다.

관료제는 본질적으로 위험 회피적이다. 실패는 개인 공무원의 경력에 치명적이지만, 무위無爲는 거의 처벌되지 않는다. 그 결과 시스템은 변화보다 현상 유지를 선택하는 방향으로 구조화된다. 혁신은 실패할 경우 개인의 책임으로 계산되지만, 현상 유지는 실패의 위험이 없어 결국 누구의 책임도 되지 않는다.

변화가 필요한 순간, 시스템은 왜 물러서는가

구조는 늘 '유지 비용이 가장 적은 선택'을 한다. 새로운 세대를 위한 사다리를 놓는 일은 단순한 정책 변경이 아니다. 추가 예산, 행정 인력 확충, 법·제도 개편, 이해관계자 갈등 조정, 정치적 책임 부담이 동시에 발생한다.

반대로 기존 사다리를 유지하는 선택은 비교적 저렴하다. 법을 그대로 두고, 예산을 현 수준에서 동결하고, 이해집단과의 갈등을 회피하면 된다. 관료제의 합리성은 사회적 합리성과 다르게 작동한다. 사회적으로는 변화가 합리적이지만, 행정적으로는 유보가 합리적이다.

일례로 공공임대주택의 대규모 확충은 행정적으로 가장 고난도의 정책 과제에 속한다. 이는 토지 소유자, 기존 주택 보유자, 지방

정부 재정, 건설 산업 이해관계까지 동시에 건드리는 고강도 구조 개입이기 때문이다. 행정 시스템은 갈등을 돌파하기보다 조정과 유예, 시범사업, 단계적 추진이라는 언어로 시간을 벌고 실질적 구조 변화는 미룬다.

연금 구조 개혁 역시 비슷하다. 지속 가능성을 높이려면 급여 조정, 보험료 인상, 수급 연령 조정 같은 근본 개혁이 필요하다. 그러나 현 수급자와 은퇴 임박 집단의 반발은 즉각적이고 조직적이다. 행정 시스템은 이 갈등을 맞닥뜨리는 대신 미래 세대에게 비용을 전가하는 방식으로 문제를 이월시킨다. 제도는 지속되고, 부담은 미래로 이동한다.

단기 성과 행정: 정책의 시간 지평이 축소되는 과정

국가의 중장기적 안정과 번영을 위해서는 장기 비전과 긴 정책 호흡이 필요하다. 그러나 행정 시스템이 정치와 결합되는 순간 정책의 시간 지평이 급격히 축소된다.

정권 교체 주기, 국회 임기, 지방선거, 대통령 선거, 수시로 끼어드는 보궐선거는 정책 평가의 기준을 '장기 효과'가 아니라 '임기 내 성과'로 재정의한다. 정책은 사회적 효율성보다 정치적 가시성을 기준으로 설계된다.

그 결과 연금 개혁, 조세 구조 개편, 인구 정책, 교육 구조 혁신, 주거 패러다임 전환 같은 장기 프로젝트는 정권 손익 계산서 앞에서 후순위로 밀려난다. 반대로 단기 보조금, 세금 감면, 일회성 지원금 같은 정책은 즉각 추진된다. 행정 시스템은 정치적 피드백 루프 속에서 단기주의에 잠식된다.

정책 사이클의 왜곡: 계획은 장기, 실행은 단기

행정학적으로 정책은 기획 – 입법 – 집행 – 평가 – 피드백의 사이클을 가진다. 그러나 실제 정치 행정 현실에서는 이 사이클이 왜곡된다. 기획 단계에서는 장기 비전이 제시되지만, 집행 단계에서는 단기 성과 중심으로 변질된다.

장기 정책은 예산 편성 과정에서 삭감되고, 집행 단계에서 축소되며, 평가 국면에서는 단기 성과 지표로 재해석된다. 그 결과 장기성은 문서 속에만 남고, 행정 현실에서는 단기 정책이 반복된다. 미래 세대를 위한 정책은 계획서에는 존재하지만, 실행의 문턱에서 자취를 감춘다.

경로의존성Path Dependence : 제도의 관성

행정 시스템은 경로의존성에 단단히 묶여 있다. 한번 형성된 제도는 단순히 유지되는 것이 아니라, 자기강화 메커니즘을 통해 스스로의 필요성을 끊임없이 재생산한다. 기존 이해집단, 예산 구조, 법·제도, 조직 문화가 서로 맞물리며 변화의 비용을 기하급수적으로 끌어올린다. 개혁은 기술의 문제가 아니라 이해관계의 재배치 문제로 변하고, 그 순간 저항의 밀도는 급격히 높아진다.

연금 제도, 부동산 세제, 교육 시스템, 노동 규제는 모두 과거의 사회경제적 조건에서 설계된 제도다. 고도성장기, 인구 팽창기, 산업화 초기라는 전제가 사라졌지만, 제도의 골격은 그대로 남아 있다. 제도는 스스로를 보호하는 생태계를 만든다. 수혜 집단은 조직화되고, 행정 절차는 복잡해지며, 법적 장벽은 겹겹이 쌓인다. 변화는 기술적으로 가능해도 행정적으로는 고비용이 되고, 정치적으로는 고위험이 된다.

경로의존성은 단순한 보수성이 아니다. 그것은 선택의 폭을 체계적으로 좁히는 구조다. 과거의 결정이 현재의 선택지를 규정하고, 현재의 선택이 다시 미래의 결정을 묶는다. 그래서 시스템은 새로운 조건에 적응하기보다, 과거의 제도를 현재의 조건 속에서 반복 재생산한다. 이것이 제도의 관성이다.

이 관성 속에서 정책은 문제 해결이 아니라 관리의 기술이 된다. 연금 개혁은 지속 가능성의 논의가 아니라 이해집단 간의 미세 조정으로 축소되고, 부동산 세제는 자산 불평등의 해소가 아니라 시장 충격의 완화 장치로 기능한다. 교육과 노동 개혁 역시 미래 역량의 설계보다 당장의 갈등 최소화에 머문다. 제도는 사회를 이끌기보다, 사회의 변화 속도를 늦추는 완충재가 된다.

결국 경로의존성은 책임의 구조를 바꾼다. 문제는 현재에 있지만, 원인은 과거에 있고, 비용은 미래로 밀린다. 이렇게 시간은 세 조각으로 분리되고, 누구도 온전히 책임지지 않는 상태가 만들어진다. 제도의 관성은 단지 느림의 문제가 아니라, 책임이 증발하는 방식이다.

행정 합리성과 사회 합리성의 괴리

행정 시스템이 선택하는 현상 유지는 비용 효율성^{Cost-effectiveness}의 측면에서는 합리적이다. 예산을 안정적으로 집행하고, 갈등을 최소화하며, 실패의 책임을 피하는 방식이기 때문이다. 그러나 이 합리성은 사회적 차원에서는 비합리로 전환된다. 단기 성과 중심 행정, 경로의존성, 이해관계 회피 전략이 겹치면서 미래 세대를 위한 기회는 조금씩 닫힌다.

이 과정은 의도된 음모가 아니라 일상의 절차 속에서 진행된다. 예산은 장기 사업보다 단기 성과 사업에 우선 배정되고, 개혁안은 갈등 관리의 이름으로 미뤄진다. 정책의 시간 지평은 임기 단위로 잘게 쪼개지고, 책임은 다음 국면으로 이월된다. 행정적으로는 안전한 선택이지만, 사회적으로는 손실이 누적된다.

변화가 필요한 시점마다 시스템이 뒤로 물러설 때, 가장 먼저 희생되는 것은 젊은 세대다. 행정은 실패를 피하고, 사회는 실패를 떠안는다. 관료제는 안정을 지키지만, 세대 간 계약은 무너진다. 이렇게 누적된 결과가 영포티 논란의 토양이 된다.

영포티 세대는 구조의 산물로 등장하지만, 제도 속에서는 구조의 수혜자로 호명된다. 현상 유지가 반복될수록 자산 구조와 세대 권력은 단단해지고, 영포티 문제는 단순한 세대 차이를 넘어 갈등의 문법으로 굳어진다. 설명되어야 할 것은 제도지만, 지목되는 것은 사람이다.

행정은 중립적 장치가 아니다. 그것은 과거의 선택을 미래로 연장하는 메커니즘이다. 그리고 그 연장은 언제나 이미 제도 안에 들어와 있는 세대에게 더 유리하게 작동한다. 여기에서 행정 합리성과 사회 합리성의 균열이 시작된다.

"시간이 더 필요하다는 말의 의미"

정부세종청사 소회의실에는 늘 비슷한 공기가 감돈다. 창문은 닫혀 있고, 둥근 테이블 위에는 청년정책 기본계획(안)과 전년도 추진실적 요약표가 나란히 놓여 있다. 계획서는 얇고, 실적표는 두껍다. 아무도 말하지 않지만, 회의가 시작되면 늘 실적표부터 펼쳐진다. '청년'이라는 단어가 제목에만 남아 있다는 느낌이 잠깐 스친다.

회의는 정시에 시작된다. 주무 과장이 자료를 넘기며 입을 뗀다. 청년 간담회와 자문회의, 온라인 설문조사에서 나온 의견들은 이미 공유돼 있다는 설명이다.

"주거 부담, 일자리 불안, 자산 격차 같은 문제 인식은 충분히 축적돼 있습니다. 큰 방향에도 이견은 없습니다."

말은 차분하고 짧다. 이 자리에서 다시 청년들의 현실을 길게 설명할 필요는 없다는 공감이 이미 깔려 있다.

전년도 평가 결과가 화면에 뜬다. 정책 효과 체감도, 성과 지표. 몇 개의 문장이 빠르게 지나간다. 과장은 그 부분을 길게 읽지 않는다. 이번에는 이런 얘기 안 나오게 해야겠다는 말이 짧게 나온다. 그 말 이후로 회의실의 리듬이 조금 달라진다.

주거 이야기가 먼저 나온다.

"공공임대 쪽은 어떻게 보십니까?"

국장이 자료를 넘기며 묻는다. 화면에는 '공공임대 확대', '토지 공급', '구조 개편' 같은 단어들이 떠 있다.

하지만 단어들은 오래 머물지 않는다.

"지금 시점에서는 정리할 수 있는 게 많지 않습니다."

옆자리에서 과장이 말을 받는다.

"설계 단계가 워낙 길고, 이번 기본계획에 넣기엔… 좀 애매합니다."

누군가 "공급 목표치 정도는 넣어야 하는 거 아니냐"는 식으로 중얼거린다. 그러자 다른 사람이 웃으며 말한다.

"방향성 정도로 두는 게 현실적이죠. 수치 넣었다가 나중에 다 책임 문제 생깁니다."

과장은 고개를 끄덕이며 말을 정리한다.

"그럼 방향성 수준으로 정리하고, 세부 설계는 다음 단계로 넘기는 걸로 하죠."

회의실에 더 이상의 질문은 없다.

그 단어—방향성—는 이 방에서 수없이 반복되어 온 말이다.

정책을 미루는 가장 안전한 표현, 아무것도 결정하지 않으면서 결정한 것처럼 보이게 하는 행정 언어다.

일자리 파트도 비슷한 흐름으로 넘어간다.

"고용 쪽은 구조 개선 얘기 좀 들어가야 하지 않습니까?"

젊은 사무관이 조심스럽게 말을 꺼낸다.

"임금 격차나 비정규직 구조 같은 것들요."

잠깐 정적이 흐른다.

국장이 펜을 돌리며 말한다.

"그건… 이번 차수에서는 좀 어렵죠."

누군가 고개를 끄덕인다.

"노동 쪽은 이해관계가 워낙 복잡해서, 기본계획에 구조 개편까지 넣기엔 부담이 큽니다."

"괜히 수치 넣었다가 노조 쪽, 기업 쪽 다 반발하면 골치 아파집니다."

대신 익숙한 단어들이 화면에 올라간다.

'체험형 일자리', '연계형 프로그램', '취약계층 보강'.

"기존 사업 정리하고, 연계 강화 정도로 쓰는 게 낫겠습니다."

"예, 기존 사업 관리 프레임으로 가죠."

말들은 서로 부딪히지 않고 흘러간다… 누구도 구조 개편이라는 단어를 다시 꺼내지 않는다.

자산 이야기에 이르면 말수는 더 줄어든다.

"청년 자산 형성 쪽은… 중요하긴 한데요."

국장이 먼저 운을 뗀다.

"다른 정책들이랑 너무 얽혀 있어서 단독으로 쓰기엔 부담이 큽니다.”

과장이 말을 받는다.

“기간도 길고, 설명도 복잡합니다. 이거 잘못 쓰면 재정 문제로 바로 공격 들어옵니다.”

“국회 쪽도 민감할 거고요.”

잠시 침묵이 흐른다.

과장이 펜을 내려놓으며 정리한다.

“큰 틀에서 원칙 정도만 짚고 넘어가죠.”

“세부 설계는 후속 과제로 남기는 걸로 하고요.”

누군가 말한다.

“일단 기본계획에는 메시지 수준으로만 넣는 게 낫겠습니다.”

모두 고개를 끄덕인다. 그 이후로 자산 이야기는 다시 돌아오지 않는다. 마치 회의 안건에서 자연스럽게 증발한 것처럼.

회의는 점점 속도를 낸다.

“전세대출 쪽은 조정 가능하죠?”

국장이 고개를 들며 묻는다.

“예, 대상이랑 한도만 손보면 바로 반영됩니다.”

사무관이 바로 답한다.

“시스템은 이미 다 깔려 있어서 시행령만 바꾸면 됩니다.”

누군가 말을 보탠다.

“체감도 조사도 붙일 수 있습니다. 정책 만족도 지표로 쓰기 좋고요.”

과장이 수첩에 빠르게 메모한다.

"좋네요. 이건 이번 계획서에 넣기 딱 좋겠습니다."

"숫자도 바로 나오고, 성과 관리도 쉽고요."

"보도자료 뽑기도 좋죠."

누군가 추임새를 더한다.

"이런 것들은 정리하기 좋잖아요."

아무도 그 표현을 이상하게 여기지 않는다.

회의실에서 '정리하기 좋다'는 말은, 곧바로 실행 가능하고, 정치적으로 안전하고, 성과 보고서에 쓰기 적당한 정책을 뜻한다.

구조를 바꾸지 않으면서 바꾸는 척할 수 있는 정책.

이 지점에서 회의실에 보이지 않는 안도감이 내려앉는다. 위험한 이야기는 비껴갔고, 안전한 문장만 남았다는 신호처럼.

청년 소통 파트로 넘어가자 화면이 다시 분주해진다.

"청년 소통 프로그램, 간담회, 타운홀, 박람회, SNS 홍보… 이런 것들 정리해서 넣죠."

사무관이 슬라이드를 넘긴다.

"참여 인원, 개최 횟수, 만족도 지표까지 붙일 수 있습니다."

"수치화가 되니까 성과 관리에 좋습니다."

과장이 고개를 끄덕이며 말한다.

"문장 끝마다 숫자가 붙는 것들 위주로 정리합시다."

회의실에는 고개를 끄덕이는 움직임이 연쇄적으로 이어진다. 숫자가 붙을 수 있는 문장만이 정책으로 인정되는 공간의 리듬이다.

고용 파트로 넘어가자 잠깐 망설임이 생긴다.

"체험형 일자리 사업은… 완전히 빼긴 어렵죠."

국장이 말한다.

"이미 예산도 있고, 지자체 쪽에서도 계속 요구하는 사업이라…"

"없애면 반발 큽니다."

과장이 곧바로 정리한다.

"그럼 기존 틀은 유지하되, 보강하는 방향으로 정리하죠."

"연계 강화, 질적 개선 정도로 표현하고요."

누군가 짧게 웃는다.

"틀은 그대로, 문장만 업그레이드."

누구도 이 결론에 이의를 제기하지 않는다. 이 회의실에서 '유지하되 보강'은 사실상 아무것도 바꾸지 않겠다는 합의를 뜻한다.

회의는 논쟁도, 반박도 없이 무난하게 흘러간다. 남는 것들은 계획서에 담기기 쉬운 것들이다. 숫자로 표시할 수 있고, 임기 안에 성과가 보이고, 보도자료로 정리할 수 있는 것들. 빠지는 것들은 시간이 오래 걸리고, 구조를 건드리고, 나중에야 결과가 나타나는 것들이다. 누구도 그 기준을 입 밖에 내지 않지만, 모두가 알고 있다. 이 회의실에서 어떤 주제가 살아남고, 어떤 주제가 자연스럽게 증발하는지에 대한 암묵적 규칙이다.

정리 단계에 들어가자 과장이 입을 연다.

"그럼 이번 기본계획은 이 방향으로 정리하겠습니다."

잠깐 말을 고르고 덧붙인다.

"구조적인 과제들은 기존처럼 중장기 검토 과제로 남겨 두는 걸로 하죠."

누군가 "예" 하고 짧게 답한다.

다른 사람은 고개만 끄덕인다.

반대 의견은 나오지 않는다.

의자가 뒤로 밀리고, 종이가 정리된다.

노트북이 닫히고, 화면이 꺼진다.

회의는 그렇게 끝나려 한다.

문제는 남아 있고, 문장만 정리된 채로.

그때, 회의실 끝자리에 앉아 있던 가장 젊은 사무관이 입을 연다. 회의 내내 거의 말을 하지 않던 사람이다. 목소리는 크지 않고, 마치 혼잣말처럼 들린다.

"결국 진짜 중요한 건 이번에도 못 건드렸네요."

말은 거기까지다. 질문도 아니고, 불만도 아니다. 그 문장은 잠시 테이블 위에 놓였다가, 누구의 손에도 들리지 않는다. 과장은 그쪽을 한번 바라보다가 시선을 돌린다.

"그런 건… 시간이 좀 더 필요하지."

누구를 향한 말인지도 분명하지 않다. 그리고 더 이어지지 않는다. 다음 일정 이야기가 바로 나온다. 초안을 언제까지 올릴지, 문구는 어떻게 맞출지. 방금의 말은 회의록에 남지 않는다.

회의실 불이 꺼진다. 다음이 있다는 건 모두 안다. 다만 다음이 언제가 될지는, 모두가 말을 아낀다. 청년 정책은 그렇게 또 한

미디어 프레이밍 구조: 갈등의 서사화

영포티 현상이 유행과 밈을 넘어 하나의 낙인 구조로 자리 잡은 배경에는, 끊임없이 그 경로를 제공해 온 미디어 프레이밍 구조가 있다. 이 구조의 작동 방식은 은근하면서도 강력하다. 세대에 대한 인식은 개인적 경험보다 반복 노출되는 이미지와 이야기 속에서 형성되고, 그 과정에서 언론과 플랫폼 미디어는 단순한 전달자가 아니라 의미를 빚어내는 주체가 된다. 영포티는 이 프레이밍 구조 속에서 '설명 가능한 집단'이자 동시에 '비난 가능한 대상'으로 고정된다.

구조 대신 서사를 선택하는 미디어

미디어는 복잡한 경제 구조를 설명하기보다 이를 세대 대립의 이야기로 환원한다. 자산 불평등, 노동시장 이중구조, 유동성 정책, 금융 규제 같은 문제는 장기적·구조적 설명을 요구하지만, 현재의 미디어 환경은 이러한 설명을 감당하지 않는다. 대중은 난해한 제도 언어보다 인물과 갈등의 서사에 더 빠르게 반응하고, 시청률과 클릭 수에 의존하는 플랫폼은 그 반응을 실시간으로 학습한다. 자본의 논리는 복잡한 인과 대신 단순한 대결 구도를 선택하게 만들고, 알고리즘은 그 선택을 다시 증폭한다.

"자산을 빠르게 불리는 40대 vs. 점점 더 가난해지는 2030세대"
와 같은 단순 대비가 반복 재생산되는 맥락이 바로 이것이다. 이 과
정에서 영포티는 제도와 정책의 결과가 아니라 불평등의 원인처럼
보이는 얼굴을 부여받는다. 구조는 배경으로 물러나고, 세대는 이
야기의 주인공이 된다.

알고리즘이 증폭시키는 조롱의 캐릭터

플랫폼 미디어의 알고리즘은 이 프레임을 지속적으로 강화한다.
갈등과 조롱은 클릭률과 체류 시간을 높이는 가장 효율적인 감정
자원으로 작동한다. '젊은 척하는 40대', '힙을 소비하지만 사고방
식은 구태한 세대'라는 서사는 숏폼·밈·댓글 문화 속에서 빠르게
증폭된다.

이 과정에서 영포티는 다양한 삶의 스펙트럼을 가진 실제 세대
가 아니라, 플랫폼 친화적인 단일 캐릭터로 단순화된다. 복잡한 인
간 대신 소비 가능한 이미지가 만들어지고, 이미지는 다시 갈등을
호출한다.

'말하는 세대'와 '겪는 세대'의 비대칭 배치

미디어는 영포티를 '말하는 세대', 청년을 '겪는 세대'로 배치한
다. 시사 토론과 칼럼, 전문가 인터뷰에서 40대 이상은 해석과 평
가의 주체로 등장하는 반면, 2030세대는 통계 수치나 개인 사연의
형태로 소비된다.

이 비대칭적 배치는 "영포티는 위에서 판단하고, 청년은 아래에서 견딘다"는 인식을 강화한다. 그 결과 영포티는 권력의 위치에 고정되고, 그 위치 자체가 비판의 대상이 된다. 세대는 경험이 아니라 위치로 정의된다.

반론이 봉쇄되는 프레임의 폐쇄성

반론이 작동하기 어려운 구조 역시 현상을 고착시킨다. 영포티 개인이 자신의 처지나 세대 내부의 격차를 설명하려 할수록, 미디어 프레임 안에서는 그것이 곧 '기득권의 자기합리화'로 해석된다.

프레임이 먼저 설정된 상태에서는 어떤 설명도 방어로 읽히고, 침묵은 무책임으로 해석된다. 이 구조는 영포티를 발언하든 침묵하든 비난에서 벗어날 수 없는 위치에 고정한다. 프레임은 논쟁의 장이 아니라 판결의 장이 된다.

갈등을 소비하는 사회적 완충 장치

결국 미디어 프레이밍은 영포티 현상을 설명해야 할 사회 문제가 아니라 비난 가능한 정체성으로 전환한다. 개인의 다양성, 세대 내부의 격차, 정책 실패의 책임은 사라지고, 하나의 세대가 사회적 긴장을 흡수하는 완충 장치로 기능한다.

이 과정이 반복될수록 영포티 이미지는 실제보다 더 단단하게 굳어지고, 세대 갈등은 해결의 대상이 아니라 지속적으로 소비되는 콘텐츠가 된다.

영포티 현상이 고착되는 이유는 특정 세대의 태도 때문이 아니라, 미디어가 갈등을 재현하고 강화하는 방식 자체가 구조적으로 고착을 만들어 내기 때문이다. 구조를 설명하지 않는 미디어는 결국 대상을 만들고, 그 대상은 오늘도 사회적 불만의 출구로 작동한다.

"조롱이 가장 효율적인 서사가 되는 순간"

요즘 사람들은 TV를 거의 보지 않는다. 대신 커뮤니티의 베스트 글을 클릭한다. 제목이 짧고, 댓글이 많고, 첫 줄에서 이미 그림이 그려지는 글. 그 정도면 충분하다.

어느 날, 유독 빠르게 떠오른 게시물 하나가 있었다. 제목은 간결했다.

"고증 미친 중년남미새."

본문에는 영상 링크 하나가 달려 있었다.

영상의 출처는 개그 유튜버 강주원의 채널, 〈강주원의 사회실험〉. 채널 운영자인 강주원은 실제로 40대, 이른바 영포티 나이대다. 그래서인지 그의 풍자는 유독 디테일이 살아 있다. 젊은 세대를 흉내 내지도 않고, 윗세대를 멀리서 비웃지도 않는다. 현실의 결을 예리하게 포착해 이질감 없이 자연스럽게 풍자한다. 시청자들이 그를 '인류학자'라고 부르는 이유다. 웃기지만, 웃다 보면 이상하게 불편해지는 건 정곡을 찌르는 날카로움 때문이다.

영상 하나를 끝까지 보고 나면 추천 목록이 자연스럽게 이어진다. 알고리즘은 이미 분류를 끝내놓은 상태다.

- 〈중년남미새〉 박미선 부장의 하루
- 〈겉은 젠틀, 속은 "까라면 까"〉 '스윗영포티'
- 〈"엄마니까요"〉 'Jason맘' 소율 씨의 별난 일상

서로 다른 이야기처럼 보이지만, 플랫폼은 이 셋을 하나의 묶음으로 취급한다.

먼저, '중년남미새'.

영상 속 박미선 부장은 대기업 중간 관리자다. 십수 년 전 결혼했고 아이도 있다. 문제는 미혼 남직원 앞에 섰을 때다. 말투가 한 박자 느려지고, 목소리엔 자연스레 콧소리가 섞인다.

"자기, 요즘 힘들지?"

공감처럼 들리지만, 이 문장은 질문이 아니다. 자기가 이해해 주는 위치에 있다는 선언이다. 보호하는 쪽과 보호받는 쪽. 관계의 방향은 그 한 문장으로 정해진다.

반대로 젊은 여직원에게는 기준이 다르다. 같은 실수에도 더 엄격하다. 특히 그 미혼 남직원이 어떤 여직원과 자주 붙어 다니기 시작하면 분위기는 눈에 띄게 달라진다. 둘이 웃으며 이야기하

고, 썸이라 불릴 만한 기류가 감지되는 순간부터다. 그녀는 돌려 말하지 않는다. 업무라는 명분 아래, 공개적으로 지적한다.

"이건 기본이 안 돼 있네."

"이 정도는 알아서 했어야지."

말투는 조근조근 차분하다. 그래서 더 반박하기 어렵다.

업무시간이 끝난 뒤, 그녀는 미혼 남직원을 불러 세워 떠보듯 말한다. 표정은 가볍고 말투는 농담처럼 느슨하다.

"아까 혜진 씨 먼저 나가던데? 둘이 뭐 있는 거 아니었어?"

아니라고 하면 기다렸다는 듯 말을 잇는다.

"아~ 난 또. 자기는 그런 사람 아닌 거 아는데. 오해할 뻔했네?"

확인이 끝났다는 안도의 웃음이 스친다. 그리고 화제는 아무 일도 없었다는 듯 자연스럽게 다른 방향으로 옮겨간다.

"근데 혜진 씨 말야. 참 일머리 없지 않아? 센스도 좀 떨어지고. 회사에 얼마나 붙어 있으려나."

업무 평가처럼 들리지만, 그 안에는 다른 신호가 섞여 있다. 굳이 가까이 붙어 다니지 말라는 암시, 괜히 엮이지 말라는 조용한 경고. 말로는 아무것도 금지하지 않지만, 이후의 움직임은 분명해진다. 이 문장들이 이어지는 순간, 관계의 배치는 고정된다. 한 사람은 보호의 영역으로 들어가고, 다른 한 사람은 문제의 원인처럼 남는다. 누구와 가까워져도 되는지, 누구와는 거리를 두는 게 좋은지에 대한 기준이 설명 없이 전달된다.

그 안에는 묘한 경쟁 구도가 깔린다. 누가 중심인지, 누가 시선을 받아야 하는지, 누가 주변으로 밀려나야 하는지에 대한 조용한 정리. 말로는 아무것도 금지하지 않는다. 하지만 방향은 분명하다. 가까워지지 말 것, 자리를 헷갈리지 말 것, 시선은 여기로 둘 것. 큰 소리도, 노골적인 충돌도 없다. 대신 이후 회의 자리에서 웃음의 방향이 달라지고, 대화의 간격이 바뀐다. 그녀는 사적인 감정을 섞지 않았으며 그 어떤 것도 강요하지 않았다고 말할 수 있다. 다만 그녀가 던진 말들이 남긴 여운 속에서 모두가 알아서 움직일 뿐이다.

그리고 점심시간 휴게실.

여직원들이 잠깐 모여 티타임을 갖는 자리에서도, 대화를 주도하는 사람은 대개 박미선 부장이다. 찻잔에 물을 따르며 그녀는 짐짓 수더분한 말투로 웃어 보인다.

"호호, 유난이 아니라~ 아들 가진 엄마들은 다 그래."

잠깐 웃음을 멈추고는, 스스로 덧붙인다.

"나중에 며느리한테 욕 좀 먹겠지? 나 나쁜 시어머니 완전 예약이야."

그리고 아무렇지 않게 표정을 바꾸고는 말을 잇는다.

"아니 요즘 여자애들 진짜 영악해. 애 키워 보면 다 알게 돼. 맞다, 자기도 아들 키우지? 조심해야 한다니까."

누군가는 조용히 찻잔을 내려놓는다. 누군가는 입만 웃으며 고개를 끄덕인다. 점심시간이고, 그는 상사다. 반박할 언어도, 타이밍도 없다. 자기애는 농담으로 포장되고, 편애는 '현실을 아는 어른의 말'처럼 굳어져 간다.

스마트폰 화면 속에서 온갖 주접을 떠는 박미선 부장을 내려다
보며 구독자들은 웃다가, 곧 멈춘다. 서늘히 엄습하는 기시감. 이
건 과장된 연기가 아니라 관찰 카메라에 가깝다는 걸, 모두가 비
슷하게 느낀다.

이와 비슷한 방식으로 소비되는 캐릭터가 또 있다.
'스윗영포티'.

영상 속 주인공은 40대 후반의 대기업 부장 윤상필. 능글맞고,
언뜻 호감형 인상을 지녔다. 스몰토크에 능하고, 분위기를 읽는
감각도 빠르다. 회식 자리에서는 먼저 물을 따르고, 회의에서는
후배 말을 끊지 않는 척 고개를 끄덕인다. 말투는 늘 부드럽고 표
정에는 여유가 묻어난다. 그는 자신을 합리적이고 열린 관리자라
고 생각한다. 적어도 스스로는 "나는 꼰대는 아니다"라고 믿는다.
문제는 그가 던지는 농담이다. 항상 가볍고, 웃자고 하는 말처럼
시작된다. 외모 이야기, 연애 이야기, 성별을 건드리는 말들.
"요즘은 다 예뻐서 누가 누군지 모르겠네."
"연애는 하고 다녀야지, 너무 일만 하면 안 돼."
"젊을 때 좀 즐겨. 나중엔 기회도 없어."
"그래도 우리 레이디 분들이 분위기는 잘 살리잖아."
말끝마다 웃음이 붙고, 항상 빠져나갈 구멍이 남아 있다.
"아, 오해하지 마. 진짜 좋은 뜻이야."

"요즘은 이런 말도 조심해야 하니까."

그는 스스로를 '선 넘는' 사람이라고 생각하지 않는다. 오히려 배려하는 쪽이라고 믿는다. 그래서 자기가 던진 농담이 불편했는지 묻지 않는다. 불편한 기색이 보이면 이렇게 정리한다.

"요즘 MZ들, 너무 예민하다니까."

그 말이 나오는 순간, 문제는 농담의 무례함이 아니라 듣는 이의 반응이 된다. 웃지 않으면 분위기를 깨는 사람이 되고, 웃으면 그 농담에 동의한 사람이 된다. 어느 쪽을 선택해도 손해다. 그래서 대부분은 웃는다. 그 웃음은 반응이 아니라 비용이다. 불필요한 마찰을 피하기 위해 지불하는 최소한의 비용.

젊은 직원들은 그의 뒤통수에 대고 '스윗영포티'라고 부른다. '스윗'이란, 모두에게 공평하게 적용되는 친절의 형용사가 아니다. 젊은 여성에게만 선별적으로 작동하는 호의다. 커피를 먼저 챙기고, 말은 한 번 더 부드럽게 하고, 실수에는 "괜찮아, 그럴 수도 있지"라고 말한다. 반면 같은 실수를 한 다른 카테고리의 사람에게는 아무 말도 없거나, "다음엔 좀 신경 써줘"라는 건조한 말이 붙는다. 기준은 설명되지 않지만, 분명히 존재한다.

겉은 유쾌하고 말은 젠틀하지만, 그 안에는 권력 관계가 명확하다. 누가 보호받고, 누가 평가받는지는 이미 정해져 있다. 그는 그 구도를 의식하지 않거나, 의식하지 못한 척한다. 본인은 누구에게나 친절했을 뿐이라고 생각한다. 그래서 더 문제 삼기 어렵다.

표면적으로 그는 나쁜 사람은 아니다. "그래도 그만하면 나이스

하지"라는 말이 따라붙는다. 친절했던 순간들은 기억되지만, 친절하지 않았던 순간들은 기록되지 않는다. 남는 것은 불편함뿐이고, 그 불편함은 언제나 말하기 어려운 위치에 있는 아랫사람의 몫으로 쌓인다. 말하면 예민한 사람이 되고, 말하지 않으면 아무 일도 없었던 것이 된다.

그래서 스윗영포티는 오래 지속된다. 공식적으로 악인으로 규정되지 않기 때문에, 스스로를 돌아볼 계기도 없다. 그는 계속 젠틀하고, 계속 스윗하며, 계속 같은 농담을 반복한다. 그리고 그 농담은 늘 웃음으로 정리되고, 웃음 뒤에 남은 불편함은 조용히 타인의 몫이 된다.

그리고, '제이슨맘'이 있다.

겉모습은 늘 우아하다. 명품은 과하지 않게, 그러나 빠짐없이 갖춘다. 말투는 교양 있고 부드럽다. 상대를 직접 몰아붙이지도, 목소리를 높이지도 않는다. 늘 웃으며 말한다. 하지만 대화의 중심은 언제나 자기 자식이다.

영어유치원, 레벨 테스트, 촘촘하게 짜인 사교육 동선과 숨 막히는 보호. 아이의 하루는 시간표로 정리되고, 그녀의 불안은 그 일정표 안에서 잠시 눌린다.

"다 아이를 위해서죠, 호호."

이 말은 설명처럼 들리지만, 실제로는 스스로를 안심시키는 주문에 가깝다. 그녀는 경쟁하고 있다고 생각하지 않는다. 다만 뒤처지지 않으려 애쓰고 있다고 믿는다. 그래서 멈추지 못한다. 기준을 낮추는 순간, 자신이 잘못 선택해 온 것처럼 느껴질까 봐서다. 그녀는 자신의 유년기와 청소년기를 거의 떠올리지 않는다. 공부에 특별히 관심이 없었고, 성취로 기억될 만한 장면도 많지 않았다. 그 시절의 자신은 지금의 기준으로 설명하기 곤란하다. 그래서 기억은 흐릿하게 두고, 대신 현재를 관리한다. 아이의 성적표와 테스트 결과는 과거 자신의 공백을 덮는 가장 확실한 증거가 된다.

그래서 그녀는 말한다.

"처음엔 힘들어 보여도요, 아이들은 시키면 금방 따라와요."

위로처럼 들리지만, 그 말에는 조급함이 섞여 있다. 아이를 믿는 말이면서 동시에 자신을 설득하는 말이다. 이 선택이 틀리지 않았다는 확인, 되돌아갈 필요가 없다는 자기 암시. 아이가 힘들어할수록, 일정표는 더 촘촘해진다. 멈추는 것은 곧 과거의 자신을 다시 마주하는 일이기 때문이다.

그녀는 다른 엄마를 직접 비난하지 않는다. 대신 기준을 내세운다.

"요즘 다들 이 정도는 하잖아요."

그 기준에 미치지 못하는 쪽이 스스로 불편해지게 만든다. 판단은 그녀가 하지 않는다. 판단은 기준이 대신한다.

그래서 제이슨맘은 스스로가 늘 합리적이라고 믿는다. 욕심이 아니라 선택, 집착이 아니라 책임, 통제가 아니라 헌신이라는 자기 세뇌. 그러나 그 헌신의 깊이만큼, 아이는 점점 하나의 인격이 아니라 미뤄 둔 자기 실현의 통로가 된다. 자기가 이루지 못한 목표, 선택하지 못했던 길, 남겨 둔 가능성들이 아이의 일정표 안으로 들어온다.

겉으로는 우아하지만, 그 우아함은 늘 긴장 위에 서 있다. 말투는 정제돼 있고, 표정은 흐트러지지 않는다. 그러나 그 단정함은 평온이 아니라 관리의 결과다. 불안은 밖으로 새지 않는다. 대신 아이의 하루를 분 단위로 쪼갠 시간표 일정표 안으로 밀려 들어간다.

중년남미새, 스윗영포티, 제이슨맘.

서로 다른 얼굴처럼 보이지만, 미디어 안에서는 같은 방식으로 다루어진다. 한 번에 이해되고, 한 번에 비난할 수 있는 인물들이다. 꼬리표가 붙는 순간 맥락은 지워진다. 개인은 사라지고, 캐릭터만 남는다.

그리고 이 지점에서 구조가 완성된다. 조롱은 웃음이 되고, 웃음은 기사 제목이 되며, 기사는 다시 원콘텐츠의 파급성을 증폭시킨다. 조회수, 광고, 협찬, 출연 요청. 그 사이 돈이 흐른다. 누군가를 이해하려는 콘텐츠는 오래 살아남지 못한다. 그러나 누군가를 단번에 설명하고 단번에 비난할 수 있는 캐릭터는 플랫폼에서 가장 효율적인 상품이 된다.

그래서 미디어는 학습한다. 세대 갈등은 복잡하게 풀수록 손해고, 단순하게 조롱할수록 돈이 된다는 사실을. 그 학습이 반복되는 한, 이 캐릭터들은 사라지지 않는다. 얼굴과 이름만 바뀐 채, 다음 추천 영상 속에서 다시 호출될 뿐이다.

이 지점에서 중요한 것은 개별 인물의 일탈이 아니다. 중년남미새, 스윗영포티, 제이슨맘은 우연히 만들어진 캐릭터가 아니다. 이들은 플랫폼과 미디어가 가장 선호하는 형식으로 정제된 결과물이다. 한 번에 이해되고, 한 번에 판단 가능하며, 짧은 시간 안에 감정을 소모하게 만드는 얼굴들이다.

미디어는 복잡한 구조를 설명하지 않는다. 대신 구조를 대표할 인물을 만든다. 정책 설계의 불합리, 노동시장의 경직성, 가족 내 돌봄 책임의 불균형, 성별 권력 구조 같은 문제들은 설명하기 어렵고 이해시키는 데에도 시간이 오래 걸린다. 그러나 특정 유형의 중년을 호출하면 이야기는 즉시 작동한다. 문제는 개인의 태도로 축소되고, 책임은 캐릭터에 붙는다. 설명은 사라지고, 소비만 남는다.

플랫폼 알고리즘은 이 과정을 더욱 가속한다. 조롱과 풍자는 체류 시간을 늘리고, 분노와 웃음은 공유를 부른다. 콘텐츠는 점점 더 날카로워지고, 캐릭터는 점점 더 단순해진다. 현실의 사람은 사라지고, 프레임에 최적화된 인물만 반복 재생산된다. 그렇게 영포티는 하나의 세대가 아니라, 언제든 호출 가능한 '문제적 이미지'로 고착된다.

이 구조 안에서 반론은 작동하기 어렵다. 설명은 변명으로 읽히고, 맥락은 자기합리화로 해석된다. 침묵하면 인정한 것이 되고,

말하면 더 많은 조롱이 돌아온다. 결국 남는 것은 캐릭터와 웃음, 그리고 클릭 수다. 미디어는 이 학습을 반복하며 점점 더 확신하게 된다. 갈등은 해결의 대상이 아니라, 유지해야 할 자원이라는 것을.

그래서 영포티 현상은 사라지지 않는다. 얼굴과 이름만 바뀔 뿐, 같은 자리에 새로운 인물이 계속 올라온다. 미디어 프레이밍이 작동하는 한, 누군가는 계속해서 '설명 가능한 문제'로 호출될 것이고, 그 호출은 언제나 가장 빠르고 값싼 방식으로 이루어질 것이다.

구조는 제도를 숨기고 개인을 호출한다

이 장에서 살펴본 정치·경제·행정·미디어 프레이밍 구조는 서로 다른 논리와 시간표 위에서 작동한다. 정치 구조는 선거 주기에 묶여 개혁을 연기하고, 경제 구조는 출발선의 차이를 성과의 차이로 번역하며, 행정 구조는 변화보다 유지를 합리적 선택으로 만든다. 미디어는 이 모든 과정을 압축해 이야기 가능한 이미지로 재구성한다. 각 구조는 독립적으로 움직이지만, 그 결과는 일관되게 수렴한다. 갈등의 원인은 제도에서 개인으로 이동하고, 구조적 문제는 해결의 대상이 아니라 관리 가능한 상태로 남는다.

이 수렴의 핵심에는 책임의 이동이 있다. 정책 실패는 정치의 선택이 아니라 타이밍의 문제가 되고, 자산 격차는 제도의 결과가 아니라 개인의 판단과 노력의 차이로 해석된다. 행정의 유보는 시스템의 안정이라는 이름으로 정당화되고, 그 사이 발생하는 불균형은 다시 개인의 감정과 태도의 문제로 환원된다. 구조는 스스로를 설명하지 않고, 설명의 부담은 늘 개인에게 전가된다.

영포티는 바로 이 지점에서 호출된다. 영포티는 갈등의 원인이기 때문에 등장한 집단이 아니라, 구조가 자신을 드러내지 않기 위해 선택한 가장 설명 가능한 좌표다. 정책의 실패를 말하기보다 세대의 태도를 이야기하는 편이 쉽고, 자산 구조의 불균형을 해명하기보다 특정 연령대의 이미지로 갈등을 정리하는 편이 효율적이기 때문이다. 영포티는 그렇게 문제의 출발점이 아니라, 구조가 유지되는 과정에서 반복적으로 만들어진 결과가 된다.

중요한 점은 이 과정이 일시적 현상이 아니라는 사실이다. 정치가 책임을 분산시키고, 경제가 구조적 격차를 개인의 능력 문제로 치환하며, 행정이 유예를 제도화하고, 미디어가 이를 소비 가능한 서사로 고정하는 한, 갈등은 언제든 다른 이름으로 재현될 수 있다. 오늘의 영포티는 특정 세대의 이야기처럼 보이지만, 구조가 바뀌지 않는다면 내일의 호출 대상 역시 달라지지 않는다. 세대는 교체되지만, 호출 방식은 반복된다.

따라서 영포티 현상을 이해한다는 것은 특정 세대의 태도를 평가하는 일이 아니다. 그것은 이 사회가 갈등을 다루는 방식, 책임을 미루는 제도적 관성, 변화를 늦추는 시스템의 논리를 읽어 내는 작업에 가깝다. 영포티는 세대명이 아니라 구조적 증후군이다. 이 징후가 반복되는 한, 문제는 해소되지 않는다. 갈등은 제도 밖으로 흘러가 사람들 사이에서 소모될 뿐이다.

8장

무엇이 문제인가

세대 갈등이 사회의 중심 이야기로 자리 잡는 순간,

사람들은 공동체의 문제를 제도와 구조의 문제로 보기보다

세대 간 책임과 비난의 문제로 이해하게 된다.

협력과 장기 설계의 언어는 점점 사라지고,

각자가 계산하고 방어하는 생존 전략의 언어가 사회를 지배한다.

구조가 택한 가장 손쉬운 변명

영포티 현상이 심각한 이유는, 이것이 이미 경직된 제도와 권력 구조가 자기보존을 수행하는 담론적 장치로 작동하고 있기 때문이다. 변화가 요구되는 지점에서 구조는 자기 개혁을 선택하지 않는다. 제도 개혁은 비용을 수반하고, 기존 권력의 재분배를 요구하기 때문이다. 난이도가 높은 개혁 대신 구조는 손쉽게 특정 세대의 이름을 호출한다. 구조적 실패는 세대적 결함으로 환원되고, 제도적 지체는 개인의 태도 문제로 번역된다. 그 결과 구조는 설명 대상에서 탈각되고, 책임은 인격화된 집단에게 전가된다.

조직이 움직이지 못하는 이유, 문화가 갈라지는 이유, 정치가 교착되는 이유, 성장이 정체되는 이유는 복합적이다. 그러나 그 복합성을 감당하기보다, 사회는 점점 더 단순한 설명을 택한다. "중간 세대가 문제다"라는 말은 구조를 손대지 않고도 상황을 정리할 수 있는 가장 쉬운 언어다. 그렇게 영포티는 분석의 대상이 아니라, 분석을 멈추게 만드는 장치가 된다.

이 방식이 반복될수록 낡은 구조는 살아 남는다. 책임은 아래로 내려가고, 조정은 미뤄지며, 기존의 작동 방식은 그대로 유지된다. 변화는 요구되지 않고, 적응만 강요된다. 사회는 겉으로는 갈등을 설명하고 있지만, 실제로는 아무것도 바꾸지 않는다.

문제는 이 보호 메커니즘이 사회의 동력을 직접 갉아먹는다는 점이다. 새로운 시도는 '현실을 모르는 선택'으로 밀리고, 기존 방식은 '검증된 질서'라는 이름으로 고정된다. 협력과 조정은 논의 대상에서 사라지고, 각자는 자기 위치를 방어하는 데 에너지를 쓴다. 축적은 멈추고, 미래를 설계할 여지는 점점 얇아진다.

영포티 현상을 그대로 두는 것은 특정 세대를 비판하거나 감싸는 차원의 문제가 아니다. 그것은 낡은 구조가 자기 연명을 위해 사회 전체의 시간을 소모하도록 허용하는 선택이다. 이 장은 그 보호 메커니즘이 어떻게 작동하는지, 왜 지금 이 지점에서 반드시 끊어야 하는지를 드러내기 위한 출발점이다.

영포티 프레임의 사회적 비용

각자도생의 밀실사회로 전락

영포티 현상의 첫 번째 위험은, 그것이 세대 감정의 충돌을 넘어 사회적 연대와 공적 규범을 갉아먹고 각자도생의 밀실 사회를 강화한다는 점이다.

영포티 담론은 표면적으로는 특정 세대의 태도나 소비 양식, 문화적 취향을 조롱하는 밈처럼 보이지만, 그 이면에서는 구조적 문제에 대한 공적 토론을 개인적 생존 전략의 문제로 환원하는 인식 전환을 촉진한다. 자산 불평등, 노동시장 이중구조, 교육 기회의 세습, 연금과 재정의 세대 간 배분 문제와 같은 거시적·제도적 문제는 본래 집합적 해결을 요구하는 공공 의제다. 그러나 영포티 담론은 이러한 문제를 각 세대의 선택과 태도 혹은 도덕성의 문제로 전치시킴으로써, 구조적 개혁 요구를 개인의 감정적 비난과 도덕적 분노의 영역으로 축소한다.

이 과정에서 사회는 공적 협상과 제도적 조정의 공간이 아니라,

세대별 이해관계가 비공식적으로 경쟁·교환되는 밀실적 게임의 장으로 재편된다. 각 세대는 제도 개혁을 통해 집합적 효용을 극대화하려 하기보다, 제한된 제도 환경 속에서 자신에게 유리한 규칙을 확보하거나 기득권을 방어하는 전략적 행위자로 전환된다. 이는 정치·경제 제도가 협상과 합의의 장이 아니라 분배적 전투의 전장으로 인식되는 인지적 전환을 낳는다.

특히 영포티 담론은 중년 세대를 공적 책임의 주체라기보다 자기 이해관계의 합리적 극대화를 추구하는 행위자 집단으로 표상함으로써, 세대 간 신뢰와 규범적 연대의 토대를 약화시킨다. 이러한 인식이 확산될수록 사회 구성원들은 제도 개혁을 통한 장기적 공동 이익보다 단기적 사적 이익을 우선시하는 전략을 합리적 선택으로 받아들이게 된다. 결과적으로 사회는 공적 담론과 제도적 합의의 공간을 상실하고, 비공식적 네트워크와 자산·권력 접근성을 통해 생존이 결정되는 각자도생적 밀실사회로 이행한다.

이러한 전환은 단순한 문화적 현상이 아니라, 민주적 자본주의의 제도적 지속가능성을 잠식하는 구조적 위험이다. 공적 규범이 사적 전략으로 대체되는 사회에서 세대 간 계약은 붕괴되고, 장기적 제도 설계의 정당성은 약화되며, 정치경제 시스템은 점차 단기적 이해관계의 포획 상태로 수렴한다. 영포티 현상은 이와 같은 인식 전환을 촉진하는 담론적 장치로 기능한다는 점에서, 단순한 세대 갈등을 넘어 제도적 공공성의 퇴행을 가속하는 위험 요인으로 평가될 수 있다.

조직의 붕괴와 성장 동력 약화

영포티 현상의 두 번째 위험은, 그것이 개인의 태도나 문화적 기호를 넘어 조직의 학습·승계·혁신 메커니즘을 약화시키는 구조적 경로로 작동한다는 점이다. 세대 간 불신과 조롱의 담론이 고착될수록, 조직은 협력적 학습 공동체가 아니라 세대별 이해관계가 분절된 임시적 계약 네트워크로 전환된다.

조직은 본질적으로 세대 간 지식 이전과 역할 승계에 의해 유지된다. 숙련, 암묵지, 규범, 조직 문화는 단기 계약이나 문서화된 규칙만으로 재생산될 수 없으며, 세대 간 신뢰와 장기적 관계성을 통해 전승된다. 그러나 영포티 담론이 중년 세대를 기득권적·비협조적 집단으로 표상하고, 젊은 세대를 구조적 피해자로 고정할수록, 조직 내부의 세대 관계는 학습과 멘토링의 관계가 아니라 경계와 회피, 최소 협력의 관계로 재구성된다.

이러한 환경에서 중년 세대는 후배 양성, 조직 혁신, 제도 개선 등 장기적 조직 투자에 대한 동기를 상실하고, 단기적 성과와 개인 생존 전략에 집중하는 합리적 행위자로 전환된다. 동시에 젊은 세대는 조직을 장기적 정체성의 공간이 아니라 경력 포트폴리오의 일시적 플랫폼으로 인식하게 되며, 조직에 대한 충성이나 내부 혁신 투자 대신 외부 이동 옵션을 우선시한다. 그 결과 조직은 장기적 축적을 통해 성장하는 공동체가 아니라, 단기 교환 관계가 반복되는 임시 시장으로 전락한다.

이와 같은 조직적 탈장기화Short-termism는 혁신 역량을 구조적으로 약화시킨다. 기술 혁신과 제도 혁신은 단기 성과 지표로 환원되지 않는 장기 학습·실험·실패의 축적 과정을 요구하지만, 세대 간 신뢰가 붕괴된 조직에서는 이러한 장기 투자가 합리적 선택이 되기 어렵다. 영포티 담론이 강화하는 세대 간 불신은 조직 내 협력적 위험 감수Cooperative Risk-taking를 저해하고, 결과적으로 조직의 동태적 효율성과 성장 잠재력을 잠식한다.

더 나아가 이러한 현상은 기업 조직을 넘어 공공 부문과 국가 정책 시스템에도 동일하게 작동한다. 관료 조직과 정책 공동체 역시 세대 간 학습 및 조직 차원의 지적 자산과 경험Institutional Memory에 의존하는데, 세대 담론이 갈등 프레임으로 고착될수록 정책 설계는 장기적 사회 투자보다 단기적 정치 보상에 종속된다. 이는 국가 차원의 혁신 역량, 인적 자본 축적, 기술·산업 전략의 일관성을 약화시키는 경로로 작동한다.

결과적으로 영포티 현상은 단순한 문화적 세대 갈등이 아니라, 조직과 제도의 시간 구조Time Horizon를 단축시키는 메커니즘으로 기능한다. 장기적 축적과 세대 간 학습에 기반한 성장 모델이 붕괴되고, 단기적 성과와 개인 생존 전략이 지배하는 환경에서 사회 전체의 성장 동력은 구조적으로 약화된다. 영포티 담론은 이러한 조직적 단기화와 혁신 역량 저하를 촉진하는 인식적 인프라로 작동한다는 점에서, 경제 성장과 제도 지속가능성 차원에서 중요한 문제로 평가될 수 있다.

세대 간 신뢰 붕괴와 사회적 자본의 고갈

영포티 현상의 세 번째 위험은, 그것이 세대 간 신뢰와 사회적 자본Social Capital을 잠식하는 인식 구조를 강화한다는 점이다. 사회적 자본은 개인과 집단이 협력하고 제도를 신뢰하며 장기적 계약을 유지하는 비공식적 규범과 관계망을 의미한다. 이는 경제 성장, 민주주의 안정, 제도 효율성의 핵심 기반이지만, 세대 갈등 담론이 고착될수록 급격히 약화된다.

영포티 담론은 특정 세대를 구조적 문제의 수혜자이자 도덕적 책임의 주체로 단순화하고, 다른 세대를 피해자 집단으로 고정한다. 이러한 이분법적 프레이밍은 세대 간 상호 이해와 협력의 가능성을 축소하고, 세대 간 관계를 제로섬 경쟁 관계로 재인식하게 만드는 인지적 환경을 형성한다. 그 결과 세대 간 정책 협상, 재정 이전, 제도 개혁은 상호 신뢰에 기반한 사회적 계약이 아니라, 상대 세대의 착취 혹은 방어로 해석되는 분배 투쟁의 장으로 전환된다.

신뢰의 붕괴는 단순한 심리적 현상이 아니라 제도적 비용을 증가시키는 경제적 문제다. 세대 간 신뢰가 약화될수록 사회는 강제 규제, 법적 통제, 정치적 갈등 관리 비용에 더 많은 자원을 투입해야 하며, 자발적 협력과 비공식 규범에 기반한 효율적 제도 운영은 어려워진다. 이는 사회 전체의 거래 비용을 구조적으로 상승시키는 경로로 작동한다.

결과적으로 영포티 담론은 세대 간 사회적 자본을 소진시키고,

협력적 제도 설계의 가능성을 축소하며, 장기적 사회 투자에 대한 정치적 합의를 어렵게 만드는 신뢰 인프라의 구조적 침식 메커니즘으로 기능한다.

장기 침체의 늪: 쪼그라든 파이를 둘러싼 제로섬 투쟁

영포티 현상의 네 번째 위험은, 이 균열을 방치할수록 한국 사회가 정체와 축소의 구조 속으로 더 깊이 빨려 들어간다는 점이다.

2010년대 이후 성장률이 1~3%대로 내려앉으면서 노동시장은 더 이상 확장 게임이 아니라 쪼그라든 파이를 나눠 먹는 제로섬 구조로 바뀌었다. 고성장기에는 기성세대의 임금 상승과 청년층의 높은 초봉이 동시에 가능했지만, 파이가 멈춘 뒤 그 조합은 더 이상 성립하지 않았다.

실질임금의 궤적은 이 변화를 또렷하게 드러낸다. 2017~2024년 사이 50대 실질임금은 15.6%, 40대는 17.9% 증가한 반면, 20·30대는 5.6% 상승에 그쳤다. 속도 차이는 세 배에 가깝다. 이러한 격차는 능력의 차이가 아니라, 진입 시점이 갈라놓은 경로의 차이이다. 연공서열형 임금 체계가 유지되는 상태에서 정년이 연장되자 기업들은 신규 채용 축소와 초봉 억제로 비용을 맞췄고, 가장 늦게 들어온 세대가 조정의 부담을 떠안았다.

이 조건에서 청년들의 선택은 점점 보수화되었다. 불안정한 일자리에 매달리느니 일정 기간 일을 쉬고, 소비를 줄이며, 임대주택에 머문 채 자산 경로 진입 자체를 미루는 삶이 늘어났다. 결혼과 출산은 계획표에서 지워지고, '성장'은 더 이상 설득력 있는 약속이 되지 못한다. 이것은 도덕의 후퇴가 아니라 기대수익이 붕괴된 사회의 합리적 적응이다. 그러나 그 적응은 역설적으로 경제의 활력을 더 갉아먹는다. 돈을 쓰지 않는 청년, 위험을 감수하지 않는 청년, 이동하지 않는 청년이 늘수록 내수와 혁신은 동시에 위축된다.

이 악순환 속에서 분노는 구조 대신 사람을 향한다. 제도의 결과가 인물의 얼굴로 번역되면서, 이미 자리를 잡은 40대는 가장 가까운 비교 대상이자 손쉬운 표적이 된다. 청년의 포기와 중장년의 안착이 서로를 증명하는 거울이 되며, 영포티 논란은 더 단단한 순환 고리로 굳어진다. 문제는 해결의 대상이 아니라 관리의 대상으로 축소되고, 사회는 원인을 바꾸는 대신 감정을 조정하는 데 익숙해진다.

더 위험한 지점은 이 흐름이 경제 전체를 잠식한다는 사실이다. 청년층의 실질소득 정체는 소비 여력을 갉아먹고, 미래에 대한 기대를 무너뜨린다. 투자는 유예되고 결혼과 출산은 미뤄진다. 산업 구조와 임금 체계를 바꾸지 못하면 한국 경제는 결국 정체와 축소의 늪으로 더 깊이 빨려 들어갈 수밖에 없다.

결국 영포티 논란은 세대의 성격 문제가 아니라 성장 체제의 고장 신호다. 파이가 커지던 시대에는 드러나지 않던 균열이, 멈춘 시대에 처음 모습을 드러냈을 뿐이다. 이 균열을 제도로 봉합하지 않는 한, 비난의 이름만 바뀔 뿐 같은 드라마는 반복된다.

정치적 함정: 세대 분열의 도구화와 제도의 경직화

영포티 현상의 다섯 번째 위험은, 그것이 세대 분열을 정치적 이익으로 전환하는 구조적 함정을 형성하고, 그 결과 정치경제 제도의 경직성과 세대 포획을 심화시키는 경로로 작동한다는 점이다.

세대 갈등 담론이 강화될수록 정치 행위자들은 복잡한 구조적 문제를 제도 개혁의 대상으로 다루기보다, 세대 간 분배 갈등의 서사로 단순화하여 동원 전략으로 활용할 유인을 갖는다. 영포티 담론은 중년 세대를 제도 수혜 집단, 청년 세대를 구조적 피해 집단으로 표상함으로써, 정책 논쟁을 세대별 도덕적 대립 구도로 환원한다. 이 프레이밍은 정치적 동원 비용이 낮고 감정적 동원 효과가 크기 때문에 반복적으로 선택되는 전략이 된다.

이 과정에서 세대의 분열은 정치적 자원으로 전환된다. 정치권은 세대별 이해관계를 자극함으로써 단기적 지지 기반을 강화할 수 있으며, 구조적 개혁의 비용과 위험을 회피할 수 있다. 결과적으로 세대 갈등은 해결되어야 할 사회 문제라기보다 정치적 효용을 생산하는 지속 가능한 갈등 자원으로 재생산된다. 이러한 메커니즘은 세대 분열이 정치적 균열선으로 제도화되는 경로를 형성한다.

세대 분열의 이익화는 정책 설계의 시간 구조를 왜곡한다. 연금,

조세, 부동산, 교육, 노동 정책은 사회 전체의 장기적 후생을 기준으로 설계되어야 하지만, 세대 갈등 프레임이 지배하는 환경에서는 정책이 특정 세대의 손익 계산과 표심 관리 논리에 종속된다. 이로 인해 제도 개혁은 세대별 반발을 최소화하는 단기 타협의 산물로 축소되며, 구조적 전환은 지속적으로 지연된다.

이러한 정치적 선택 구조는 제도의 세대 포획을 강화한다. 특정 세대가 제도의 주요 수혜자이자 정치적 거부권을 행사할 수 있는 집단으로 인식될수록, 제도는 그 세대의 이해관계에 의해 고착된다. 동시에 다른 세대는 제도를 신뢰할 유인을 상실하고, 제도 개혁을 제로섬 분배 투쟁으로 인식하게 된다. 그 결과 제도는 점진적 적응과 누적적 혁신을 수행하는 유연한 시스템이 아니라, 세대별 이해관계의 교착 상태에 포획된 경직적 구조로 전환된다.

제도 경직성은 단순한 정책 실패의 문제가 아니라 자본주의의 핵심 기능인 제도적 적응 능력을 잠식하는 구조적 위험이다. 인구 구조 변화, 기술 혁신, 글로벌 경제 환경 변화에 대응하기 위해서는 제도의 지속적 조정이 필요하지만, 세대 분열이 정치적 자원으로 활용되는 사회에서는 모든 제도 변화가 세대 손익 계산의 문제로 환원되어 합의 비용이 급증한다. 영포티 담론은 단기적 이해관계에 갇힌 정치와 제도 경직화를 정당화하는 언어로 기능한다.

세대 분열이 깊어질수록 제도는 더 느리게 움직인다. 인구 구조와 기술, 세계 경제의 조건이 빠르게 바뀌는데도, 제도는 그 변화 속도를 따라가지 못한다. 본래 제도는 사회의 요구에 맞춰 끊임없이 조정되며 자본주의의 역동성을 떠받치는 장치다. 그러나 세대 갈등이 정치적 자원으로 전환되는 순간, 제도 변화는 미래의 설계가 아니라 당대의 손익 계산으로 축소된다. 합의의 비용은 치솟고, 조정의 문은 좁아진다.

영포티 현상은 이 과정을 가속하는 상징이 되었다. 그것은 단순한 문화적 세대 갈등이 아니라, 세대 분열을 정치적 이익으로 조직하는 장치다. 분노와 비교의 언어가 반복될수록 제도는 특정 이해관계에 포획되고 점점 굳어진다. 개혁은 구조의 문제에서 태도의 문제로 미끄러지고, 미래를 위한 투자는 현재의 책임 공방 속에서 후순위로 밀린다.

결국 영포티 현상은 취향의 충돌이 아니라 제도 문제다. 세대 분열이 정치적 이익으로 전환될수록 제도는 경직되고, 우리 사회가 장기 개혁과 사회적 투자를 추진할 역량은 갉아먹힌다. 이러한 구조가 지속되는 한, 세대 갈등은 해소되지 않고 제도는 더 깊은 함정 속으로 빨려 들어간다.

문화의 분열: 공통 언어의 상실

영포티 현상의 여섯 번째 위험은, 그것이 단순한 세대 갈등을 넘어 사회 구성원들이 공유하는 상징 체계와 의미의 공통 기반을 붕괴시키는 문화적 분열을 초래한다는 점이다. 사회는 제도와 법률만으로 유지되지 않으며, 공통된 언어, 상징, 서사, 규범에 의해 통합된다. 이러한 공통 언어가 붕괴될 때 사회는 협상과 이해의 기반을 상실하고, 상호 오해와 적대가 상시화된 파편적 공동체로 전환된다.

영포티 담론은 특정 세대를 조롱과 혐오, 도덕적 비난의 대상 언어로 표상하고, 다른 세대를 피해자 서사의 주체로 고정하는 이분법적 상징 체계를 구축한다. 이 과정에서 세대는 상호 이해 가능한 사회적 행위자라기보다 서로 다른 의미 체계를 사용하는 타자적 집단으로 재현된다. 동일한 정책, 동일한 사건, 동일한 경제적 변화가 세대별로 전혀 다른 언어와 감정 코드로 해석되면서, 사회는 공통의 해석 프레임을 상실한다.

공통 언어의 붕괴는 공적 담론 공간의 기능을 약화시킨다. 민주주의는 서로 다른 이해관계와 가치가 공유 가능한 언어로 번역되고 협상되는 과정을 전제로 하지만, 세대 갈등 담론이 문화적 코드의 분절을 심화시키면 이러한 번역 메커니즘이 작동하기 어렵다. 세대별로 다른 미디어 환경, 알고리즘 필터 버블, 세대별 문화 소비 패턴은 동일한 현실을 서로 다른 서사와 감정 프레임으로 소비하게 만들며, 공적 담론장은 상호 소통이 아닌 병렬적 독백들의 집합으로 전락한다.

이러한 문화적 분열은 정책과 제도의 정당성에도 영향을 미친다. 제도는 단순히 효율적이기 때문이 아니라, 사회 구성원들이 그 의미를 공유하고 정당한 것으로 인식할 때 작동한다. 그러나 공통 언어가 붕괴된 사회에서는 동일한 제도가 세대별로 전혀 다른 의미를 갖게 되고, 제도적 합의는 상징적 정당성을 상실한다. 결과적으로 정책 실패는 제도 설계의 문제가 아니라 세대적 정체성 투쟁의 상징 사건으로 소비되며, 합리적 정책 논쟁은 정체성 정치의 언어에 의해 대체된다.

더 나아가 문화의 분열은 사회적 기억과 역사 서사의 통합을 약화시킨다. 사회는 공통의 역사적 경험과 서사를 통해 연속성을 형성하지만, 세대 갈등 담론이 강화될수록 과거는 세대별로 상이한 기억 정치의 대상이 된다. 동일한 역사적 사건이 세대별로 상반된 의미로 재서사화되면서, 사회는 시간적으로도 분절된 공동체로 전환된다. 이는 국가 정체성과 사회적 연속성에 대한 최소한의 합의 기반을 약화시키는 경로로 작동한다.

결과적으로 영포티 현상은 단순한 세대 문화 차이를 넘어, 사회가 공유하는 의미의 공통 기반을 해체하는 문화적 분열 메커니즘으로 기능한다. 공통 언어가 상실된 사회에서 갈등은 조정될 수 있는 문제라기보다, 서로 다른 세계관이 충돌하는 존재론적 분열로 인식된다. 이는 민주적 협상, 제도적 합의, 사회적 연대의 문화적 전제를 잠식하는 근본적 위험 요인이다.

장기 국가 전략 설계 능력의 붕괴

영포티 현상의 일곱 번째 위험은, 그것이 국가가 장기 전략을 설계하고 실행하는 능력을 구조적으로 약화시킨다는 점이다. 국가는 단기 경기 대응이나 선거 공약을 넘어, 수십 년 단위의 시간 축 위에서 사회의 방향을 설계해야 하는 행위자다. 교육, 과학기술, 국방, 인프라, 연금, 환경 정책은 한 세대의 정치 주기나 개인 생애 주기를 넘어서는 장기 계획을 전제로 한다.

그러나 세대 갈등 담론이 지배적인 사회에서는 이러한 장기 전략이 항상 현재 세대의 손익 계산 문제로 환원된다. 정책의 핵심 질문이 "이게 사회에 장기적으로 좋은가"가 아니라, "어느 세대가 손해 보고 누가 이익을 보느냐"로 바뀌는 것이다. 이때 정책은 장기 국가 전략이 아니라 세대별 표심 관리 도구로 전락하고, 단기 성과 중심의 정치에 매몰된다

영포티 담론은 현재 세대 간 이해관계를 전면화함으로써, 미래 세대라는 추상적 주체에 대한 고려를 체계적으로 약화시킨다. 미래 세대는 투표권도 없고, 조직된 이해집단도 없으며, 정치적 압력 수단도 없다. 그 결과 정치 시스템은 구조적으로 현재 세대의 이익을 과대 대표하고 미래 세대의 이익을 과소 대표하는 방향으로 작동한다. 연금 개혁, 기후 정책, 국가 부채 관리, 교육 투자 같은 장기 과제는 항상 '지금 세대의 부담' 문제로 재프레이밍되며, 반복적으로 미뤄진다.

이 과정에서 국가 정책의 시간 구조가 붕괴된다. 정책은 20년, 50년, 100년 단위의 전략이 아니라, 다음 선거 주기와 여론의 반응을 기준으로 설계된다. 장기 인프라 투자, 기초 과학 연구, 인구 정

책, 산업 전환 전략처럼 지금 당장 표가 되지 않는 정책은 구조적으로 후순위로 밀려난다. 세대 갈등 담론은 이러한 단기주의를 정당화하는 강력한 명분을 제공한다.

이로 인한 장기 통치 능력의 약화는 단순한 성장 둔화를 넘어 민주주의 자체의 지속가능성을 위협한다. 민주주의는 단순한 다수결이 아니라, 현재의 다수와 미래의 다수를 함께 대표할 수 있다는 시간적 대표성을 전제로 한다. 그러나 세대 갈등 프레임이 강화될수록 현재 세대의 감정과 이해관계가 정책 논쟁을 지배하고, 미래 세대는 정치적 고려의 주변부로 밀려난다.

결과적으로 영포티 현상은 단순한 세대 문화 논쟁이 아니라, 국가가 장기 전략을 설계하고 유지할 수 있는 시간적 통치 역량을 약화시키는 정치적 환경으로 작동한다. 세대 갈등이 정치의 핵심 균열선이 될수록 국가는 장기 계획 능력을 잃고, 단기적 분배 갈등을 처리하는 관리자로 전락한다.

갈등의 언어에서 정의의 언어로

지금까지 살펴본 영포티 담론은 단순한 세대 관련 농담이나 인터넷 밈이 아니다. 그것은 사람들이 사회를 이해하는 방식, 문제를 해석하는 언어, 그리고 서로를 바라보는 시선을 바꾸는 하나의 프레임이다. 세대 갈등이 사회의 중심 이야기로 자리 잡는 순간, 사람들은 공동체의 문제를 제도와 구조의 문제로 보기보다 세대 간 책임과 비난의 문제로 이해하게 된다. 협력과 장기 설계의 언어는 점점 사라지고, 각자가 계산하고 방어하는 생존 전략의 언어가 사회를 지배한다.

이 프레임은 사회의 여러 층위에서 파급 효과를 낳는다. 조직은 장기 공동체가 아니라 경력을 쌓기 위한 단기 경유지로 바뀌고, 정치는 세대 갈등을 도구화해 이익을 취하며, 공통의 언어와 해석 틀은 점점 약해진다. 국가는 수십 년을 바라보는 전략 국가라기보다 당장의 갈등을 관리하는 운영 국가로 축소되고, 그 틈에서 사회는 서서히 장기 침체의 늪으로 미끄러진다. 세대 갈등이 문화적 논쟁을 넘어 사회의 시간 감각과 협력 능력 자체를 바꾸는 이유가 여기에 있다.

하지만 세대 갈등을 어떻게 다루느냐에 따라 사회의 경로는 달라질 수 있다. 세대 갈등을 감정의 충돌과 도덕적 비난으로 소비할 것인지, 아니면 세대 정의의 기준을 다시 세우는 생산적 계기로 전환할 것인지는 선택의 문제다.

다음 장에서는 이 선택의 지점에서 논의를 이어 간다. 세대 갈등을 감정의 언어가 아니라 제도와 책임의 언어로 옮겨 놓고, 세대를 관통하는 책임과 분배의 기준을 어떻게 설정하는 것이 바람직한지, 그리고 그 기준 위에서 어떤 사회적 설계를 이어 갈 수 있는지를 살펴본다.

9장

해법의 모색

해법은 간단하다. 출생 시점과 지역, 계층 등 모든 조건이 무작위로 주어져도

어느 위치에서든 정당하다고 말할 수 있는 사회를 만드는 것이다.

이러한 상상력이 회복될 때, 조롱의 사회는 비로소 공존의 사회로 나아갈 수 있다.

해결의 대전제

세대 갈등은 단순한 감정 싸움이 아니다. 그것은 특정 세대의 취향이나 성향에서 비롯된 현상도 아니다. 세대 갈등은 구조가 만들어 낸 결과이며, 구조가 바뀌지 않는 한 논란은 형태만 달리한 채 반복될 수밖에 없다. 지금 '영포티'라는 이름으로 조직되는 비난은 다른 이름을 달고 다음 세대에게 이동할 가능성이 크다. 얼굴은 바뀌어도 좌표는 남기 때문이다.

따라서 세대 갈등의 원인을 개인의 인식이나 언행에서 찾는 접근은 근본적인 한계를 지닌다. 개인은 원인이라기보다 구조가 만들어 낸 결과에 가깝다. 특정 세대를 교체한다고 해서 갈등이 사라지지 않는 이유가 여기에 있다.

핵심 과제는 사람을 고치는 것이 아니라 판을 다시 짜는 일이다. 자산이 축적되는 경로, 진입이 차단되는 방식, 권력이 재생산되는 구조를 바꾸지 않는 한 갈등은 언제든 다른 이름으로 되돌아온다. 얼굴은 바뀌어도 설계가 그대로라면, 낙인의 좌표는 이동하지 않는다.

그러나 제도를 손보는 것만으로는 충분하지 않다. 제도를 떠받치는 인식 구조가 함께 전환되지 않는다면, 변화는 선언에 그친다. 구조가 수정되었어도 감각이 업데이트되지 않으면, 낡은 판단은 새로운 제도 위에서 그대로 반복된다. 설계는 달라졌는데 작동 방식은 그대로인 상태가 된다.

결국 필요한 것은 이중의 전환이다. 판을 바꾸고, 그 판을 읽는 방식까지 바꾸는 일. 둘 중 하나라도 멈추면 갈등은 사라지지 않는다. 형태만 바꾼 채 다시 조직될 뿐이다.

이 장이 제시하는 해법은 두 축에 있다. 구조의 재설계와 인식의 전환이다. 어느 하나만으로는 충분하지 않다. 제도는 분배의 경로와 권력의 배치를 바꾸지만, 인식이 그대로라면 새로운 제도는 오래된 감각 위에서 작동한다. 반대로 인식만 바뀌어도, 설계가 그대로라면 변화는 선언에 머문다.

제도는 판을 바꾸고, 인식은 그 판을 읽는 방식을 바꾼다. 둘 중 하나가 비어 있으면 갈등은 형태만 바꿔 반복된다. 세대 갈등은 감정의 충돌이 아니라 구조와 감각이 엇갈릴 때 발생하는 긴장이다. 그 엇갈림을 동시에 조정하지 않는 한, '영포티'는 사라지지 않는다. 이름만 달라질 뿐, 같은 자리는 다시 채워질 것이다.

반복의 고리를 끊는 일은 사람을 교체하는 데 있지 않다. 설계를 바꾸고, 감각을 업데이트하는 데 있다. 두 축이 함께 움직일 때에만, 세대 갈등은 낙인의 순환이 아니라 조정의 과정으로 전환될 수 있다.

공정한 정의의 원칙

해법 모색에 시사점을 주는 유용한 사유의 틀은 미국의 철학자 존 롤스John Rawls에게서 찾을 수 있다. 그가 제시한 '원초적 입장Original Position'이라는 개념은 공정한 정의의 원칙을 도출하기 위한 가상의 상황을 의미한다. 원초적 입장에서 개인들은 합리적이며 상호 무관심한 존재로 가정되며, 사회적 지위, 계층, 직업, 지능, 신체 조건, 가치관, 자산 등 자신에게 배정될 특수한 조건에 대해 알지 못한다. 이러한 인식적 조건을 롤스는 '무지의 베일Veil of Ignorance'이라고 불렀다.

무지의 베일은 도덕적 설교도, 공감을 강요하는 감성적 장치도 아니다. 그것은 감정과 이해관계를 최대한 제거하기 위한 극도로 이성적인 사고 실험이다. 자신이 어떤 시대에, 어떤 계층으로, 어떤 능력과 자산을 가진 채 태어날지 전혀 알 수 없는 상태에서 사회 제도를 설계한다고 가정하는 순간, 특정 집단에 유리한 규칙은 후보에서 자연스럽게 배제된다. 이해관계의 좌표가 지워지기 때문이다.

이 조건이 설정되는 순간, 사람들이 취하는 판단의 태도는 자연스럽게 달라진다. 자신이 최상위 집단에 속할 것이라는 가정보다 오히려 최하위 위치에 놓일 가능성을 배제할 수 없다는 사실이 전제된다. 이러한 근본적 불확실성 속에서 합리적 선택은 자연히 위험 회피적으로 기울어진다. 가능한 최악의 경우를 상정하고, 그 상황에서도 최소한의 존엄과 기회를 보장받을 수 있는 제도를 택하려는 방향으로 판단이 이동한다.

이는 단순한 심리적 본능이 아니라, 불확실성하에서의 전략적 합리성이다. 자신이 어디에 위치할지 모른다면, 누구에게도 치명적으로 불리하지 않은 규칙을 선택하는 것이 가장 안전한 선택이 되기 때문이다.

이 조건 아래에서 판단의 기준은 이동한다. 질문은 더 이상 "누가 더 이득을 보는가?"가 아니다. 대신 "내가 어떤 위치에 놓이더라도 최소한의 존엄과 기회를 보장받을 수 있는가?"가 된다. 이 전환은 도덕적 감상에서 나온 것이 아니라, 불확실성하에서의 합리적 선택 문제다.

롤스는 이러한 원초적 입장에서 인간이 '최소극대화 원칙_{Maximin Principle}'에 따라 선택한다고 보았다. 가능한 최악의 위치에 놓일 가능성을 배제할 수 없다면, 그 최악의 경우조차 가장 덜 불리한 제도를 선택하는 것이 합리적이라는 것이다. 이는 위험 회피가 아니라, 근본적 불확실성 속에서의 제도 설계 논리다.

이 사고 실험을 통해 도출되는 정의의 원칙은 명확하다. 첫째, 모든 사람은 기본적 자유에 있어 평등해야 한다. 둘째, 사회적·경제적 불평등이 허용된다면, 그것은 반드시 가장 불리한 위치에 있는 사람들의 삶을 개선하는 방향이어야 하며, 동시에 기회는 형식이 아니라 실질적으로 평등해야 한다. 다시 말해, 그 누구도 타고난 우연의 결과나 사회적 여건의 우연성으로 인해 유리하거나 불리해지지 않는다는 점을 보장하는 원칙들이 채택된다는 것이다. 모든 이가 유사한 상황 속에 처하게 되어 아무도 자신의 특정 조건에 유리한 원칙들을 구상할 수 없는 까닭에 정의의 원칙들은 공정한 합의의 결과가 되는 것이다.

이러한 롤스의 사고 실험은 영포티 논란을 문화적 취향의 충돌이나 도덕적 비난의 문제에서 끌어내려, 사회 설계의 문제로 재배치한다. 질문은 "어느 세대가 더 억울한가"가 아니다. "내가 어느 시대에, 어떤 세대로 태어날지 모르는 조건에서도 동의할 수 있는 구조는 무엇인가"로 이동한다.

이 관점에서 세대 갈등의 해법은 태도의 교정이나 담론의 봉합에 있지 않다. 핵심은 우연의 분배를 어떻게 제도화하느냐. 출생 시점, 계층, 자산, 능력이라는 우연적 요소가 삶의 기회를 결정하지 않도록 하는 구조적 장치를 설계하는 일이다. 세대 간 갈등은 감정의 충돌이 아니라, 우연이 기회로 고착되는 메커니즘의 문제이기 때문이다.

결국 필요한 것은 세대 간 '운의 불평등'이 곧 '기회의 불평등'으로 전이되지 않도록 차단하는 제도적 프레임이다. 세대 갈등의 출발점은 화해의 언어가 아니라, 구조 재설계의 언어에 있다.

세대 간 정의의 문제

롤스는 한 걸음 더 나아가 세대 간 정의의 문제를 제기한다. 그는 한 사회가 정의롭기 위해서는 동시대 구성원 간의 공정성뿐 아니라, 시간을 가로지르는 세대 간 공정성을 충족해야 한다고 보았다. 이를 위해 롤스는 '정당한 저축 원칙_{Just Savings Principle}'을 제시한다. 한 세대는 자신의 번영을 위해 다음 세대의 기회를 소모해서는 안 되며, 다음 세대가 공정한 제도와 선택 가능성을 가질 수 있도록 사회적 자본·제도·환경을 유지하고 축적할 의무가 있다는 것이다.

사실 롤스의 이러한 아이디어는 공리주의에 대한 비판의식에서 비롯되었다. 공리주의는 사회 전체 효용의 극대화를 위해 현재 세대가 미래 세대를 위해 과도한 저축과 부담을 감내하도록 정당화할 수 있다는 문제를 내포한다. 롤스는 극단적인 사례로, 현재의 빈곤한 세대가 미래의 부유한 세대를 위해 과도하게 희생하게 되는 상황을 경계했다. 그는 이러한 시간적 비대칭을 비합리적이고 부정의한 것으로 보았고, 세대 간에도 공정한 부담 배분이 이루어져야 한다는 원칙을 제시했다.

이 원칙이 오늘 우리에게 주는 시사점은 역설적이다. 롤스가 이러한 문제의식을 가졌던 당시와 달리, 현재의 문제는 오히려 반대 방향에서 나타난다. 오늘날엔 현세대의 편익을 유지하기 위해 구조 개혁을 미루고, 그 비용을 미래 세대에 전가하는 상황이 반복되고 있기 때문이다. 롤스의 관점에서 보자면, 미래 세대를 희생시켜 현재의 안정을 유지하는 선택 역시 마찬가지로 비합리적이다. 세대 간 정의는 어느 한쪽 세대의 희생 위에 다른 세대의 번영을 쌓는 것을 허용하지 않는다.

중요한 점은 롤스의 기준이 어느 특정 세대의 도덕적 주장에 기대지 않는다는 데 있다. 롤스가 말하는 합리성의 기준은 세대를 초월해 적용되는 보편적 규칙이다. 내가 어느 시대에 태어날지, 어떤 세대에 속하게 될지 모른다는 조건에서도 받아들일 수 있는 제도를 설계해야 한다는 요구는 어떤 역사적 상황에서도 유효한 판단 기준이 된다. 이 기준에서 보면 현재 세대가 자신의 편익을 위해 미래 세대의 기회를 잠식하는 선택은 세대를 막론하고 합리적이라고 말할 수 없다.

이 원칙을 세대 갈등에 적용하면 논의의 지형은 근본적으로 달라진다. 문제는 "어느 세대가 더 힘든가"가 아니다. 문제는 "내가 어느 세대로 태어날지 모른다는 조건에서도 이 제도에 동의할 수 있는가"다. 더 정확히 말하면, "지금의 제도가 다음 세대에게 공정한 출발선을 허용하는가"라는 질문이다. 이 질문은 누가 더 억울한지를 겨루는 논쟁을 멈추게 하고, 구조의 공정성을 직접적으로 검증하게 만든다.

이 관점에서 보면, 한 세대가 누려 온 교육 제도, 주거 환경, 취업 조건, 연금 구조는 개인의 능력이나 선택의 결과라기보다 태어난 시점이 제공한 구조적 조건, 다시 말해 운의 영역에 가깝다. 마찬가지로 오늘의 젊은 세대가 겪는 불안정한 일자리, 과도한 주거 비용, 불투명한 사회보장 체계 역시 개인의 노력이 부족해서가 아니라 구조가 달라졌기 때문에 발생한 문제다. 무지의 베일은 이 사실을 도덕적 비난 없이 드러낸다.

만약 내가 지금의 젊은 세대가 처한 조건 속에 태어났다면, 혹은 반대로 이전 세대가 감내했던 정책 환경과 사회적 위험 속에 놓였다면, 나는 과연 지금과 같은 판단을 내릴 수 있었을까. 이 질문 앞에서 '노력'이라는 단어는 설명력을 잃는다. 더 중요한 질문은, 지금 우리의 선택이 다음 세대에게 어떤 출발선을 남기는가다.

중요한 점은 이 원칙이 어느 한쪽 세대의 주장만을 정당화하지 않는다는 데 있다. 기성세대에게는 자신이 누린 조건이 순수한 개인적 성취만은 아니었음을 성찰하게 만들고, 젊은 세대에게는 과거의 구조적 제약을 이해하지 않은 채 현재의 어려움만을 절대화하는 태도를 경계하게 한다. 무지의 베일과 세대 간 정의 원칙은 양쪽 모두에게 동일하게 적용되는 사고의 기준이다.

조롱의 공간에서 공존의 사회로

역설적으로, 이처럼 차가운 이성의 장치는 세대 간 연대를 가능하게 한다. 내가 다른 세대의 위치에 놓일 수 있다고 상상하는 순간, 그들의 삶은 조롱의 대상이 아니라 이해의 대상이 된다. 그리고 이해는 구조 개혁을 가능하게 하는 최소 조건이다. 더 나아가, 세대 간 정의의 관점은 현재의 선택이 미래의 자유를 잠식하는 행위인지, 아니면 미래의 선택지를 확장하는 행위인지를 가늠하는 준거를 제공한다.

결국 세대 갈등의 해법은 화해의 언어에 있지 않다. 사과나 양보를 요구하는 데에도 있지 않다. 해법의 출발점은 단 하나다. 내가 어느 시대에, 어떤 세대로 태어날지 알 수 없다는 조건에서도 동의할 수 있는 사회 구조를 설계하는 것. 다시 말해, 출생 시점과 지역, 계층 등 모든 조건이 무작위로 주어져도 어느 위치에서든 정당하다고 말할 수 있는 사회를 만드는 것이다. 이러한 상상력이 회복될 때, 조롱의 사회는 비로소 공존의 사회로 나아갈 수 있다.

"이 게임, 동의하십니까"

어느 평일 오후, 블라인드 익명게시판에 글 하나가 올라왔다.
〈채용 담당자가 요즘 면접을 보며 느끼는 점〉
제목은 특별할 것이 없었다. 도발적인 단어도, 분노를 부르는 표현도 없었다. 그저 담담한 문장 하나였다. 그런데도 사람들은 스크롤을 멈췄다. 채용을 직접 담당하는 위치에 있는 사람이 쓴 글이라는 사실이 묘하게 호기심을 자극했기 때문이다. 누군가의 푸념이나 감정 배설이 아니라, 실제 경험에서 우러나온 솔직한 고백일 것 같다는 인상이 은근한 긴장감을 만들었다.
글은 조심스럽게 시작했다.
"요즘 채용 면접을 계속 보고 있습니다.
외국계라 그런지 지원자 대부분이 Z세대입니다.

솔직히 말씀드리면, 이력서를 볼 때마다 조금씩 놀랍니다.

영어는 기본적으로 네이티브 수준이고, 제2외국어 하나쯤은 자연스럽게 적혀 있습니다.

해외 교환학생, 현지 인턴 경험, 스타트업 프로젝트, 관련 자격증까지… 빠지는 게 거의 없네요.

면접을 몇 번 보다 보니 문득 이런 생각이 들더군요.

제가 지금 이 시대에 태어났다면 과연 경쟁력이 있었을까.

냉정하게 생각해 보면, 저는 서류 심사 단계에서 광탈했을 가능성이 커 보입니다.

지금 기준으로 보면 제 이력서는 너무 평범합니다.

그때는 부족하다고 느끼지 않았는데, 시대가 바뀌고 나니 기준 자체가 완전히 달라졌다는 걸 실감합니다.

우리가 더 열심히 살았느냐의 문제는 아닌 것 같습니다.

출발선 자체가 다르다는 느낌이 듭니다.

요즘 지원자들이 대단한 건 사실이지만, 동시에 이 게임이 점점 더 어려워지고 있다는 생각도 듭니다.

정답은 모르겠습니다.

다만 요즘은 누군가에게 '우리 때는 말이야'라는 말을 쉽게 꺼내기가 조심스러워집니다."

댓글은 빠르게 달렸다. 날 선 비판이나 공격은 없었다. 대신 미지근한 온도의 공감이 하나씩 쌓였다.

"요즘 신입 이력서 보면 진짜 위축됨

나도 지금 기준이면 서류 못 냄"

"공감

우리 때도 힘들었는데 지금은 게임 난이도가 다름

노력 부족 이런 말로는 설명 안 됨. 요구 스펙이 너무 올라감"

"솔직히 인정해야 함

우리 세대가 운이 좋았던 부분 있음

요즘 애들한테

'왜 이것도 못 해?' 이런 말 안 나오더라"

여기까지는 고개를 끄덕이게 만드는 흐름이었다. 그러다 중간쯤,
약간의 방어가 섞인 문장이 올라왔다.

"그래도 각자 시대마다 힘든 건 있었음

동일선상에 놓고 비교하면 답 없음"

잠깐의 정적. 곧바로 짧은 답글이 붙었다.

"그치 결국 다 운이지. 언제 어떤 조건으로 태어나느냐.

근데 점점 인생 난이도 높아지는 건 부인할 수 없는 듯"

이 한 줄을 기점으로 대화의 초점이 개인의 태도에서 구조로 이

동했다.

"근데 요즘은 경쟁력 이전에

신입 공채 자체가 없지 않나?"

"맞음

열어 보면 다 경력직

신입이라고 써놓고

경력 2~3년 요구하는 거 너무 흔함

요즘 애들 스펙 쌓는 것도

들어갈 문이 너무 적어서 그런 듯"

"우리 때는

일단 신입으로든 인턴으로든 들어와서 배우는 루트가 있었음.

근데 지금은

바로 써먹을 수 있는 사람만 뽑겠다는 느낌?"

누군가는 참았던 말을 조금 더 날카롭게 꺼냈다.

"신입 안 뽑으면서

왜 애들한테 경험 없다고 뭐라 하는지 모르겠음"

그 아래에는 체념 섞인 문장이 답글로 달렸다.

"회사 입장 이해는 가는데

그럼 첫 커리어는 대체 어디서 시작하라는 건지…"

그리고 그때, 흐름을 멈추는 댓글 하나가 위로 떠올랐다. 추천 수가 빠르게 올라갔다.

"가끔 이런 상상 함.

'세대 랜덤게임'.

자기가 속할 세대를 무작위로 뽑아서 다시 시작하는 게임.

리셋 버튼을 누르면 출생 연도부터 달라짐.

해당 세대의 정치·경제·정책 조건이 자동으로 세팅됨.

교육 제도, 대입 구조, 고용 시장의 문턱, 부동산 가격의 출발선,

복지 제도의 범위, 연금 체계와 세율까지 모두 그 시점의 값으로

고정됨.

그 안에서 하나씩 퀘스트를 깨야 함.

대입.

취업 시장 진입.

결혼과 출산 여부의 선택.

주거 확보.

자산 형성.

노후 설계.

세대마다 맵이 다르고 난이도가 다름.

어떤 시점에는 성장률이 버프처럼 붙고,

어떤 시점에는 구조적 디버프가 깔려 있음.

어떤 세대는 자산 가격이 오르기 전 진입할 수 있고,

어떤 세대는 이미 고점에서 시작함.

이 게임을 다시 시작한다면

나는 과연 생존할 수 있을까.

과연 어떤 세대를 뽑아야 유리할까.

요즘 흔히들 하는 말 있잖아.

'그 세대는 완전 꿀 빨았지.'

그렇다면, 정말 그 세대로 태어난다면

자동으로 더 잘나가고, 더 잘 살 수 있을까.

솔직히 난 자신 없다.

같은 조건이라도

같은 선택을 했을지,

같은 리스크를 감당했을지,

같은 기회를 붙잡았을지는 알 수 없으니깐.

이 질문 앞에 서면

'노력'이라는 단어를 쉽게 꺼낼 수 없다.

노력은 맵을 고를 수 있을 때나 공정한 변수다.

출발선이 랜덤이라면

노력은 능력이 아니라 운과 결합된 함수가 되어 버림.

그래서 세대 갈등을 단순히 의지의 문제로 말하는 순간,

진격의 영포티

이 랜덤게임의 전제를 무시하게 됨.

내가 어느 세대에 태어날지 선택할 수 없었다는 사실.

그리고 그 우연이

삶의 난이도를 상당 부분 결정했다는 사실.

이걸 인정하는 순간,

'왜 더 노력하지 않았냐'고 말하기가

조금은 조심스러워짐."

이 댓글 아래에는 특히 공감이 빠르게 쌓였다.

"이 발상 자체가 너무 뼈때린다 ㄷㄷ"

"나도 요즘 애들 보면서

나였어도 버텼을지 모르겠음.

우리 애 과외 뺑뺑이 돌리면서도 미안한 기분

둘째 낳기가 점점 꺼려짐."

"그래서 세대 간 싸움이 의미 없다고 느껴짐

결국 구조 문제지 사람 문제가 아님"

"우리도 우리 나름 최선이었고

쟤들도 쟤들 나름 최선인 듯"

그날 이 게시글은 베스트에 올랐지만 끝까지 불타지 않았다. 조
롱도 없었고, 특정 세대에 대한 공격도 없었다.

대신 모두가 잠시 같은 질문 앞에 멈춰 섰다.

내가 어느 세대로 태어날지 모른다는 조건하에서도,

지금의 이 경쟁 규칙에 과연 동의할 수 있을까?

누군가는 그 질문 앞에서 말을 아꼈고, 누군가는 스스로의 확신을 의심하기 시작했으며, 누군가는 타인의 삶을 쉽게 재단했던 지난날을 반성하고 있었다.

그 작은 멈춤들이야말로, 롤스가 말한 무지의 베일이 현실에서 가장 조용하게 작동하는 순간이었다.

거시적 해법

무너진 구조의 복원

날이 갈수록 살기 팍팍해진다는 감각은 개인의 기분이나 세대 특유의 푸념이 아니다. 그것은 구조가 만들어 낸 객관적 경향성에 가깝다. 자산 가격은 노동소득의 축적 속도를 압도하고, 고용은 파편화되었으며, 기술 변화는 기회의 총량을 늘리기보다 경쟁의 밀도를 증폭시켰다. 여기에 주거·교육·의료·노후 부담까지 동시 상승하면서, 삶은 더 많은 선택을 요구하지만 선택의 실질적 범위는 오히려 축소되는 방향으로 재편되고 있다.

이 구조는 선의나 개인의 노력만으로 극복할 수 없는 비대칭성을 띤다. 초기 진입에 실패하면 재진입 경로는 급격히 좁아지고, 뒤처질수록 회복 비용은 기하급수적으로 증가한다. 실패의 비용이 선형이 아니라 비선형으로 작동하는 사회, 그것이 현재의 조건이다.

이 현실을 외면한 채 개인의 태도나 근면성, 세대 간 도덕성의 문제로 환원하는 접근은 더 이상 유효하지 않다. 특히 2030세대는 인생의 출발선에서부터 높은 비용과 불확실성을 동시에 떠안은 최초의 세대다. 이들에게 삶의 난이도는 선택의 결과라기보다 설계의 결과에 가깝다.

따라서 정책의 목표는 '더 열심히 하라'는 주문이 아니라, 난이도 자체를 재설계하는 데 있어야 한다. 개인을 재촉하는 것이 아니라, 사다리가 끊어져 작동하지 않는 구조를 먼저 복원하는 것—그것이 출발점이다.

출발선의 정치경제학

세대 갈등은 태도의 문제가 아니라 구조의 문제다. 그리고 구조는 자연적으로 교정되지 않는다. 경제학의 중첩세대모형Overlapping Generations Model은 이를 냉정하게 보여 준다.

중첩세대모형은 사회를 단일한 개인이 아니라 서로 다른 세대가 동시에 존재하는 공동체로 상정한다. 각 세대는 다른 출발선에서 태어나고, 다른 제도 환경 속에서 자산을 축적하며, 다른 정치적 선택의 결과를 감당한다. 이 모형이 시사하는 바는 단순하다. 세대 간 출발선 격차는 구조적으로 발생한다. 따라서 사회정책은 이러한 격차를 합리적으로 조정하고 재분배하는 기능을 수행해야 한다.

어떤 세대는 자산 가격 상승기, 노동시장 확장기, 복지제도 도입기의 수혜자가 된다. 다른 세대는 고용 축소기, 자산 진입 장벽이 높아진 시기, 재정 부담이 확대된 국면에서 성인이 된다. 개인의 노력이나 도덕적 선택과 무관하게, 태어난 시점이 생애 자산 궤적을 결정한다. 이것이 중첩세대모형이 보여 주는 세대 운명의 구조적 비대칭성이다.

롤스의 무지의 베일 뒤에서라면, 누구도 자신이 태어날 세대를 선택할 수 없다. 그렇다면 합리적인 사회는 특정 세대가 구조적으로 불리한 출발선에 고착되도록 방치해서는 안 된다. 세대 간 출발선 격차가 구조적으로 발생한다면, 국가는 이를 교정할 의무가 있다. 이것은 도덕적 권고가 아니라, 사회계약의 논리적 귀결이다.

문제는 이 교정이 잘 이루어지지 않고 있다는 점이다. 한국의 세제, 금융 규제, 주거 정책, 교육 투자, 연금 제도는 세대 간 불균형을 완화하기보다 오히려 확대하는 방향으로 작동해 왔다. 자산 축적 기회는 이미 자산을 보유한 세대에게 유리하게 설계되었고, 위험은 자산을 보유하지 못한 세대에게 집중되어 있다. 출발선 격차를 완화하도록 설계된 제도들이 역설적으로 격차를 재생산하는 기제로 작용하고 있는 것이다.

정리하자면, 문제의 핵심은 세대 간 불균형을 교정하지 못한 구조에 있다. 특정 세대의 태도나 도덕성의 문제가 아니라, 출발선의 격차를 방치해 온 설계의 문제다. 세대 정의는 각성의 언어로 달성되지 않는다. 그것은 구조적 개입을 통해서만 구현될 수 있다.

이제 필요한 것은 출발선을 제도적으로 재조정하는 일이다. 끊어진 사회적 이동의 사다리를 다시 연결하고, 출생 시점이라는 우연이 삶의 기회를 과도하게 규정하지 않도록 하는 장치의 설계다. 감정의 봉합이 아니라, 설계의 수정이 출발점이 되어야 한다.

무엇이 문제였나

단기 보조의 반복, 자산 경로의 부재

청년정책은 이름만 다채로워졌을 뿐, 구조는 거의 변하지 않았다. '청년희망적금', '청년도약계좌', '청년내일저축계좌', '청년미래적금' 등 수많은 정책이 정권 교체 국면과 정책 기조 변화에 맞춰 수정을 거듭하며 등장했지만, 그 설계는 본질적으로 동일했다. 정부가 일정 금액을 보조하고, 청년이 일정 기간 예금 형태로 자금을 묶어 두는 단기 현금지원형 계좌 모델에서 벗어나지 못한 것이다.

이 방식은 단기적인 심리적 위안과 제한적인 소득 보전 효과는 있지만, 청년의 자산 구조를 실질적으로 바꾸거나 삶의 궤적을 전환하는 데에는 실패했다. 정부는 청년을 '보조가 필요한 대상'으로 설정했고, 청년은 정책을 '일회성 혜택'으로 받아들이는 관계가 고착됐다. 그 사이 정책에 대한 신뢰는 축적되지 못하고 매번 소진됐다.

계좌를 끝까지 유지하기보다 중도 해지를 고민하는 청년들이 적지 않았던 이유도 여기에 있다. 조급함이나 단기 이익을 추구하는 성향 때문이 아니다. 월급은 빠듯한데 주거·결혼·이직 같은 인생 이벤트는 당장 눈앞에 있고, 자금은 장기간 묶여 있으며 체감되는 자산 증식 효과는 크지 않기 때문이다. '미래를 위한 준비'라는 설명과 달리, 많은 청년에게 이 계좌는 현재의 선택지를 줄이는 장치로 인식된다.

핵심적인 한계는 계좌가 자산을 '불리는 구조'가 아니라 현금을

'묶어 두는 제도'에 가까웠다는 점이다. 투자 선택권은 제한되고, 복리 효과를 체감하기 어렵다. 인출 시 불이익이 커 삶의 변곡점에서 유연하게 활용하기도 힘들다. 결국 청년들은 '버티면 언젠가 도움이 될 것'이라는 막연한 약속과 '지금 당장 필요한 자금'이라는 시급성 사이에서 갈등하다가 해지를 선택하게 된다.

이 지점에서 문제의 본질이 드러난다. 현재의 청년정책은 자산 축적의 실질적 경로를 제공하기보다는 일정 기간의 유지와 조건 충족을 요구하는 방식으로 설계되어 있다. 장기 유지형 계좌, 소득·자산 기준에 묶인 조건부 지원, 일정 기간 이후에만 효력이 발생하는 혜택 구조는 공통적으로 현재의 유동성을 제약하고 보상을 미래로 유예한다. 정책은 시간을 요구하지만, 그 시간이 자산 축적의 확실한 전환점으로 이어진다는 구조적 보장은 제공하지 못한다.

문제는 이러한 지연형 설계가 자산 없는 세대에게 더 높은 기회비용을 부과한다는 데 있다. 이미 자산을 보유한 집단은 가격 상승, 복리 효과, 세제 혜택 등을 통해 자동적으로 축적 경로에 편입되지만, 자산이 없는 집단은 지원 조건을 유지하기 위해 소득과 소비를 관리해야 한다. 결과적으로 정책은 축적의 출발선을 앞당기기보다 대기 상태를 제도화하는 방향으로 작동한다.

이 과정이 반복되면서 청년정책은 신뢰를 축적하는 데 실패했다. 명칭과 예산 규모는 바뀌지만, 구조적 작동 원리는 크게 달라지지 않았다. 자산 형성의 핵심은 초기 진입 시점과 위험 분산 구조에 있는데, 기존의 설계는 이 지점을 직접적으로 교정하기보다 보완적 지원에 불과하기 때문이다. 그 결과 정책은 격차를 완화하기보다는 기존 격차의 궤도 안에서 일부 부담을 완충하는 수준에 그쳐 왔다.

즉 문제의 핵심은 인내의 부족이 아니라 경로의 부재다. 시간이 자산으로 전환되는 메커니즘이 제도적으로 보장되지 않는 한, 기다림은 축적이 아니라 소모로 인식될 수밖에 없다. 세대 간 불균형의 문제는 의지의 문제가 아니라 설계의 문제라는 점이 여기에서 다시 확인된다.

해결의 방향은 분명하다. 청년정책은 단기 저축 보조에 머물러서는 안 된다. 만기 시점에서 끝나는 계좌가 아니라, 만기 이후가 자동으로 다음 자산 단계로 연결되는 경로가 설계되어야 한다. 자산 형성의 핵심은 일시적 지원이 아니라 축적의 연속성에 있기 때문이다.

중요한 것은 지원 규모가 아니라 구조다. 시간이 단순히 흘러가는 기간이 아니라, 자산으로 전환되는 메커니즘이 제도 안에 내장되어 있는가가 관건이다. 예컨대 저축이 투자·주거 진입·연금 자산으로 이어지는 연결 장치가 마련되어 있는지, 초기 자산이 복리 효과를 작동시킬 수 있는 구조인지가 정책의 성패를 가른다.

그 경로가 없다면 계좌는 만기와 동시에 소멸한다. 이름이 바뀌고 지원 금액이 늘어나도, 자산 축적의 궤도에 진입하지 못한다면 삶의 궤적은 달라지지 않는다. 결국 문제는 계좌의 개수나 금리 수준이 아니라, 자산으로 이어지는 설계의 유무다.

임차 상태를 고착화하는 유인 구조

주거정책 역시 금융정책과 크게 다르지 않았다. 공공임대주택은 청년층의 주거 불안을 단기적으로 완화하는 기능은 수행했지만, 그 안에서 임차 상태를 벗어나 다음 단계로 이동할 수 있는 제도적 경로는 충분히 설계되지 않았다. 문제는 임대 거주 자체가 아니라, 임대에서 소유로 이어지는 전환 장치의 부재다.

제도 안에서 임대는 '과도기 상태'가 아니라, 출구가 설계되지 않은 고정적 체류 구조로 작동한다. 일정 기간 거주 후 자산 축적 단계로 자연스럽게 연결되는 전환 장치가 마련되지 않은 채, 임차 상태는 반복되고 갱신된다. 분양 전환의 경로는 제한적이고, 자산 형성을 가능하게 하는 레버리지는 약하며, 가격 상승의 이익은 소유자에게 집중된다.

그 결과 청년은 단기적 주거 안정은 확보할 수 있지만, 자산 축적의 궤도에는 편입되지 못한다. 보호는 제공되지만, 이동은 설계되지 않는다. 임대는 완충 장치로 도입되었으나, 축적의 경로와 연결되지 않는 한 체류의 제도화로 귀결된다. 청년은 과도기적 지원 대상이 아니라 구조적으로 임차 상태에 머무는 집단으로 위치 지워진다.

이 구조는 주거 형태에만 영향을 미치지 않는다. 행동과 선택의 방향 자체를 바꾸는 유인으로 작동한다. 일정 소득 기준을 초과하면 임대 자격을 상실하는 구조에서는, 소득 증가가 곧 주거 안정성의 상실 위험으로 연결된다. 그 결과 일부 청년에게는 소득을 적극

적으로 확대하는 전략보다 현재의 임차 지위를 유지하는 선택이
더 합리적으로 계산될 수 있다.

이 지점에서 성장은 보상이 아니라 리스크로 전환된다. 더 많은
일을 하거나 소득을 늘릴수록, 안정적으로 확보한 주거 기반을 잃
을 가능성이 커진다면, 개인은 위험을 회피하는 방향으로 반응한
다. 이는 안주나 의지 부족의 문제가 아니라, 제도가 설계한 유인
구조에 대한 합리적 대응이다.

정책은 보호를 제공하는 동시에 이동을 제약하는 이중적 효과를
낳는다. 소득 상승이 곧 자산 축적의 단계로 이어지지 않는 한, 성
장의 동기는 약화될 수밖에 없다. 결과적으로 제도는 의도와 달리
상승 경로를 촉진하기보다 체류의 합리화를 강화한다.

그 결과 공공임대는 주거 불안을 줄이는 동시에, 소득·자산 상승
의 동기를 약화시키는 역설적 효과를 낳았다. 청년은 안정적으로
머물 수 있었지만, 그 안정은 이동을 전제로 하지 않았다. 주택 자
산 가격이 오르는 동안에도 청년은 그 상승 궤도에 올라서지 못했
고, 임대주택 바깥에서 축적되는 자산 격차는 그대로 확대됐다. 공
공임대는 위험을 낮췄지만, 기회를 제공하지는 못했다.

이제 청년 주거정책은 방향을 전환해야 한다. 핵심은 임차를 얼
마나 오래 유지하느냐가 아니라, 임차 기간이 소득 증가와 자산 형
성으로 이어지도록 설계돼 있는가다. 소득이 늘수록 주거에서 밀려
나는 구조가 아니라, 소득과 자산이 늘어날수록 다음 단계로 자연
스럽게 이동할 수 있는 경로가 필요하다. 임대 거주가 안주의 종착

지가 아니라 상향 이동의 발판이 될 때에만, 주거정책은 불안을 완화하는 수준을 넘어 청년의 경제적 이동성을 회복시키는 정책으로 기능할 수 있다.

K자 양극화

한국 청년의 삶은 출발선에서부터 이미 크게 갈린다. 누군가는 태어난 순간부터 부모의 자산, 학군, 사회적 네트워크라는 보이지 않는 '스타팅 패키지'를 장착한 채 출발하지만, 또 다른 누군가는 빚과 불안, 무無자산 상태로 사회에 진입한다. 이 차이는 시간이 지나며 자연스럽게 해소되기는커녕, 20대와 30대를 거치며 누적되고 40대에 이르면 사실상 따라잡기 어려운 자산과 기회의 격차로 굳어진다.

이 격차를 더욱 극단적으로 만드는 것은 개인의 능력 차가 아니라 환경의 변화다. 글로벌 경제 구조는 급변했고, 저성장은 고착화됐으며, AI 확산은 고용의 양과 질을 동시에 압박하고 있다. 일자리는 줄어드는데 경쟁은 더 치열해지고, 노동시장은 점점 더 선별적이고 배타적인 구조로 재편되고 있다.

이러한 변화는 모든 청년에게 동일하게 작동하지 않는다. 자산과 네트워크를 가진 출발선 위의 청년에게 변화는 관리 가능한 리스크이자 새로운 기회가 되지만, 무자산 상태에서 출발한 청년에게는 실패를 만회할 여지조차 허락하지 않는 위험으로 누적된다. 그 결과 출발선의 차이는 완만한 격차가 아니라, K자 형태의 급격한 양극화로 증폭된다. 위에 선 집단은 더 빠르게 상승하고, 아래에 선 집단은 출발선 근처에서 반복적으로 미끄러진다.

그럼에도 사회는 여전히 청년에게 "더 노력하라", " 자산 형성은 자기 책임이다"라고 말한다. 그러나 출발선이 공정하지 않은 경쟁에서 동일한 노력이 동일한 성과로 이어질 수는 없다. 조건이 다른 경쟁의 결과를 개인의 태도와 의지로 설명하는 순간, 구조는 가려지고 좌절만 남는다. 문제는 청년의 노력이 부족한 것이 아니라, 노력이 축적될 수 없는 구조 위에서 경쟁이 강요되고 있다는 점이다.

이러한 상황에서 필요한 것은 사후적 구제나 도덕적 훈계가 아니다. 출발선 자체를 보정하는 국가 차원의 전략적 개입이 필요하다. 이는 특정 집단을 우대하자는 문제가 아니라, 경쟁이 의미를 갖기 위한 최소한의 조건을 회복하는 문제다. 출발선의 불균형이 방치된 상태에서는 시장도 경쟁도 제대로 작동하지 않는다. 국가는 더 이상 낙오자를 보호하는 안전망에만 머물 것이 아니라, 초기 자산·주거·교육·금융 접근성 등에서 구조적으로 불리한 위치에 선 청년들이 최소한 경쟁에 참여할 수 있도록 조건을 조정하는 역할을 수행해야 한다.

결국 출발선 보정은 복지가 아니라 사회 전체의 역동성을 유지하기 위한 투자다. 이동성이 사라진 사회에서 경쟁은 갈등으로 변하고, 갈등은 성장의 에너지를 잠식한다. "더 열심히 하라"는 주문이 아니라, 다시 시작할 수 있는 조건을 만드는 것—그것이 지금 국가가 감당해야 할 역할이다.

어떻게 바꿀 것인가

공공임대정책의 전환: 현실 안주에서 이동 가능한 삶으로

그동안 공공임대정책은 주거 불안을 완화하는 데 중요한 역할을 해왔다. 저소득 청년에게 안정적인 거처를 제공함으로써 최소한의 생활 기반을 보장해 왔다는 점은 분명한 성과다. 그러나 그 역할은 주로 '머무를 수 있는 공간'을 제공하는 데에 머물렀고, 거주 기간 동안 삶의 다음 단계를 준비할 수 있도록 지원하는 구조는 충분히 마련되지 않았다. 그 결과 공공임대는 안전망이면서도 동시에 경계선으로 인식되어 왔다. 잠시 머무르는 것은 가능하지만, 그 이후의 경로는 온전히 개인의 몫으로 남겨진 구조였다.

향후 공공임대정책은 이 지점을 보완하는 방향으로 조정될 필요가 있다. 이는 공공임대의 성격을 근본적으로 바꾸는 급진적 전환이라기보다, 주거 안정 위에 이동 가능성을 덧붙이는 재설계에 가깝다. 공공임대는 여전히 안정적인 거처를 제공하되, 그 안에 머무르는 시간이 삶의 정체로 이어지지 않도록 제도의 작동 방식을 미세하게 조정해야 한다.

전환형 공공임대: 체류를 넘어 자립으로

공공임대는 암묵적으로 장기 거주를 전제해 온 구조에서 벗어나야 한다. 일정 기간 머무르며 다음 단계를 준비하는 전환형 주거로 그 성격을 조정할 필요가 있다.

이를 위해 임대료의 성격을 바꾸거나 이를 자산과 직접 연결하는 방식은 적절하지 않다. 대신 거주 기간과 성실한 납부 이력에 연동된 별도의 공공 적립금 제도를 설계하는 것이 현실적이다. 임대료는 주거 사용에 대한 대가로 유지하되, 성실한 거주에 대해서는 정부나 지자체가 별도의 자립 지원 계정을 통해 최소한의 자립 자원을 형성하도록 하는 구조다.

이 방식은 공공임대의 주거 기능을 훼손하지 않으면서도, 임차인이 퇴거 이후 주거 이전이나 초기 정착을 준비할 수 있는 기반을 제공한다. 머무는 동안 다음 단계를 준비할 수 있도록 만드는 설계다.

입지 설계의 전환: 기회 접근성 제고

또 공공임대주택은 주거가 일자리·교육·교통과 긴밀하게 연결되어 있다는 전제를 정책 설계의 출발점으로 삼아야 한다. 임차인들에게 있어 집은 단순한 거주 공간이 아니라 기회에 접근하는 조건이기 때문이다. 교통이 편리하고, 일자리와 가깝고, 생활 기반이 갖춰진 곳에 공급되는 것만으로도 공공임대가 제공하는 삶의 가능성은 크게 달라질 수 있다.

이는 기능을 추가 혹은 확대하자는 요구가 아니다. 주거 안정이 고립으로 머무르지 않고, 다음 단계로 자연스럽게 이어지도록 조건을 재배치하자는 제안이다.

제도적 마찰을 줄이는 이동 설계

운영 방식 역시 공급자 중심에서 거주자 중심으로 점진적으로 전환될 필요가 있다. 현재 공공임대 체계에서는 지역 간 또는 유형 간 이동이 제도적으로 금지되어 있지는 않다. 그러나 실제로는 이동 과정에서 대기 기간이 새로 시작되고, 자격이 다시 심사되며, 기존 거주 이력이 충분히 인정되지 않는다. 이 과정에서 보이지 않는 비용과 불확실성이 쌓인다.

그 결과 이동이 가능함에도 불구하고, 현 상태를 유지하는 것이 더 안전한 선택이 된다. 제도는 '이동할 수 있다'고 말하지만, 구조는 '움직이지 않는 것이 낫다'고 신호를 보낸다.

새로운 공공임대정책은 이러한 제도적 마찰을 줄이는 데 초점을 둘 필요가 있다. 삶의 변화—취업, 소득 증가, 가족 구성 변화—가 불이익으로 작동하지 않도록, 이동 과정에서 발생하는 손실을 최소화해야 한다. 주거 안정이 곧 이동의 제약이 되지 않도록 설계를 조정해야 한다.

임차인 고착화 방지를 위한 인센티브 재설계

이와 함께 공공임대정책은 임차인 고착화 문제를 제도적으로 다뤄야 한다. 장기적인 주거 안정은 필요하지만, 현 구조에서는 일부 거주자가 성장이나 이동을 미루는 선택이 제도적으로 불리하지 않게 작동할 여지가 있다. 이는 개인의 태도 문제가 아니라, 머무름과 변화가 동일한 조건으로 취급되는 설계에서 비롯된 구조적 결과다.

따라서 공공임대는 자립을 강요하지 않되, 정체가 가장 유리한 선택이 되지 않도록 제도의 방향성을 분명히 할 필요가 있다.

이를 위해 처벌이나 퇴거 압박보다는 인센티브의 방향을 조정하는 접근이 적절하다. 거주 기간의 단순 누적에 따라 혜택이 자동으로 확대되는 구조를 피하고, 주거 이전이나 소득·직업 변화, 재교육과 같은 삶의 전환과 연결될 때에만 추가적인 지원이나 적립금 활용이 가능하도록 설계하는 것이다. 이렇게 하면 장기 거주 자체는 존중하면서도, 이동과 전환에만 의미 있는 보상이 따르는 구조가 만들어진다.

요약하면, 공공임대정책의 현실적인 전환은 급진적인 역할 확대가 아니라 선택 구조의 미세 조정에 가깝다. 주거 안정이라는 기존 기능을 유지하되, 이동과 전환을 가로막던 제도적 마찰을 줄이고, 머무름보다 준비와 이동이 합리적인 선택이 되도록 설계를 조정하는 것이다.

이러한 변화가 축적된다면, 공공임대는 더 이상 고착의 공간이 아니라 청년과 서민이 삶의 경로를 정비하고 다음 단계로 나아가기 전 활용하는 전환형 주거 인프라로 자리 잡을 수 있다.

청년미래계좌 NEO New Economic Opportunity:
불확실성 시대의 기회 인프라

한국의 청년 세대는 더 이상 과거와 같은 직선형 삶의 경로를 전제로 움직이지 않는다. 한 조직에 장기간 머물며 소득이 단계적으로 상승하던 구조는 이미 해체되었고, 프리랜서·계약직·플랫폼 노동·단기 프로젝트가 혼합된 노동 패턴이 일반화되었다. 이직과 실직, 재교육과 지역 이동은 예외적 사건이 아니라 반복적으로 발생하는 삶의 국면이 되었다. 이러한 환경에서 기존의 청년 정책이 전제해 온 '월 단위 납입 중심의 적금'이나 단기 보조금은 청년의 실제 위험과 선택 구조를 충분히 반영하지 못한다.

삶의 전환기, 선택을 가능하게 하는 설계

청년에게 필요한 것은 단순히 더 높은 금리가 아니다. 목돈이 필요해지는 순간 이미 적립한 자원을 실제로 꺼내 쓸 수 있는 여력이다. 커리어 전환으로 소득이 줄어들 때, 새로운 기술을 배우기 위해 시간을 투자할 때, 주거를 옮기거나 창업을 고민하는 시점에 버틸 수 있는 자원이 필요하다. 따라서 계좌의 핵심은 저축을 더 하라고 독려하는 데 있지 않다. 그 저축이 전환의 순간에 실제로 유용하게 작동하도록 설계하는 데에 있다.

청년미래계좌 NEO는 이러한 인식에서 출발한다. 이는 단순한 자산 축적 통장이 아니라, 전환 비용을 완충하는 기회 중심의 자산 계좌다.

자산의 인출은 허용되지만 엄격히 그 목적이 제한된다. 이 계좌는 소비를 지원하는 통장이 아니라, 인생의 방향을 조정하는 데 필요한 비용을 보완하는 장치다. 재교육과 커리어 전환, 주거 이동의 초기 비용, 소규모 창업 준비 등 삶의 궤도를 바꾸는 순간에만 사용하도록 설계된다. 실직 기간에 대한 지원 역시 생활비 보조가 아니라 재취업 준비 과정에 필요한 비용을 지원하는 방식으로 한정된다.

이로써 기존 복지 제도와의 중복 논란을 피하면서, 정책의 성격을 '소비 지원'이 아니라 '전환 지원'으로 분명히 한다.

청년의 미래에 대한 공동 투자 구조

이 계좌의 핵심은 청년의 납입을 기반으로 국가가 일정 비율을 매칭함으로써 청년의 미래 선택 가능성에 공적으로 투자하는 구조다. 이는 저축에 대한 단순 보조가 아니라 기회에 대한 공동 투자다.

기업과 지자체, 민간 주체 역시 선택적으로 참여할 수 있다. 참여 여부에 따라 세제나 평가상의 인센티브가 부여되며, 이를 통해 청년의 미래에 대한 투자가 특정 주체에 집중되지 않고 다양하게 분산된다. 다만 참여는 어디까지나 선택적이며, 계좌의 기본 설계와 안정성은 공적 틀 안에서 유지된다.

또한 가입자의 소득 수준에 따라 매칭 비율을 차등화해 기존 적금형 정책의 역진성을 완화한다. 소득 하위 계층에는 높은 매칭률을 적용해 자산 형성의 출발선을 보정하고, 소득 수준이 상대적으로 올라갈수록 제한적 매칭 내지 세제 혜택 중심의 유인을 설계한다. 그 결과 공적 자원은 기회가 부족한 청년에게 더 집중된다.

위험을 관리하고, 복리를 설계하다

운용 방식에서도 기존 계좌와 차별화된다. 납입금을 만기까지 단순히 묶어 두고 정부 매칭만 제공하는 기존 계좌들과 달리, 청년미래계좌 NEO는 가입자에게 제한된 범위 내에서 운용 선택권을 부여한다. 계좌 자산은 단순 적립이 아니라, 장기 보유를 전제로 한 수익 운용 구조 안에서 관리된다.

가입자는 기본형, 안정형, 성장형 가운데 하나를 선택할 수 있으며, 각 유형은 안전 자산과 저비용 인덱스 자산의 비중을 달리하는 표준화된 배분 원칙을 적용한다. 기본형은 디폴트 옵션으로 설정되어 별도 선택이 없을 경우 자동 적용되며, 장기 평균적 위험 수준을 전제로 균형 배분을 유지한다. 안정형은 단기 인출 가능성을 고려해 변동성을 낮추는 데 초점을 둔다. 반면 성장형은 장기 보유를 전제로 인덱스 자산 비중을 확대해 시장 수익에 참여하도록 설계된다. 저비용 인덱스 자산을 기반으로 한 장기 운용은 수익이 재투자되는 구조를 통해 복리 효과를 누적시키는 데 목적이 있다.

정기적 리밸런싱과 낮은 비용 구조는 단기 변동성에 흔들리지 않도록 하면서, 시간의 경과에 따라 복리의 힘이 작동하도록 설계된 장치다. 이는 단기 수익을 추구하는 운용이 아니라, 전환기까지의 시간을 활용해 자산의 가치를 점진적으로 축적하는 구조다.

다만 어떤 유형에서도 개별 종목 선택이나 레버리지·고위험 파생상품 접근은 허용되지 않는다. 자산 배분은 사전에 정의된 범위 안에서만 조정 가능하며, 정기적 리밸런싱을 통해 위험 수준을 관리한다. 이는 공적 매칭 자금이 투기적 손실로 소진되는 것을 방지하고, 금융 이해도에 따른 과도한 성과 격차를 억제하기 위한 장치다.

이 구조는 통제를 위한 장치가 아니라 균형을 위한 설계다. 청년의 투자 욕구를 제도 밖으로 밀어내는 대신, 관리 가능한 틀 안에서 흡수함으로써 자율성과 안정성을 동시에 확보한다. 전환기 지원이라는 계좌의 성격상 자산의 급격한 손실은 제도의 신뢰를 훼손할 수 있다. 따라서 시장 참여는 허용하되, 위험 선택은 관리 가능한 범위로 제한한다. 결과적으로 이 계좌는 자유로운 투자 계좌도, 중앙집중적 기금도 아닌, 개인 계좌 기반의 관리형 운용 모델로 규정된다.

청년미래계좌 NEO가 지향하는 것은 청년의 소비 여력을 확대하는 것이 아니다. 불확실한 시대에 감당 가능한 위험의 범위를 넓히는 일이다. 이직이나 재교육, 주거 이동과 같은 선택이 인생을 위협하는 사건이 아니라, 준비 가능한 과정이 되도록 만드는 것이 핵심이다. 흩어져 있던 주거·교육·커리어 지원을 하나의 계좌 구조 안에서 연결함으로써, 청년의 삶을 단편적으로가 아니라 입체적으로 지원하는 설계다.

이 계좌는 단순히 금리를 높인 적금이 아니다. 청년이 자신의 능력, 교육, 이동성, 자산을 스스로 조합해 미래를 설계할 수 있도록 돕는 기회 관리 인프라에 가깝다. 불확실성이 일상이 된 시대에, 막연한 낙관 대신 필요한 순간에 실제로 선택할 수 있는 여력을 제공하는 정책적 기반이다.

                                     진격의 영포티

씨앗자산계좌Seed Asset Account: 출생 격차를 보정하는 자산 제도

한국 사회의 불평등은 더 이상 결과의 문제가 아니다. 소득·학력·직업의 격차 이전에, 자산 축적이 시작되는 시점 자체가 계층별로 다르다는 점이 오늘날 격차의 핵심이다. 지금 태어나는 세대는 과거 세대가 경험했던 경기 회복 국면, 주거 진입의 저비용 구간, 안정적 노동시장 편입의 시간을 갖지 못한 채 경쟁에 진입한다. 이들은 축적의 시간이 주어지지 않은 상태에서 성과를 요구받는, 이른바 '제로 베이스 세대'다.

이 구조에서 현금성 복지는 근본적인 해법이 되기 어렵다. 일회성 지원은 생계 보전에 그칠 뿐, 자산 형성의 경로를 열어 주지 못한다. 자산은 소득과 달리 시간에 의해 증폭되는 변수이며, 동일한 금액이라도 언제 주어지느냐에 따라 결과는 완전히 달라진다. 씨앗자산계좌는 바로 이 지점에서 출발하는 정책이다. 이는 현금을 나눠 주는 제도가 아니라, 시간과 복리를 제도적으로 배분하는 자산 정책이다.

출발선을 재설계하는 복리 인프라

씨앗자산계좌는 출생과 동시에 자동 개설되어 국가가 기본 종잣돈을 적립하고, 장기간 저비용 인덱스 투자로 운용하는 출발선 보장형 계좌다. 이 계좌의 목적은 아이에게 당장 소비할 수 있는 현금을 지급하는 것이 아니라, 장기 복리 구조에 조기에 진입시키는 데 있다. 다시 말해 씨앗자산계좌는 '현재의 복지'가 아니라, 미래의 선택지를 사전에 확보하는 제도다.

이 계좌는 획일적인 연령 기준에 묶이지 않는다. 개인의 생애 경로는 군 복무, 학업 연장, 조기 취업, 재교육 등 다양한 방식으로 전개된다. 따라서 인출은 나이가 아니라 성년 도달, 의무 이행 완료, 노동시장 진입, 독립 생활 시작과 같은 생애 사건에 연동된다. 제도의 목적은 특정 시점을 정해 지원하는 것이 아니라, 선택권이 실질적으로 열리는 순간 자본이 작동하도록 하는 데 있다.

제한적 사적 납입과 차등 매칭 구조

그러나 출발선 보장은 '동일 금액 지급'만으로 달성되지 않는다. 출발선 격차의 본질은 단순한 금액 차이가 아니라, 가정에서 추가로 축적을 이어 갈 수 있는 능력의 차이에 있기 때문이다. 상위 소득 가구는 국가가 아무것도 하지 않아도 사적 자산 형성을 통해 복리 효과를 누릴 수 있지만, 하위 소득 가구는 초기 종잣돈이 없으면 복리의 트랙에 진입조차 하지 못한다.

이를 보완하기 위해 씨앗자산계좌는 제한적 사적 납입을 허용하되, 엄격한 상한선을 둔다. 부모는 일정 한도 내에서 자녀 계좌에 추가 납입할 수 있다. 그러나 이 납입은 무제한으로 허용되지 않으며, 일정 금액을 초과하는 적립은 인정되지 않는다. 계좌가 부모의 자산 증폭 수단으로 전환되는 것을 방지하기 위한 장치다.

이 구조에서 핵심은 차등 공적 매칭이다. 국가는 부모의 사적 납입에 대해 동일 비율로 매칭하지 않는다. 소득 하위 계층에는 높은 매칭 비율을 적용해 소액의 납입이라도 안정적으로 복리 궤도에 진입하도록 설계한다. 중위 계층에는 완만한 매칭을 적용하고, 상위 계층에는 매칭을 제공하지 않거나 극히 제한한다. 상위 계층은 출생 시 기본 종잣돈 보장에 한정된다.

이 방식은 두 가지 원칙을 동시에 충족한다. 첫째, 부모의 참여를 완전히 차단하지 않으면서도 계좌의 공공성을 유지한다. 둘째, 복리 구조의 특성상 시간이 지날수록 확대되는 격차를 초기 단계에서 보정한다. 동일 비율 매칭은 오히려 격차를 재생산할 위험이 있지만, 하위 계층 집중 매칭은 복리의 출발선을 실질적으로 평준화한다.

왜 상한선과 차등 매칭이 필요한가

복리 구조에서는 초기 금액의 차이가 시간이 지날수록 기하급수적으로 확대된다. 사적 납입이 무제한으로 허용될 경우, 제도는 출발선 보장 장치가 아니라 부모의 자산 능력을 증폭시키는 플랫폼으로 변질된다. 상한선은 단순한 행정 규제가 아니라, 제도의 존재 이유를 지키는 안전장치다.

또한 공적 매칭을 하위 계층에 집중하는 설계는 '재분배'가 아니라 '출발선 보정'의 논리에 기반한다. 상위 계층은 이미 사적 자산 축적 경로에 진입할 수 있는 조건을 갖추고 있다. 반면 하위 계층은 복리의 트랙에 진입하기 위한 최소 자본이 결여되어 있다. 매칭의 차등화는 결과를 평등하게 만들기 위한 장치가 아니라, 경쟁이 시작되기 전의 불균형을 완화하기 위한 장치다.

공공성과 사적 영역의 경계

씨앗자산계좌는 공공 정책과 사적 자산 형성의 경계를 분명히 한다. 부모는 증여, 개인 투자 계좌, 연금 상품 등을 통해 별도의 자산을 준비할 수 있다. 이는 가족의 선택 영역이다. 그러나 씨앗자산계좌 내에서는 상한선과 차등 매칭 원칙이 엄격히 적용된다. 공공은 출생 시점의 기본 자본과 복리의 시간 구조를 책임지고, 이후의 초과 축적은 사적 영역에서 형성되도록 경계를 설정한다.

이렇게 설계된 씨앗자산계좌는 현금 복지와 명확히 구별된다. 이는 단순한 소득 이전이 아니라, 복리 구조에 대한 제도적 접근권을 배분하는 정책이다. 동일 금액 지급이 아니라 차등 매칭과 상한선을 통해 출발선의 비대칭을 보정한다. 동시에 사적 자산과의 완전 분리가 아니라 제한적 결합을 통해 현실적 참여 가능성을 확보한다.

결국 씨앗자산계좌의 핵심은 '얼마를 주느냐'가 아니라, 누가 복리의 시간을 먼저 확보하느냐다. 상한선 없는 사적 납입은 제도를 왜곡하고, 매칭 없는 적립은 단순한 적금에 머문다. 그러나 제한적 사적 납입과 하위 계층 집중 매칭이 결합될 때, 이 제도는 비로소 출발선 격차를 다루는 실질적 자산 정책이 된다. 이는 결과의 평등을 약속하는 제도가 아니라, 경쟁이 시작되기 전의 불균형을 완화하는 제도이며, 바로 그 점에서 한국 사회에 필요한 새로운 정책 언어다.

미래 세대를 위한 새로운 사회계약:
청년부 Ministry for Future Generations 신설

한국의 청년정책은 오래전부터 여러 부처로 쪼개져 운영되어 왔다. 고용 정책은 고용노동부, 주거 정책은 국토교통부, 학자금과 교육 정책은 교육부, 건강과 복지 정책은 보건복지부, 창업과 중소기업 지원은 중소벤처기업부, 연구자와 과학기술 인력 지원은 과학기술정보통신부, 예산 편성·조정·집행은 재정경제부와 기획예산처가 관할한다. 청년 정책은 독립된 국가 전략이 아니라, 각 부처에서 개별 정책 영역의 하위 이슈로 다뤄져 왔다.

생애 경로를 관장하는 콘트롤타워

문제는 청년의 삶이 실제로 이렇게 조각나 있지 않다는 것이다. 취업, 주거, 부채, 교육, 건강은 분리된 문제가 아니라 하나의 생애 경로에서 동시에 작동하는 조건들이다. 그러나 정부는 이 통합된 삶의 문제에 대해 부처별로 파편화된 방식으로 대응해 왔다. 청년은 취업과 주거, 부채와 건강, 학업과 경력, 결혼과 가족이라는 일련의 '생애 경로'를 따라 움직이지만, 각 부처는 자신이 맡은 조각만 관리한다.

그 결과 중복 사업은 늘어나고, 정작 연결 지점에서는 공백이 발생한다. 정책은 많지만 체계는 없고, 지원은 흩어져 있지만 경로는 설계되지 않는다. 청년은 수혜자가 아니라 복잡한 제도를 스스로 탐색하고 조합해야 하는 사용자가 된다. 삶의 위기는 통합적이지만, 정책은 파편화되어 있고, 그 분절을 연결하는 비용은 개인에게 전가된다. 어느 부처도 생애 경로 전체를 책임지지 않기 때문에 책임의 소재 또한 흐려진다. 청년정책은 존재하지만, 청년정책의 주체는 부재한 상태다.

이 같은 분산 구조는 정책의 체감 효과를 약화시키고, 청년에 대한 신뢰를 떨어뜨린다. 청년들은 "지원은 많은 것 같은데 정작 나에게 맞는 것은 없다", "도움이 필요할 때 어디로 가야 하는지 모르겠다"고 말한다. 이는 단순한 행정적 불편이 아니라 설계의 문제다. 정책이 영역별로 흩어져 있는 한, 삶의 경로는 제도 안에서 연결되지 않는다.

국가가 청년을 실질적으로 지원하려면, 개인의 삶을 개별 정책 항목이 아니라 하나의 연속된 여정으로 바라보는 접근이 필요하다. 취업, 주거, 심리건강, 교육, 창업, 자립은 서로 다른 부처의 소관이지만, 청년의 삶에서는 동시에 작동하는 조건들이다. 따라서 정책 역시 개별 사업의 나열이 아니라, 생애 경로에 맞춰 묶이고 조정되는 구조로 재설계되어야 한다. 퍼즐 조각을 늘리는 것이 아니라, 조각들을 연결하는 틀이 먼저 마련되어야 한다.

파편화된 정책에서 통합 책임 체계로

이러한 배경에서 청년정책을 단일한 정책 단위로 재구성하기 위한 제도적 해법으로 청년부 신설을 제안한다. 청년부는 단순히 또 하나의 부처를 추가하는 것이 아니라, 흩어진 정책 권한을 조정하고 생애 경로 전체를 설계하는 콘트롤타워 역할을 수행해야 한다. 하나의 수장이 청년정책 전반에 대한 책임을 지고, 그 아래에서 청년경제·일자리, 청년주거·자립, 청년건강·가족, 청년교육·미래전략 등 기능별 체계를 유기적으로 운영하는 구조다.

이는 각 부처가 개별 사업을 추진한 뒤 사후적으로 협의하는 방식과 다르다. 청년의 취업, 주거, 부채, 건강, 교육은 하나의 생애 경로 위에서 동시에 작동한다는 전제 아래, 정책을 사전에 통합 설계하고 우선순위를 조정하는 구조다. 청년부는 정책을 이어 붙이는 조직이 아니라, 설계 단계에서부터 묶는 조직이다. 정책의 단위가 사업이 아니라 생애 경로로 전환되는 것이다.

청년부가 작동하면 중복 사업은 자연스럽게 정리되고, 개별 지원은 '패키지' 형태로 결합될 수 있다. 예컨대 취업 지원과 주거 이전, 재교육, 심리 상담이 단절된 프로그램이 아니라 하나의 자립 경로 안에서 설계된다. 정책의 단위가 사업이 아니라 생애 경로로 전환되는 것이다.

물론 이런 발상은 관료조직 내부의 거센 저항을 불러올 수밖에 없을 것이다. 고용·주거·교육·복지 등 기존 부처들은 "청년은 우리 소관"이라며 권한과 예산의 이관을 꺼릴 것이다. 특히 모든 부처의 예산을 쥐고 있는 기획예산처의 경우 새 부처 신설 자체에 소극적일 것이다. 새로운 부처는 새로운 정원과 예산을 요구하기 때문이다. 하지만 이러한 반대야말로 지금까지 청년정책이 왜 부처 사이에서 길을 잃어 왔는지를 보여 주는 증거다. 국가는 정책의 통합보다 조직의 자기 편의를 우선해 왔고, 그 결과 청년은 정책의 중심이 아니라 '부처 사이의 존재'로 붕 떠버렸다.

여러 장애물에도 불구하고 청년부가 필요한 이유는 명확하다. 청년정책이 구조적으로 분절된 상태로는 청년의 문제를 해결할 수 없기 때문이다. 청년부는 정책의 지속성과 책임성을 높이고, 청년의 삶을 연결된 경로로 보는 관점 아래 종합적 지원을 가능하게 한다. 나아가 청년부 신설은 정치적 메시지이기도 하다. 청년을 각 부처가 나눠 먹는 대상이 아니라, 한 세대 전체의 미래자산으로 인정하고 국가가 직접 책임지겠다는 의지의 표현이다.

이 아이디어를 한국 사회 구조 분석의 큰 흐름 안에 넣어 보면 더욱 상징적이다. 기득권 부처들은 기존 사다리를 유지하며 변화의 비용을 피하려 한다. 하지만 변화의 비용을 청년에게 떠넘기는 방식으로는 국가의 미래가 버틸 수 없다. 청년부 신설은 단순한 행정개편이 아니라, 국가가 청년에게 다시 사다리를 놓겠다는 약속이며, 세대 간 구조적 불평등을 완화하기 위한 새로운 사회계약의 출발점이 된다.

목소리를 데이터로, 데이터를 정책으로

청년부 신설의 핵심은 조직 하나를 더 만드는 데 있지 않다. 청년의 진짜 목소리가 제도 안에 상시적으로 머물 수 있는 통로를 만

　　　　　　　　　　　　　　　　　　　　　　　　진격의 영포티

드는 것, 그것이 출발점이다. 지금까지의 청년 정책 논의는 지나치게 제한된 집단의 목소리에 의존해 왔다. 정치권 주변에서 이미 발언권을 확보한 일부 청년, 각종 위원회와 포럼에 반복적으로 등장하는 소수의 '대표 청년'이 전체 청년의 현실을 대변하는 구조였다. 그러나 이들은 다수 청년의 평균적인 삶과 고민을 온전히 담아내기 어렵다.

대부분의 청년은 토론회에 나가지 않는다. 성명서를 쓰지 않고, 인터뷰 요청에도 쉽게 응하지 않는다. 대신 월세, 대출, 불안정한 고용, 이직의 타이밍, 부모 부양, 결혼과 출산을 미루는 현실 속에서 하루하루를 버틴다. 이 '보통의 청년들'은 목소리가 없는 것이 아니라, 말할 수 있는 안전한 공간이 없었을 뿐이다.

지금처럼 분절된 구조에서는 청년의 참여 역시 일시적으로 동원되는 수준에 머무르기 쉽다. 정책 발표나 위원회 구성 시기에만 소환되고, 의견 수렴은 형식적 절차로 소비된다. 참여는 지속적인 통로가 아니라 보여주기식 요식 행위로 전락하고, 정책 설계의 실제 결정 과정과는 분리된다.

문제는 참여 여부 자체가 아니라 구조다. 청년의 목소리가 제도 안에 상시적으로 축적될 장치가 없기 때문에, 발언은 일회성 사건이 되고 기록은 단절된다. 정책은 "청년의 의견을 들었다"는 문장을 남기지만, 그 의견이 어떤 분석 과정을 거쳤고 어떤 결정에 반영되었는지는 드러나지 않는다. 참여는 존재하지만, 축적되지 않는다. 이 구조에서는 경험이 데이터로 전환되지 못하고, 데이터 역시 정책으로 이어지지 않는다.

따라서 필요한 것은 토론회·공청회·위원회 구성 같은 형식적 참여 절차의 반복이 아니다. 상시적으로 작동하고 데이터가 축적되는 구조다. 청년부는 다양한 배경의 청년들이 익명으로 참여할 수 있고, 불이익이나 낙인의 우려 없이 현실적인 고민을 제시할 수 있는 지속적 소통 체계를 구축해야 한다. 실패 경험과 좌절, 계산된 선택까지 포함한 삶의 정보가 체계적으로 수집되고 분석되어 정책 설계의 기초 자료로 활용되는 구조, 다시 말해 목소리가 축적되고 해석되고 반영되는 제도적 경로를 마련해야 한다.

청년부의 역할은 청년을 대신 말하는 데 있지 않다. 청년이 스스로 말하도록 만들고, 그 목소리를 왜곡 없이 정책 언어로 번역하는 데 있다. 목소리가 데이터가 되고, 데이터가 정책으로 이어지는 체계가 마련될 때 비로소 청년 정책은 상징이 아니라 작동하는 제도가 된다.

행정·정치 구조의 근본적 재설계

세대 갈등을 해결하기 위해서는 행정과 정치가 작동하는 기본 구조, 즉 정책이 설계되는 시간 지평과 권력이 진입·재생산되는 경로 자체를 재편해야 한다. 특정 세대에 대한 보완적 지원책을 넘어 근본적 변화를 도모하려면, 국가 운영의 인센티브 구조와 권력 진입 메커니즘을 구조적으로 재설계할 필요가 있다.

현재의 성과주의 행정과 폐쇄적 정치 진입 구조가 유지되는 한,

세대 갈등은 반복적으로 특정 연령대를 호출하며 재생산될 것이다. 따라서 영포티 문제의 해법은 부분적 제도 개선이 아니라, 행정과 정치의 작동 논리를 '성과 중심 체제'에서 '경로 설계 중심 체제'로 전환하는 구조 개편에서 출발해야 한다.

행정적 구조 개편: 성과주의 행정에서 경로 설계 행정으로

현재 한국의 행정 체계는 본질적으로 단기 성과 지향적이다. 정책의 성공 여부는 예산 집행률, 수혜자 수, 단기 지표 개선과 같은 계량 가능한 수치로 평가된다. 이러한 성과주의 인센티브 구조는 행정 조직이 장기적 사회 경로 설계보다 단기적 정책 이벤트와 가시적 성과 창출에 집중하도록 유도한다. 정권 임기 내 가시적 성과를 제시해야 하는 정치적 압력은 정책을 구조적 개입이 아니라 단기 처방적 프로그램으로 왜곡한다.

이 구조 속에서 청년 정책 역시 자산 축적 경로, 노동시장 진입 구조, 교육·직업 전환 체계와 같은 장기적 설계 문제로 다뤄지기보다, 참여 인원과 지원금 규모 같은 관리 가능한 행정 지표로 환원된다. 그 결과 정책은 축적되지 않고 순환되며, 정책 이름과 형식만 바뀐 채 근본적 경로는 설계되지 않는다.

영포티 문제의 거시적 해법은 행정의 시간 구조Time Horizon를 재설계하는 데서 출발해야 한다. 행정은 정권 주기에 종속된 단기 성과 체제가 아니라, 정권 교체에도 지속되는 정책 아키텍처를 중심으로 작동해야 한다. 10년·20년 단위의 세대 경로 설계형 정책 프레임이 필요하며, 정책 평가는 단기 성과 지표가 아니라 세대 이동성 지표, 자산 경로 접근성, 교육·직업 전환 가능성, 사회적 이동성 탄력성 등 구조적 변수에 기반해야 한다.

즉 행정은 '성과를 집계하는 기계'가 아니라 '삶의 경로를 설계하는 인프라'로 재정의되어야 한다. 이는 단순한 행정 개혁이 아니라 국가 운영 패러다임의 전환을 의미한다.

정치적 구조 개편: 보스 정치에서 투명한 공개 정치로

내부자 중심으로 작동하는 정치 권력의 재생산 메커니즘 역시 세대 갈등을 구조적으로 증폭시키는 요인이다. 현재 한국 정치의 진입 구조는 극히 폐쇄적이며, 특히 하향식 공천 과정은 계파 네트워크와 당내 보스 정치에 크게 의존한다. 밀실 공천, 비공개 인선, 후견인 중심의 정치 경력 축적 구조는 특정 세대와 인맥 집단이 권력을 장기적으로 점유하는 경로 의존성을 강화한다.

이 구조에서 청년 정치인은 실질적 경쟁 주체가 아니라 상징적 소비 대상이 되기 쉽다. 청년 정치인은 제도적 권력 경로의 주체라기보다 이미지 정치의 장식물로 호출되며, 실질적 의사결정 권한과 조직 자원을 확보하기 어렵다. 세대 교체는 정치적 수사로 반복되지만, 권력 진입 경로 자체는 유지된다.

정치적 구조 개편의 핵심은 개방성과 투명성을 제도화하는 것이다. 대중이 참여하는 개방형 경선을 도입하고 공천 기준과 과정을 낱낱이 모두 공개하며, 정치자금과 조직 운영을 투명하게 관리할 때, 세대 교체는 도덕적 외침이 아니라 현실에서 작동하는 제도가 된다. 정치 신인과 청년 정치인이 '발탁되는 존재'가 아니라 '경쟁하는 행위자'로 등장하려면, 권력 진입 구조 자체를 폐쇄적 선발 체제에서 시장형 경쟁 체제로 재설계해야 한다.

정치 권력의 세대 교체는 개인의 세대 교체가 아니라 권력 진입 구조의 전환 문제다. 권력 진입 경로와 재생산 메커니즘에 대한 제도적 재설계가 없는 한, 세대 교체는 담론으로만 순환할 뿐 정치 구조의 변동으로 이어지기 어렵다.

사다리를 다시 놓는다는 것의 의미

지금까지 제안한 해법은 나랏돈으로 젊은이들을 좀 더 도와주자는 호소가 아니다. 이는 우리 사회가 애초에 경쟁이 작동할 수 있는 조건을 복원하기 위한 최소한의 조건에 대한 선언이다. 지금 한국에서 2030세대의 좌절은 의지의 문제로 설명되기 어렵다. 출발선의 격차, 자산 경로의 분기, 노동시장과 주거 사다리의 붕괴가 동시에 작동하면서 노력은 축적되기 전에 소진되고, 선택지는 성립하기 전에 닫힌다. 그래서 "더 열심히 하라"는 말은 조언이 아니라 구조를 은폐하는 문장이 된다.

그간 정책은 많았지만 경로는 부재했다. 청년 계좌 정책은 현금을 묶어 두는 방식으로 인내를 요구했으나, 인내가 자산 경로로 전환된다는 확신을 제공하지 못했다. 공공임대는 위험을 낮췄지만 이동을 설계하지 못해 임차 상태의 고착을 유인했다. 출발선의 차이는 시간이 지나면 줄어들지 않았고, 오히려 복리와 네트워크를 통해 K자 양극화로 증폭됐다. 이 구조에서 청년정책은 축적되지 못한 채, 이름만 바뀐 정책의 순환 속에서 신뢰를 소진해 왔다.

따라서 거시적 전환의 핵심은 지원의 규모가 아니라 설계의 방향이다. 목표는 '낙오자를 사후에 구제하는 정책'이 아니라, 처음부터 모두가 경로 위에 오를 수 있도록 조건을 설계하는 정책이어야 한다.

주거 정책은 머무름의 안전망에 머물러서는 안 된다. 이동과 전환이 가능하도록 경로를 내장해야 한다. 자산 정책은 단순한 저축 장려가 아니라, 불확실성 속에서 커리어·주거·교육 전환의 비용을 완충하는 기회 인프라로 작동해야 한다. 출생 시점의 격차 역시 사후 보정이 아니라, 시간과 복리 구조를 통해 최소한의 출발선을 제도화하는 방식으로 다뤄져야 한다.

그리고 이처럼 흩어질 수 있는 정책들을 하나의 생애 흐름 위에서 통합·조정하는 장치가 바로 청년부다. 청년부는 청년을 '대변'하는 상징적 부처가 아니라, 청년의 삶을 하나의 경로로 보고 설계하고 조정하며 책임지는 국가의 콘트롤타워다.

중요한 것은 이러한 해법이 도덕적 이상론이 아니라는 점이다. 중첩세대모형이 보여 주듯 세대 간 출발선 격차는 시장과 시간에 의해 자연적으로 교정되지 않는다. 롤스의 무지의 베일 뒤에서 합

   진격의 영포티

리적 사회가 선택할 수 있는 방향은 특정 세대가 구조적으로 불리한 시점에 고착되도록 방치하지 않는 것이다. 거시적 해법은 도덕적 각성이 아니라 사회계약의 제도적 귀결이다. 출발선 보정은 복지가 아니라, 이동성이 붕괴된 사회가 지속되기 위한 최소한의 구조적 투자다.

그러나 경로 설계 정책이 제대로 작동하려면, 이를 떠받치는 행정·정치 구조 역시 함께 전환되어야 한다. 단기 성과 지표에 묶인 성과주의 행정, 정권 주기에 종속된 정책 설계 구조에서는 세대 단위의 경로 정책이 축적될 수 없다. 행정은 단기 성과를 집계하는 관리 장치가 아니라, 세대 이동 경로를 설계하고 유지하는 장기 인프라로 재정의되어야 한다. 정책의 시간 지평은 정권 임기가 아니라 세대 주기로 확장되어야 하며, 평가 기준 역시 예산 집행률이나 사업 수가 아니라 이동성, 자산 접근성, 직업 전환 가능성 같은 구조적 지표로 전환되어야 한다.

정치 구조 역시 예외가 아니다. 내부자 중심의 진입 경로, 밀실 공천, 계파 네트워크를 통한 권력 재생산이 유지되는 한 세대 교체는 구호에 머문다. 경쟁적 공개 정치, 개방형 경선, 정치자금과 조직 운영의 투명화는 세대 교체를 도덕적 선언이 아니라 제도적 메커니즘으로 바꾼다. 권력의 세대 교체는 인물 교체에서 시작되지 않는다. 그것은 진입 구조의 교체에서 시작된다.

결국 "사다리를 다시 놓는다"는 말의 정확한 의미는 분명하다. 청년에게 희망을 말하는 것이 아니라, 희망이 작동할 조건을 제도적으로 구축하는 일이다. 경로가 복원될 때에만 노력은 보상과 연결되고, 선택은 결과로 이어진다. 구조가 바뀌지 않는 한, 세대 갈등은 계속해서 사람을 비난하며 구조를 은폐할 것이다.

　거시적 해법의 결론은 단순하다. 청년을 설득하는 것이 아니라, 설득 없이도 납득되는 구조를 만드는 것. 그때 비로소 이 사회의 사다리는 다시 걸릴 수 있다.

미시적 해법

세대 갈등은 구조적 요인에서 비롯된다. 그러나 갈등이 일상으로 확산되는 방식은 미시적 차원에서 작동한다. 제도와 자원의 불균형이 갈등의 토양을 만들었다면, 일상적인 언행과 태도, 소통 방식은 그 불균형을 감정의 충돌로 전환시키는 매개다. 구조가 씨앗이라면, 일상의 상호작용은 그것을 증폭시키는 환경이다.

따라서 거시적 개혁과 병행되어야 할 것은 또 하나의 법이나 제도가 아니라, 세대 간 긴장을 불필요하게 자극하지 않는 사회적 규범이다. 공존을 가능하게 하는 개인 단위의 인식과 행동 원칙, 다시 말해 '선을 지키는 사회'를 구성하는 미시적 조건들이 함께 설계되어야 한다.

합리적 개인주의

지금 상황에서 필요한 것은 도덕적 연대보다 합리적 개인주의다.

모든 사회적 문제를 공동의 책임이나 세대 전체의 도덕성 문제로 환원하는 순간, 갈등은 구조적 논쟁에서 도덕적 심판의 영역으로 이동한다. 분석은 사라지고, 비난만 남는다.

합리적 개인주의란 각자의 삶과 선택의 책임을 개인에게 귀속시키되, 타인의 삶에 과도하게 개입하지 않는 태도다. 이는 공동체를 부정하는 이기주의가 아니라, 책임의 경계를 명확히 설정하는 정치적·윤리적 원칙이다. 개인의 선택은 개인이 책임지고, 구조의 결과는 제도가 책임진다는 분업적 책임 구조를 전제로 한다.

세대 갈등의 많은 장면은 이 경계가 무너질 때 발생한다. "왜 그렇게 살았느냐", "왜 준비하지 않았느냐", "왜 너희는 이해하지 않느냐"라는 질문들은 대부분 타인의 선택 영역을 도덕적으로 재단하는 순간에 등장한다. 개인의 생애 경로는 수많은 제약 조건 속에서 형성되는데, 이를 개인의 성품이나 태도의 문제로 환원하는 순간 구조는 사라지고 도덕적 우월감만 남는다.

합리적 개인주의는 타인의 삶을 무관심하게 방치하는 태도가 아니다. 그것은 타인의 삶을 존중하는 최소한의 정치적 예의다. 타인의 선택을 승인하지 않아도 되고, 동의하지 않아도 되지만, 그것을 도덕적 결함으로 심문하지 않는 태도다. 이 태도는 자유주의 사회가 유지되기 위한 최소 조건이기도 하다.

또한 합리적 개인주의는 연대를 부정하지 않는다. 오히려 연대를 가능하게 하는 전제다. 합리적 개인주의가 차단된 사회, 즉 개인의 선택과 구조적 제약을 구분하지 못하는 사회에서는 연대가 쉽게 도덕적 강요로 변질된다. 구조의 문제를 개인의 책임으로 환원하거나, 개인의 선택을 집단의 의무로 묶어 버릴 때, "같이 책임지자"란 말은 곧 "같이 죄책감을 가지자"라는 압력으로 전환된다. 그 순간 연대는 자유로운 협력이 아니라 도덕적 동원 장치가 된다.

반면 합리적 개인주의는 이러한 혼선을 차단한다. 개인의 책임 범위와 구조의 책임 범위를 구분함으로써, 연대를 의무가 아니라 선택 가능한 협력으로 복원한다. 강요된 공감이 아니라 이해를 전제로 한 협력, 죄책감이 아니라 합리적 계산 위에 성립하는 연대가 가능해지는 지점이 바로 여기다.

정책 차원에서도 합리적 개인주의는 중요한 함의를 지닌다. 개인의 실패를 도덕적 결함으로 해석하는 사회에서는 구조적 개혁의 필요성이 쉽게 가려진다. 실패는 개인의 선택이나 태도의 문제로 환원되고, 제도는 책임의 대상에서 비켜난다. 개인의 책임과 구조의 책임이 뒤섞이면 사회는 끝없이 개인을 비난하면서도, 정작 문제를 만들어 내는 구조는 그대로 둔다. 비난은 반복되지만 설계는 바뀌지 않는다.

반면 개인의 선택을 존중하되, 반복되는 실패를 제도의 설계 문제로 인식하는 사회에서는 정책 논의가 가능해진다. 책임의 경계를 분명히 할 때에만 무엇을 고쳐야 하는지가 드러난다. 합리적 개인주의는 바로 그 경계를 바로 세우는 사고 방식이다. 개인을 면책하는 것도, 구조를 면죄하는 것도 아니다. 각자의 책임을 제자리에 돌려놓는 일이다. 책임의 위치가 바로 설 때 비로소 비난은 멈추고,

개혁의 대상이 선명해진다.

세대 갈등 역시 이 원칙 위에서 재구성되어야 한다. 특정 세대를 도덕·윤리·가치의 잣대로 재단하는 방식으로는 아무것도 해결되지 않는다. '게으르다', '이기적이다', '책임감이 없다', '권위적이다'와 같은 도덕적 평가들은 갈등의 원인을 사람의 성향과 인격으로 돌리지만, 정작 그 세대가 놓여 있는 구조적 조건은 보지 못하게 만든다.

세대는 도덕적 주체가 아니라 구조적 위치다. 서로 다른 시점에 노동시장에 진입했고, 서로 다른 자산 가격과 정책 환경을 경험했을 뿐이다. 합리적 개인주의는 이 단순한 사실을 인정하는 데서 출발한다. 비난의 언어를 거두고, 위치를 만들어 낸 설계를 묻는 태도다.

메타인지

갈등을 완화하는 핵심 역량은 메타인지다. 자신이 무엇을 알고 무엇을 모르는지, 자신의 경험이 보편적인지 특수한지 구분하는 능력은 세대 갈등을 다루는 방식에 결정적인 차이를 만든다.

메타인지는 단순한 자기 성찰이 아니다. 그것은 자신의 판단이 어떤 조건과 경험 위에 형성되었는지를 점검하는 능력이다. 내가 겪은 현실이 곧 모두의 현실은 아닐 수 있다는 인식, 내가 누린 기회가 보편적 조건이 아닐 수 있다는 자각이 바로 메타인지의 출발점이다.

세대 갈등에서 메타인지의 결핍은 반복적으로 나타난다. 영포티 세대가 자신이 겪은 성장 경로를 '정상 경로'로 오인할 때, 청년 세대는 즉각적인 반감을 느낀다. 주택 구입, 취업 경로, 학력 이동성, 자산 축적의 경험을 개인의 노력과 선택의 결과로만 해석하는 순간, 구조적 조건은 삭제되고 개인의 도덕성이 과잉 강조된다. 이때 조언은 경험 공유가 아니라 훈계로 전환된다.

역으로 청년 세대 측에서 현재의 불리함을 도덕적 우월성으로 전환할 경우 대화는 단절된다. 구조적 제약을 인식하는 것은 합리적이지만, 그러나 그 제약에서 상대적으로 자유로운 세대를 도덕적으로 열등한 집단으로 환원하는 순간 분석은 정체성 정치로 바뀐다. 불리한 위치가 자동으로 윤리적 우월성을 부여하지는 않는다. 메타인지는 이 도덕적 자동 번역을 중단시키는 인지적 브레이크다.

메타인지는 상대를 이해하기에 앞서, 자신의 경험을 상대화하는 능력이다. 내가 걸어온 경로가 개인의 능력만이 아니라 역사적·정책적·경제적 조건의 산물일 수 있다는 사실을 인식하는 태도다. 또한 동일한 선택이 다른 세대에게는 전혀 다른 결과를 낳을 수 있다는 가능성을 받아들이는 능력이다.

이 자각이 결여될 때 자신의 성공은 순전히 능력의 증거가 되고, 타인의 실패는 태도의 문제로 해석된다. 구조는 사라지고 도덕적 인과관계만 남는다. 메타인지는 바로 그 단순한 도식—성공은 개인의 탁월함 때문이고 실패는 개인의 결함 때문이라는 공식—을 해체하는 인지적 장치다.

정치적 논쟁에서도 메타인지는 핵심 변수다. 자신의 경험을 일반화하는 인식은 정책 설계를 쉽게 왜곡한다. "나는 이렇게 해서 성공했다"는 개인적 서사는 제도 설계의 근거가 되기 어렵지만, 정치 담론에서는 자주 정책의 정당성을 뒷받침하는 사례로 제시된다. 그러나 개인적 경험은 구조적 조건을 대체할 수 없다.

반대로 "우리는 구조적으로 피해자다"라는 서사는 모든 정책 실패를 도덕적 문제로 환원하는 정체성 정치의 언어로 전환될 위험이 있다. 책임의 구분이 흐려지면, 분석은 사라지고 도덕적 진영 논리만 남는다.

메타인지는 이 두 극단을 동시에 경계한다. 경험을 정책의 근거로 오인하는 오류를 교정하고, 구조를 도덕적 서사로 환원하는 단순화를 막는 최소 조건이다.

메타인지가 작동하는 사회에서는 세대 갈등의 언어가 달라진다. "왜 그렇게 살았느냐"는 질문 대신 "그 시기에 어떤 제약이 있었는가"라는 질문이 등장하고, "왜 이해하지 못하느냐"는 비난 대신 "우리가 서로 다른 조건을 살았다는 사실을 어떻게 제도에 반영할 것인가"라는 논의가 시작된다. 도덕적 평가의 언어가 제도적 설계의 언어로 전환되는 순간이다.

결국 메타인지는 공감을 가능하게 하는 인식적 토대다. 공감이 감정의 문제라면, 메타인지는 인식의 문제다. 자신의 경험을 절대화하지 않는 태도, 타인의 경험을 예외로 치부하지 않는 태도, 구조와 개인의 책임을 구분하는 인식이 선행되지 않으면 공감은 쉽게 감정적 제스처로 전락한다. 세대 갈등을 완화하는 것은 감정의 온도가 아니라 인식의 정밀도다.

자기객관화

메타인지는 자기객관화, 즉 '셀프 거리 두기'로 구체화된다. 이는 자신의 감정과 생각을 부정하는 것이 아니라, 그것을 즉각적인 판단과 행동으로 곧바로 연결하지 않는 능력이다. 분노와 억울함, 박탈감은 상황에 따라 충분히 정당한 반응일 수 있다. 그러나 그 감정이 즉시 타 세대를 향한 공격이나 조롱으로 표출될 때, 갈등은 개인의 감정 차원을 넘어 구조적 적대로 굳어진다.

감정을 느끼는 것과 감정에 따라 말하고 행동하는 것은 다른 문제다. 자기객관화는 감정을 억누르는 기술이 아니라, 감정을 하나의 정보로 다루는 기술에 가깝다. 감정에 휩쓸리지 않되, 감정을 분석의 자료로 삼는 태도다.

자기객관화는 심리학적으로 '탈중심화Decentering' 혹은 '인지적 거리두기Cognitive Distancing'에 해당한다. 개인은 자신의 생각과 감정을 '나 그 자체'로 동일시할 때 가장 충동적이고 방어적으로 변한다. 반대로 감정과 생각을 하나의 현상, 하나의 데이터로 바라볼 수 있을 때 판단의 속도는 늦어지고 선택의 폭은 넓어진다.

세대 갈등에서 가장 위험한 순간은 감정과 정체성이 결합하는 순간이다. "나는 피해자다", "우리는 억울하다", "저들은 특권층이다"라는 인식이 정체성으로 굳어질 때, 감정은 사실 검증을 거치지 않은 채 행동의 명령으로 전환된다. 그때 갈등은 논쟁이 아니라 확신이 되고, 대화는 방어가 된다.

자기객관화는 이러한 자동 변환을 멈추게 하는 인지적 제동 장치다. 분노를 느끼되, 그 분노가 구조적 조건에서 비롯된 것인지 특정 집단에 대한 상징적 투사인지를 한 번 더 점검하는 태도다. 억울함을 느끼되, 그것이 정책 설계의 문제인지 타 세대의 도덕성 문제인지를 구분하는 태도다. 이 구분이 사라질 때 갈등은 구조적 문제에서 개인 간 적대감으로 축소되고, 정작 바뀌어야 할 설계는 비난의 대상에서 벗어나게 된다.

자기객관화는 세대 갈등을 개인화하지 않는 기술이기도 하다. 감정에 즉각 반응하는 사회에서는 구조적 문제도 개인의 인격 문제로 환원된다. "왜 그렇게 살았느냐"라는 질문은 구조를 삭제하고 개인을 피고석에 세운다. 자기객관화는 이 도덕적 재판을 유예하는 최소한의 시민적 규율이다.

정치적 담론에서도 자기객관화는 핵심 변수다. SNS 환경에서 감정은 알고리즘에 의해 증폭되고, 자극적인 언어는 보상된다. 분노와 조롱은 사회적 지위를 제공하는 신호가 되고, 자기객관화는 손해 보는 태도로 인식된다. 그러나 장기적으로 볼 때 자기객관화가 결여된 사회는 문제 해결 능력을 상실한다. 감정의 파동은 커지지만, 제도적 해법은 축적되지 않는다.

자기객관화는 냉소가 아니다. 그것은 냉정의 전제 조건이다. 감정을 삭제하는 것이 아니라, 감정과 판단 사이에 최소한의 시간과 거리, 그리고 질문을 삽입하는 기술이다. 이 거리 위에서만 구조적 분석이 가능하고, 정책적 상상력이 작동한다.

결국 자기객관화는 성숙한 개인주의의 핵심 기술이다. 타인의 삶을 도덕적으로 심문하지 않고, 자신의 감정을 절대화하지 않으며, 구조와 개인의 책임을 구분하는 인식 태도다.

세대 갈등은 감정의 온도 이전에 인식의 정확성 문제다. 감정을 없애는 것이 해법이 아니라, 감정을 어떻게 해석하고 어디에 귀속시키는지를 분별하는 능력이 갈등의 방향을 결정한다.

공감 능력

자기객관화 위에서 작동하는 공감은 감정이 아니라 지능에 가깝다. 공감은 '마음이 따뜻한 사람'의 덕목이 아니라, 복잡한 사회에서 타인의 위치를 이해하기 위한 인지 능력이다. 그것은 타인의 감정을 단순히 상상하는 능력이 아니라, 그 사람이 처한 구조적 조건을 모델링하는 사고 능력에 더 가깝다. 누가 어떤 선택을 했는지를 묻는 데서 멈추지 않고, 왜 다른 선택이 사실상 가능하지 않았는지를 분석하는 태도다.

이때 공감은 동정이 아니라 이해가 되고, 감정은 연대의 출발점이 아니라 판단의 자료가 된다. 세대 갈등을 완화하는 힘은 따뜻함의 강도가 아니라, 조건을 읽어 내는 능력의 정밀도에서 나온다.

상대의 처지를 이해하려는 최소한의 시도 없이 이루어지는 비판은 대부분 오해를 낳고, 오해는 갈등을 고착화한다. 이해 없는 판단은 쉽게 낙인이 되고, 낙인은 집단적 적대로 굳어진다.

인간은 타인의 행동을 성격이나 태도의 문제로 설명하려는 경향이 강하다. 반대로 자신의 행동은 환경과 조건 탓으로 해석한다. 사회심리학에서는 이를 '근본적 귀인 오류Fundamental Attribution Error'라고 부른다. 세대 갈등은 이 오류가 집단 단위로 확장된 사례에 가깝다. 상대 세대의 선택은 도덕적 결함으로 해석되고, 자신의 선택은 구조적 불가피성으로 설명된다. 그 순간 갈등은 이해의 문제가 아니라 도덕적 판단의 문제가 되고, 구조는 다시 배경으로 밀려난다.

특히 세대 갈등에서는 서로가 처한 조건이 구조적으로 다르다는 사실을 인식하지 못할 때, 개인에 대한 비난이 구조에 대한 분노를 대신한다. 자산 가격의 시차, 교육·취업 환경의 변화, 기술 혁신의 속도, 정책 레짐의 차이가 작용하면 동일한 노력과 선택에도 불구하고 현격한 성과의 차이가 발생한다. 그러나 이 구조적 비대칭이 설명되지 않으면, 결과의 차이는 곧 태도·노력·도덕성의 격차로 번역된다. 공감 능력은 바로 이 왜곡된 번역 과정을 중단시키는 인지적 제동 장치다.

공감은 상대를 이해하는 것을 넘어 자신의 인식 모델을 수정하는 행위다. 내가 겪은 경로가 보편적이지 않을 수 있다는 사실, 내가 누린 기회가 반복되지 않을 수 있다는 사실을 인지하는 능력이다. 이는 도덕적 겸손이 아니라 인지적 정확성의 문제다. 복잡한 사회에서 정책과 제도를 논의하려면, 개인의 경험을 넘어서 조건과 제약을 추상화하는 능력이 필요하다. 공감은 이 추상화 능력의 사회적 버전이다.

정치적 차원에서 공감은 정책 설계 능력과 직결된다. 타 세대의 조건을 상상하지 못하는 사회는 제도를 현재의 승자 집단 기준으로만 설계한다. 그 결과 정책은 불평등을 완화하는 도구가 아니라, 기존 불평등을 고정하는 장치가 된다. 공감이 결여된 정책은 '왜 반발이 나오는지 이해하지 못하는 정책'이 되고, 이는 다시 세대 갈등을 증폭시키는 순환 구조를 만든다.

디지털 환경은 공감을 더 어렵게 만든다. 알고리즘은 맥락이 아니라 장면을 노출시키고, 구조가 아니라 태도를 소비하게 만든다. 상대 세대의 선택은 한 장의 소비 사진, 한 줄의 발언, 한 개의 밈으로 축소된다. 맥락이 제거된 상태에서 인간은 가장 단순한 설명을 선택한다. 공감은 사치가 되고, 단정은 효율이 된다. 그러나 단정이 지배하는 사회에서는 문제 해결 능력이 급속히 저하된다.

결국 공감은 감정 노동이 아니라 인지 노동이다. 타인의 삶을 도덕적으로 평가하기 전에, 그 삶이 어떤 제약 조건하에서 생성되었는지를 계산하는 능력이다. 세대 갈등의 상당 부분은 이 계산 능력의 결핍에서 비롯된다. 공감 능력이 없는 사회는 세대를 도덕적 캐릭터로 환원하고, 구조를 개인의 성향 문제로 치환한다. 이때 갈등은 해결의 대상이 아니라 소비의 대상이 된다.

공감은 선의의 문제가 아니라, 사회적 합리성의 조건이다. 복잡한 사회에서 합리적 선택을 하려면, 타인의 조건을 모델에 포함해야 한다. 그렇지 않으면 사회는 반복해서 잘못된 진단과 잘못된 처방을 내린다. 세대 갈등에서 공감 능력은 공감은 화해를 위한 감정적 제스처가 아니라, 정확한 분석을 위한 최소한의 인지 도구다.

소통 능력

공감은 소통 능력을 통해서만 사회적으로 작동한다. 그러나 소통 능력은 흔히 '잘 말하는 능력'으로 오해된다. 실제로는 그 반대다. 말하는 능력보다 중요한 것은, 언제 말하지 말아야 하는지를 아는 능력이다. 모든 생각을 즉각적으로 표현할 권리가 곧 사회적 책임과 동일하지는 않다. 표현의 자유와 표현의 의무는 다르다. 소통 능력은 발화의 충동을 제어하는 능력에서 시작된다.

언어는 단순한 정보 전달 수단이 아니라, 사회적 관계를 재구성하는 행위다. 말은 사실을 전달하는 동시에 관계를 설정하고, 권력을 배분하고, 경계를 긋는다. 따라서 말하는 행위는 언제나 사회적 효과를 낳는다. 개인의 생각을 즉시 발화하는 것은 개인에게는 해방일 수 있지만, 사회적 차원에서는 갈등의 증폭 장치가 된다. 소통 능력은 말의 효과를 계산하는 능력이다.

특히 SNS 환경에서는 말의 즉시성이 감정의 즉시성과 결합되며 갈등을 증폭시킨다. 플랫폼은 숙고보다 반응을 보상하고, 맥락보다 자극을 증폭시킨다. 분노와 조롱은 클릭과 공유를 유도하는 고성능 신호가 되고, 절제와 맥락은 알고리즘적으로 불리한 태도가 된다. 그 결과 소통은 대화가 아니라 감정의 퍼포먼스로 전환된다.

이 환경에서 소통 능력은 설득의 기술이 아니라, 갈등을 불필요하게 키우지 않는 기술이다. 언제 침묵할지, 언제 맥락을 설명할지, 언제 농담을 중단할지, 언제 발언권을 양보할지를 판단하는 능력이다. 말은 넘치지만, 말의 효과를 고려하는 능력은 희소해진다. 소통 능력의 결핍은 의견의 차이를 도덕적 결함으로, 정책 논쟁을 인격 공격으로 전환시킨다.

세대 갈등에서 소통 능력은 특히 중요하다. 서로 다른 조건에서 형성된 경험을 동일한 언어로 표현할 때, 오해는 구조적으로 발생한다. 영포티의 농담은 청년 세대에게는 권력자의 조롱으로, 청년 세대의 분노는 영포티에게는 무례와 무지로 읽힌다. 이때 소통 능력이란 상대의 인지 프레임을 상정한 상태에서 발화 전략을 조정하는 능력이다. 말의 내용보다 말의 위치, 말의 타이밍, 말의 권력 관계를 인식하는 능력이다.

소통 능력은 민주주의의 인프라다. 표현의 자유는 민주주의의 전제지만, 숙고된 표현의 문화는 민주주의의 지속 조건이다. 말이 즉시성과 충동에 의해 지배될수록 공론장은 토론장이 아니라 감정 배출구가 된다. 공감이 인지 능력이라면, 소통은 그 인지가 사회적으로 번역되는 프로토콜이다. 이 프로토콜이 붕괴되면 사회는 서로를 이해할 수 있어도 이해하지 않는 상태로 고착된다.

결국 소통 능력은 윤리적 미덕이 아니라 사회적 기술이다. 말하는 능력보다 말의 파급력을 예측하는 능력, 발언의 효용보다 사회적 비용을 계산하는 능력이다. 이 능력이 결여된 사회에서는 모든 갈등이 과잉 표출되고, 모든 차이가 적대감으로 번역된다. 소통 능력은 갈등을 없애는 기술이 아니라, 갈등이 사회를 파괴하지 않도록 관리하는 기술이다.

자기서사의 회복

세대 갈등이 격화될수록 개인은 구조적 문제를 직접 다루기보다, 가시적인 비교 대상으로 눈을 돌린다. 자산 격차, 기회 축소, 정책 환경의 변화 같은 복잡한 요인 대신, '저 세대는 더 가졌다'거나 '저 세대는 쉽게 올라갔다'는 서사가 감정의 출구가 된다. 구조에 대한 분노가 세대 간 비교로 번역되는 순간, 갈등은 개인 간 우열 경쟁의 형식으로 전환된다.

이때 타인의 실패는 나의 선택이 옳았다는 증거로 소비되고, 타인의 추락은 나의 안정이 정당하다는 근거로 전환된다. 반대로 타인의 성공은 나의 좌절을 설명하는 원인으로 호출된다. 세대 갈등은 이렇게 비교의 논리 위에서 강화된다. 구조는 배경으로 밀려나고, 남는 것은 "누가 더 유리했는가"라는 상대적 평가다.

그러나 이러한 비교는 실제 삶을 전진시키지 않는다. 그것은 자신의 경로를 확장하는 행위가 아니라, 현재의 위치를 방어하거나 합리화하는 심리적 전략에 가깝다. 타인을 끌어내린다고 내가 올라가는 것은 아니다. 비교는 일시적 위안을 줄 수 있지만, 자기 삶의 서사를 강화하지는 못한다. 오히려 자신의 정체성을 타인의 성패에 의존하게 만들고, 그 순간 자기서사Self-narrative는 외부 변수에 종속된다.

자기서사란 성공담이 아니다. 성취의 기록이 아니라, 타인과의 비교 없이 자신의 경로를 설명할 수 있는 최소한의 내적 언어다. 나는 왜 이 선택을 했는지, 무엇을 포기했고 무엇을 유지했는지, 어떤 제약 속에서 어떤 판단을 했는지를 스스로에게 설명할 수 있는 구조다. 이 서사가 없는 개인은 끊임없이 외부의 좌표를 빌려 정체성을 구성한다. 타인의 성취에 분노하고, 타인의 실패에 안도하며, 타인의 선택을 기준 삼아 자신의 위치를 규정한다. 이때 삶은 주체적 경로가 아니라 반응적 궤적이 된다.

이 지점에서 SNS 사용의 과잉은 세대 갈등을 미시적으로 악화시키는 핵심 요인으로 작동한다. SNS는 구조적 문제를 개인 간 감정 대결로 전환시키고, 자기 성찰의 시간을 비교와 반응의 시간으로 대체한다. 알고리즘은 서사가 아니라 장면을 노출시키고, 맥락이 아니라 결과를 소비하게 만든다. 개인의 삶은 하나의 경로가 아니라, 끝도 없이 이어지는 타인의 인생 스냅샷과 나란히 배열된다. 이 구조 속에서 정체성은 내면에서 형성되지 않고, 외부 반응에 의해 조정된다.

SNS는 비교를 구조화한다. 누가 더 잘 사는지, 누가 더 불행한지, 누가 더 억울한지, 누가 더 특권적인지가 끊임없이 순위화된다. 이때 자기 삶의 의미는 서사적 연속성 속에서 만들어지지 않고, 순간적 우위와 열위의 감정으로 환원된다. 자기서사는 붕괴되고, 감정 반응만 남는다. 분노, 조롱, 냉소는 빠르게 순환하지만, 삶의 방향성은 축적되지 않는다. 타인에 대한 평가와 비난은 자신의 자산, 역량, 시간, 관계망을 한 치도 증가시키지 않는다. 비교는 인지 자원을 소모하지만, 삶의 통제력을 증대시키지 않는다. 오히려 자기 삶을 타인의 서사에 종속시킨다.

"SNS 사용을 자제하고 자기계발을 더 하라"는 말이 도덕적 훈계처럼 들리는 이유는, 그것이 개인의 나태함이나 시간 관리 실패에 책임을 묻는 문장처럼 들리기 때문이다. 그러나 미시적 해법의 관점에서 이 말은 성공을 강요하는 명령이 아니라, 자기 삶의 통제권을 회복하라는 제안에 가깝다. 비교의 장에서 벗어나 서사의 장으로 돌아가라는 요청이다. 반응의 삶에서 경로의 삶으로 이동하라는 권고다.

자기서사의 회복은 구조를 부정하지 않는다. 오히려 구조를 전제로 한다. 제약 조건을 인정한 상태에서, 그 조건 안에서 자신의 선택과 위치를 스스로 해석하려는 태도를 내포한다. 이러한 인식이 결여된 사회에서는 분노가 구조로 향하지 못하고, 타인의 얼굴을 향한다. 자신의 위치를 설명할 언어가 없을 때 책임은 개인 간 적대 감으로 전환된다. 자기서사가 없는 상태에서의 분노는 정치적 문제 제기로 발전하지 못하고, 감정의 일시적 표출에 머문다.

결국 자기서사의 회복은 미시적 해법의 출발점이자 귀결이다. 비교에서 벗어난 개인만이 구조를 인식할 수 있고, 구조를 인식하는 개인만이 연대를 선택할 수 있다. 자기서사는 개인주의의 강화가 아니라 주체성의 회복이다. 타인의 실패를 연료로 삼지 않고, 자신만의 개별성을 동력으로 삼는 삶의 방식이다. 이 서사가 회복되지 않는 한 세대 갈등은 구조를 향하지 못하고, 언제나 타인의 삶을 소비하는 방식으로 반복될 수밖에 없다.

구조를 향한 감각: 갈등을 줄이는 기술

세대 갈등 해결의 핵심은 도덕성의 제고가 아니라 인지 역량의 강화다. 갈등을 개인의 선악이나 특정 세대의 도덕성 문제로 해석하는 순간, 분석의 초점은 구조적 조건에서 감정적 대립으로 이동한다. 결과의 차이는 인격과 태도의 문제로 환원되고, 자산 가격의 시차, 노동시장 구조, 정책 레짐과 같은 설계 변수들은 논의의 중심에서 이탈한다. 책임이 개인에게 귀속될수록 제도의 설계 문제는 가려지고, 갈등은 반복되지만 구조는 수정되지 않는다.

합리적 개인주의는 책임의 경계를 분명히 한다. 메타인지는 자신의 경험을 보편으로 착각하지 않도록 만든다. 자기객관화는 감정을 판단으로 자동 변환하지 않기 위한 인지적 제동장치다. 공감 능력은 타인의 감정을 위로하는 미덕이 아니라, 타인의 조건을 모델링하는 지능이다. 소통 능력은 말을 잘하는 기술이 아니라, 말의 사회적 파급력을 계산하는 능력이다. 자기서사의 회복은 타인과의 비교에서 벗어나, 자신의 경로를 기준으로 정체성을 재구성하는 전환이다.

이 모든 태도는 하나의 방향을 가리킨다. 개인 간 도덕적 전쟁을 중단하고, 구조를 인식 가능한 대상으로 복원하는 것이다. 세대 갈등은 개인의 타락에서 비롯되는 것이 아니라, 설명되지 않은 구조가 감정의 표적으로 치환될 때 발생한다. 미시적 해법이 구조까지 바꾸지는 못한다. 미시적 해법은 구조를 바꾸지 않는다. 그러나 구조를 오인하지 않도록 개인의 인식 지형을 조정한다.

미시적 해법은 세대를 화해시키는 기술이 아니라, 갈등이 구조를 향하도록 방향을 수정하는 기술이다. 비교의 언어를 줄이고, 설명의 언어를 늘리는 것. 타인의 실패를 자원으로 삼지 않고, 자기서사의 구성에 집중하는 것. 감정을 소비하지 않고, 조건을 해석하는 것. 이 작은 인식의 전환 없이는 어떤 거시적 개혁도 정당성을 얻기 어렵다.

결국 세대 갈등은 제도의 문제이지만, 제도를 문제로 인식하기 위한 전제는 개인의 태도다. 태도는 구조를 대체하지 않는다. 그러나 태도는 구조를 향한 시야를 연다. 이 시야가 확보되지 않는 한, 사회는 계속해서 사람을 비난하고, 구조를 놓칠 것이다.

미시적 해법의 결론은 단순하다. 세대 갈등은 누가 옳고 누가 이기는가의 문제가 아니다. 서로를 밀어내는 싸움이 아니라, 보이지 않던 구조를 드러내는 일에 가깝다. 갈등은 상대를 무너뜨릴 때 풀리는 것이 아니라, 구조를 정확히 인식할 때 비로소 해소의 실마리를 얻는다.

그리고 그 인식은 집단의 구호에서 시작되지 않는다. 구조를 보는 감각은 언제나 개인의 합리적 성찰에서 출발한다. 자신의 위치를 설명하는 조건을 묻고, 상대를 판단하기 전에 구조를 의심하는 태도에서 시작된다. 승패의 언어를 거두고 조건의 언어로 옮겨 갈 때, 갈등은 비로소 분석의 현미경 아래에 놓일 수 있다.

모두를 위한 새로운 출발

이 책을 마치며 저는 한 가지 분명한 결론 앞에 서 있습니다. 세대 갈등의 문제는 개인의 의지나 인내와 같은 태도의 문제로 환원하여 해결할 수 있는 성격의 문제가 아니라는 것입니다. 지금 우리 사회가 당면한 것은 단순한 갈등이 아니라 구조의 한계입니다.

2030세대가 겪는 불안은 개인의 감정이나 일시적 동요로 설명될 수 있는 문제가 아닙니다. 노력과 보상이 구조적으로 단절된 환경, 출발선이 과도하게 벌어진 시스템, 한 번의 실패가 회복 불가능한 결과로 이어지는 조건 속에서 그들의 저항은 차라리 합리적인 대응에 가깝습니다. 이런 상황에서 젊은 세대에게 더 참고 버티기를 요구하는 것은 사회가 져야 할 책임을 개인의 성격과 태도 문제로 전환시키는 무책임한 책임 전가입니다.

이제 필요한 것은 태도의 교정이 아니라 구조의 재설계입니다.

사다리를 다시 세우고 위험을 분산시키며, 도전이 실패로 끝나더라도 삶이 무너지지 않도록 받쳐 주는 기반이 필요합니다. 이는 특정 세대를 위한 특혜가 아니라, 사회를 지속 가능하게 만드는 최소한의 안전장치입니다.

해법이 반드시 거창할 필요는 없습니다. 주거와 노동, 자산 형성의 출발선에서 기울어진 조건을 바로잡는 일부터 시작해야 합니다. 청년을 각종 정부 정책과 단기 지원에 붙들어 두는 관리의 대상으로 삼을 것이 아니라, 시간이 그들의 편이 될 수 있도록 자립과 축적이 가능한 구조를 다시 그려야 합니다. 실패하더라도 다시 도전할 수 있고, 비록 더디더라도 정책에 의존하지 않고 스스로 자립에 이를 수 있는 경로를 마련해야 합니다.

저는 지금 영포티 나이대에 속합니다. 그렇기에 더 분명히 말할 수 있습니다. 이 구조를 바꾸는 일은 미래 세대를 향한 단순한 선의가 아니라, 우리 사회의 의무이자 지금 당장 착수해야 할 과제라는 것을 말입니다. 이 책임을 미루는 순간, 다음 세대의 좌절은 더 깊어질 수밖에 없습니다.

중요한 것은, 반대자를 설득하는 것이 아니라 모두가 납득할 수 있는 방향성을 설정하는 것입니다. 존 롤스가 제시한 원초적 입장의 사고실험처럼, 각자의 출발선과 이해관계를 내려놓고 모두가 합의할 수 있는 지향점을 공유하는 것으로부터 개혁을 시작해야 합니다. 그 방향이 분명하다면 비록 속도는 느릴지라도 사회는 다시 앞으로 나아갈 수 있습니다.

구조는 사람이 만듭니다. 사람이 만든 것이기에 완벽할 수 없고, 그렇기에 다시 고칠 수 있습니다. 시대가 변했다면 구조 역시 달라져야 합니다. 판을 새롭게 짜는 일은 선택이 아닌 생존의 문제입니다. 우리 사회의 지속 가능성이 바로 여기에 달려 있다는 사실을 엄중하게 받아들여야 합니다.

이제 필요한 것은 설명이 아니라 설계입니다. 세대 간의 책임 공방을 멈추고, 모두가 다시 새롭게 시작할 수 있는 조건을 함께 만들어야 합니다. 갈등을 넘어 우리 사회가 새로운 출발점에 설 수 있기를 바라며, 이 책을 마칩니다.